대한민국
돈의 역사

대한민국 돈의 역사

초판 1쇄 발행 2023년 8월 2일
초판 15쇄 발행 2024년 8월 26일

지은이 홍춘욱
펴낸이 고영성

책임편집 윤충희 | **편집** 이원석, 이지은 | **디자인** 이화연

펴낸곳 주식회사 상상스퀘어
출판등록 2021년 4월 29일 제2021-000079호
주소 경기도 성남시 분당구 성남대로 52, 그랜드프라자 604호
팩스 02-6499-3031
이메일 publication@sangsangsquare.com
홈페이지 www.sangsangsquare-books.com

ISBN 979-11-92389-26-4 03320

대한민국 돈의 역사

돈을 벌기 위해서는 역사에서 교훈을 얻어야 한다

홍춘욱 지음

HISTORY OF KOREAN
MONEY

상상스퀘어

투자를 잘하려면
어떤 공부가 필요할까?

블로그와 유튜브 채널 구독자들로부터 "투자를 잘하려면 어떻게 공부해야 하나요?"라는 질문을 거의 매일 받는다. 이때마다 필자는 두 가지 공부가 필요하다고 이야기한다. 첫 번째는 기초적인 거시 경제 이론이며, 두 번째는 투자의 역사를 이해하는 것이다. 본 책은 바로 이 두 가지 지식을 한 번에 얻고자 하는 이들에게 도움이 된다고 생각한다.

경제 이론, 특히 거시 경제에 관한 공부가 필요한 이유는 대한민국이 '빈번한 경제 위기'를 겪은 나라이기 때문이다. 대표적인 위기만 따져봐도 60년대 말의 베트남 붐 소멸, 70년대 말의 석유 위기, 1997년 외환 위기 그리고 2008년 글로벌 금융 위기 등 일일이 열거하기도 어려울 정도다. 주식이나 부동산 같은 한국의 주요 자산은 경제 위기가 발생할 때마다 무너졌고, 또 어떨 때는 영영 회복되지 못할 것 같은 충격을 경험하기도 했다. 따라서 경제가 어떤 식으로 작동하며, 우리 경제가 어떤 요인에 큰 영향을 받는지 이해하지 않으면 위험관리가 쉽지 않다.

물론 전설적인 투자자 워런 버핏급의 뛰어난 종목 선정 능력과 자금력을 가진 이들은 굳이 경제 지식이 필요 없을 수도 있다. 그러나 워런 버핏Warren Buffett 회장이 거대 지주 회사 버크셔해서웨이Berkshire Hathaway 주주 총회장에서 "시즈캔디 사를 인수할 때 산업의 미래에 영향을 미치는 다양한 경제 환경을 분석했다."라고 밝힌 것을 보면 워런 버핏도 경제 지표를 어느 정도는 참고하는 것 같다.[1] 그러니 기본적인 경제 지식은 투자에 대해 진지하게 고민하는 이들에게 필수적인 덕목이라 할 수 있다.

여기에 한발 더 나아가, 경기가 좋아질 때 수요가 늘어나는 자산의 특성을 파악하는 능력이 필요하다. 예를 들어 60년대 후반 베트남 전쟁 이후 한국 경제는 유례없는 호황을 누린 바 있다. 1968년 성장률이 11.3% 그리고 1969년은 13.8% 성장했으니 폭발적인 성장이라는 말 이외에 다른 수식어가 불필요한 상황이었다.

그럼, 이때 주식과 부동산 중 어떤 자산에 투자하는 게 더 나은 선택이었을까?

승자는 단연 부동산이었다. 60년대 후반에 주식 가격이 꽤 상승하긴 했지만, 부동산 앞에서는 빛을 잃는다. 토지 가격을 기준으로 보면, 1967년에는 38.9%가 상승한 데 이어 1968년에는 56.0%가 상승하는 기염을 토했으니 말이다. 기업들의 실적이 좋아졌음에도, 왜 부동산이 '자산의 왕' 자리를 차지했을까? 이 의문을 풀기 위해서는 돈의 역사에 관한 공부가 필요하다.

60년대 후반, 부동산이 재테크의 제왕 자리를 차지하는 이유는 '재산권'에 대한 위협이 상대적으로 덜하다는 것 때문이었다. 1961년 쿠데타로 권력을 잡은 군부 세력이 1962년 주식 시세 조작으로 선거 자금을 마련하려다 실패한 다음, 한국 국민은 주식

그림 1 1965~1980년 토지 가격 및 주가 상승률

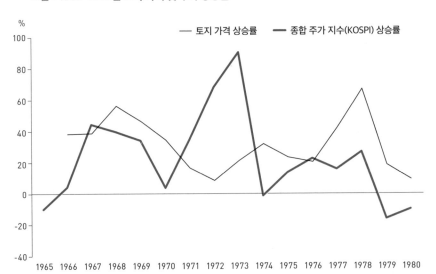

출처: 한국은행, 이영훈 등(2005) 프리즘 투자자문 작성

대한민국 돈의 역사

에 관한 관심을 아예 끊어버렸다. 즉 "주식 시장은 위험한 곳일 뿐만 아니라 기울어진 경기장"이라는 인식이 뿌리를 내린 이후 주식 시장에 새로운 투자자들이 유입되지 않은 것이다. 물론 가격은 상승했지만, 거래량 및 신규 상장 기업 증가가 이뤄지지 않은 '그들만의 리그'에 불과했던 셈이다.

반면 토지에 대한 배타적 소유권은 조선 후기부터 확립되어 있었다.[2] 배타적 소유권은 말 그대로 하나의 토지에 주인이 하나뿐이라는 이야기다. 왜 이게 중요하냐 하면, 바로 토지 및 삼림 개간 문제 때문이다. 임진왜란 이후 재정의 대부분을 부담하던 경상·충청·전라 3도가 황폐해지면서 심각한 재정 위기가 발생하자, 역대 임금들은 숲과 계곡을 적극적으로 개간하도록 장려했고, 토지를 개간한 이들에게 소유권을 보장해 주었다.[3]

특히 소유권이 중요했던 이유는 계곡과 삼림을 개간하는 데 많은 시간과 노동력이 투입되기 때문이었다. 조선 후기에 이앙법(이하 '모내기')이라는 혁신적인 농법이 보급되면서 이 문제의 중요성이 더욱 높아졌다. 모내기를 위해서는 모판을 옮겨심기 전에 충분한 물을 논에 대어야 한다. 만에 하나 모내기 철에 가뭄이 들면, 이 농부는 한 해 농사를 완전히 망칠 것이기에 계곡을 막아 저수지나 보를 만들어 농업용수를 확보하는 것이 필수적이다. 그런데 힘들게 개간한 땅과 저수지를 권력자가 나타나서 빼앗는다면? 그 일을 그대로 지켜볼 사람은 없을 것이다. 지방관에게 호소하거나 이게 안 될 때는 자포자기 심정으로 둑을 무너뜨리며 자신이 힘들게 일군 땅을 망가뜨릴지도 모른다.

물론 계급 사회에서 재산권의 보호는 완전하지 못하다. 왕족이나 세도가 앞에서 지방 농민의 토지 소유권은 바람 앞에 촛불이나 다름없는 처지이기 때문이다. 따라서 토지를 개간함으로써 어느 정도의 부를 축적한 이들은 공명첩이나 족보 위조 등을 통해 양반으로의 신분 상승을 도모하는 것이 기본이었다.[4] 조선 정부는 허약한 재정 문제를 해결할 목적으로 쌀 몇 섬에도 양반의 지위를 팔아넘기고 있었기에, 양반의 비중이 일부 지역 기준으로 90% 이상에 도달함으로써 조선의 재정을 더욱 망가뜨리는 결과를 낳았다.[5] 그러나 양반 신분으로 격상된 이들에게는 자신의 토지를 지킨 것은 물론 지방관이나 아전과 적절한 네트워크를 형성하고 병역 혜택을 보는 게 더 나은 선택이었음이 분명할 것이다.

필자가 학교에 다니던 시절에는 조선총독부가 토지 조사 사업을 통해 조선 사람들의 땅을 마음대로 빼앗았다고 가르쳤지만, 최근 경제학자들의 연구에 따르면 토지 분쟁의 대상 토지는 전체 조선 땅의 0.05% 안팎에 불과했고 분쟁의 대상 토지 대부분이 궁방전 등 조선 왕실의 땅을 둘러싼 것이었다고 한다.[6] 토지의 소유권을 둘러싼 다툼이 그렇게 많지 않았다는 것은 결국 조선 후기부터 토지 소유권이 확립되었음을 뜻하며, 이는 투자의 관점에서 볼 때 압도적인 매력을 지닌 자산이라고 볼 수 있다. 물론 1950년에 단행된 농지 개혁으로 대토지를 보유한 지주들의 땅이 몰수되기는 했지만, 대한민국은 북한과 달리 매해 수확량의 15%를 10년 동안 지급하는 방식으로 개혁이 이뤄져 토지 소유권을 보장하였다.[7]

이 에피소드를 통해 왜 한국 주식이 그렇게 급등했다 급락하는지, 더 나아가 '부동산 불패' 신화가 뿌리를 내렸는지 짐작할 수 있으리라 생각한다. 물론 최근에는 주식이 부동산과 어깨를 나란히 하는 자산의 지위에 올라선 게 분명한 사실이다. 그러나 한국 주식이 제값에 거래되기 시작한 계기를 모르면, 다른 나라에 대한 투자에서도 횡액을 겪을 수 있다. 한국에서 주식 시장이 그들만의 리그에서 벗어나 대중적인 투자 대상으로 부각된 것은 80년대 민주화 이후라는 것을 잊어서는 안 된다. 민주화가 주식 시장의 발전에 결정적 영향을 미치는 이유는 '불확실성의 해소' 때문이다.

가장 대표적인 사례가 1985년 국제그룹 해체다. 국제그룹 계열사에 일부 부실이 있었음은 분명하지만, 이는 채권자와 주주들이 해결할 문제이지 정부가 이를 해체하고 다른 재벌 기업들에 분할하는 것은 시장 경제의 근간을 흔드는 일이었다.[8] 거대한 자산과 네트워크를 가진 재벌의 총수조차 자신의 기업 소유권을 제대로 지키지 못하는데, 개미 투자자의 보유 지분 따위는 휴지 조각처럼 취급될 수 있기 때문이다. 1985년 2월 총선에서 신민당 등 야당이 과반수의 지지를 받은 이후 1987년 6월까지 이어지는 민주화의 과정에서 주식 가격이 함께 상승한 것도 재산권의 중요성을 보여주는 좋은 사례라 할 수 있다.

재산권에 대한 이해는 한국 주식뿐만 아니라 해외의 자산에 투자할 때도 중요하다. 필자가 운영하는 유튜브 채널 〈홍춘욱의 경제강의노트〉 구독자들이 제기하는 질문 가운데 두 번째로 많은 것이 "중국 주식 살 때가 아닙니까?"라는 물음이다. 아마도 필자가 2020년 여름부터 중국 주식에서 손을 떼라고 권고한 덕분에 손실을 피한 투자자들이 많기 때문이라 생각한다.[9] 개인적으로는 중국 주식 시장에 소액을 투자하고 있지만, 이는 분산 투자 차원일 뿐 이 나라 주식에 거액을 투자할 이유가 없다고 생각한다.

이렇게 판단하는 이유는 중국의 재산권 보호 수준이 한국의 박정희·전두환 정부 시절과 비슷한 면이 많기 때문이다. 예를 들어 중국도 주택 구입 시 한국의 '등기권리증'에 해당하는 '부동산권리증'이 발급되지만, 문서 가장 밑에 70년의 사용 기한이 연월

일까지 명시돼 있다. 즉 토지까지 모두 매수자에게 넘어가는 게 아니라 정부 소유의 땅을 임대하는 형태로 주택을 구입하는 데 공업 용지는 50년, 상업이나 여행 등의 용도로 쓰이는 땅은 40년 동안 임대하는 형식이다.[10] 물론 70년이 지난 다음 중국 정부가 이용권을 연장해줄 것이라 생각하지만, 그럼에도 실제로는 그때 지도자가 누군지에 따라 달라질 소지가 다분하다.

더 큰 문제는 주식 시장에 대한 정책 당국의 자의적 개입이다. 2020년부터 중국 정부는 이른바 '공동부유' 정책을 펼치고 있는데, 이 과정에서 정책 당국과의 친소 관계에 따라 비슷한 일을 하고도 전혀 다른 대우를 받는 일이 빈번하게 벌어졌다.[11] 앤트그룹의 마윈Jack Ma 회장이 2020년 10월 24일 상하이에서 열린 와이탄 금융정상회의에서 "기차역을 관리하는 식으로 공항을 운영할 수는 없고, 과거의 방식으로 미래를 규제할 수는 없다."라고 정책 당국을 비판한 이후 겪었던 고초가 대표적인 사례다.[12] 금융 자유화의 필요성을 역설한 마윈 회장의 발언을 자신들의 권위에 대한 도전으로 간주한 중국 정책 당국은 앤트그룹 상장을 중단시키는 한편, 그의 지분마저 빼앗기에 이르렀다. 더 나아가 마윈 회장이 보유한 거대 유통 기업인 알리바바그룹마저 6개 회사로 분할하는 등 중국 당국의 뒤끝은 생각 이상으로 집요했다.[13]

그러나 모든 부자들이 공동부유 정책으로 피해를 본 것은 아니다. 중국의 지리자동차Geely Auto는 수십억 달러에 달하는 외화를 동원해 스웨덴의 볼보자동차Volvo Car Co.를 인수하는 한편 독일의 메르세데스-벤츠 그룹 주식회사Mercedes-Benz Group AG의 주식을 대거 매수했다. 이 회사에 대해 국립 신화통신은 "지리의 합병은 윈-윈 전략"이라고 찬양하기에 바쁘다.[14] 물론 볼보자동차의 매입이 현재로서는 매우 성공적인 결과를 낳았으니, 중국 정부가 뛰어난 판단 능력을 보인 것이라고 칭송할 수도 있다. 그러나 민주주의 및 재산권이 제대로 자리잡지 못한 나라의 가장 큰 문제는 정책 당국이 한번 실수했을 때 이를 바로잡기 힘들다는 점이다.

가장 대표적인 문제가 2020년 초 이후 3년간 이어진 '제로 코로나' 정책이다. 미국 등 선진국 대부분이 2021년부터 코로나 방역을 완화하기 시작했던 것과 달리, 중국은 아파트에 한 명의 확진자가 발생하는 순간 건물을 통째로 봉쇄하는 식의 막무가내 정책을 지속함으로써 수많은 국민의 고통을 요구했다. 특히 카타르 월드컵 관중 대부분이 마스크를 쓰지 않고 경기를 관람하는 모습을 접한 중국 국민들이 2022년 말 대대적인 반대 시위에 나서자, 갑자기 방역 규정 완화에 나선 것이 대표적인 사례에 해당한다.[15] 이런 식으로 정책이 결정되면, 정부 밖에 있는 사람들은 항상 충격을 받을 수밖에 없다. 따라서 중국 정책 당국의 행동을 예측할 네트워크가 부재한 해외의 투자자로서는 신중한 투자가 필수적이라 할 수 있다.

이상의 사례가 보여주듯 투자는 쉬운 일이 아니다. 아무리 매력적인 기업을 골랐다 하더라도 재산권에 대한 보호가 제대로 이뤄지지 않는다면 주주는 늘 골탕을 먹을 수 있기 때문이다. 따라서 투자에 나설 때는 주식 시장에 영향을 미치는 핵심 경제변수를 점검하는 것은 물론이고, 자산 시장의 역사를 결정지은 주요한 사건을 이해할 필요가 있다. 우리의 돈은 매우 소중하기에, 허술하게 투자하는 순간 큰 곤경에 처할 수 있음을 알아야 한다.

이 책은 크게 보아 3부로 구성되어 있다. 1부는 '경제의 흐름을 바꾼 19대 사건'으로 구성되어 있는데, 60년대 후반에서 70년대 초반 사이에 발생한 역사적인 사건이 이후 한국 경제의 경로를 결정지었다는 사실을 알게 되리라 본다. 베트남 전쟁 참전과 사채 동결로 이어지는 일련의 사건은 한국이 수출로 먹고사는 나라라는 정체성을 확립했을 뿐만 아니라, 한국을 대표하는 주요 대기업의 설립과 성장을 유발했기 때문이다.

2부는 '주식 시장의 흐름을 바꾼 11대 사건'으로 구성되며, 1962년 발생했던 증권 파동부터 2000년 이후의 주요 테마주 장세에 관한 이야기까지 담겨 있다. 특히 한국 주식 시장의 고점을 결정짓는 요인을 다룬 부분(1978년 건설주 버블 붕괴)만이라도 읽어보면 투자 판단에 도움이 될 것으로 기대한다.

마지막 3부는 '부동산 시장의 흐름을 바꾼 7대 사건'이다. 60년대 후반 강남 건설 붐부터 2020년 코로나 팬데믹 이후의 버블까지 다루고 있으니, 부동산 시장의 테마를 이해하는 데 도움이 되리라 생각한다. 필자가 가장 신중하게 쓴 부분은 '80년대 후반의 3차 사이클'인데, 이 부분을 읽는다면 한국 부동산 시장이 어떤 식으로 가격 상승이 촉발되었다 붕괴되는지 이해하는 데 도움을 받을 수 있으리라 기대한다.

그리고 각 장의 끝부분에 〈요약 및 교훈〉이라는 박스 글을 넣고, 1부와 2부, 3부 뒷부분에는 본문에 소개된 내용 중에 추가적인 설명이 있으면 좋겠다 싶은 부분을 보충한 〈부록〉을 달아 이해를 돕고자 노력했다. 물론 이 책 한 권을 읽는다고 투자에서 백전백승한다고 단언할 수는 없다. 필자를 비롯한 수많은 전문가들이 꾸준히 노하우를 공개하고 있으며, 이 과정에서 점점 투자자들이 현명해지고 초과 수익의 기회가 사라질 수 있기 때문이다. 대신 스마트한 투자자들이 늘어나며 시장의 등락 폭이 줄어들고 또 허황된 테마(혹은 작전)에 현혹되어 귀한 재산을 잃어버리는 일이 줄어들지 않을까 생각된다.

끝으로 적잖은 이 원고를 하나하나 다 읽고 조언해 준 큰아들

채훈, 중학교에 들어갔음에도 불구하고 아빠와 운동을 같이하는 작은 아들 우진, 책상에 오래 앉아 있을 때마다 커피 내려주며 함께 스트레칭하자고 나서는 아내 이주연, 그리고 사랑으로 키워 주신 어머님과 두 동생에게 이 책을 바친다.

2023년 7월 홍춘욱

차례

2부

주식 시장의 흐름을 바꾼
11대 사건

3부
부동산 시장의 흐름을 바꾼 7대 사건

1부

HISTORY OF KOREAN MONEY

경제의
흐름을 바꾼
19대 사건

1945년
남북 분단

잘 사는 나라를 만들고 싶다면?
제도를 잘 만들어야!

인공위성이 밤에 한반도를 촬영한 사진을 보면 어디가 대한민국인지 손쉽게 구분할 수 있다. 환하게 불이 밝혀져 있는 곳이 대한민국이며, 암흑 속에 드문드문 조명이 있는 곳이 북한이다. 야간 조명의 밝기로 추정한 북한의 1인당 국민 소득은 1,400달러 남짓에 불과하다고 한다.[1] 동일한 언어와 역사를 공유하는 사람들이 사는 곳이 이렇게 극단적인 소득 격차를 가지게 된 이유는 어디에 있을까?

미국을 중심으로 한 국제 사회의 무역 제재가 큰 영향을 미쳤음에 분명하지만, 한국은행 등 세계 주요 연구 기관들은 북한이 90년대부터 심각한 경제 위기를 겪고 있었다고 추정한다.[2] 북한 경제가 무너진 가장 직접적인 이유는 소련 등 동구권의 붕괴 때문이었다. 원유 등 핵심 원자재에 대한 지원이 끊기면서 북한 경제는 심각한 부진을 겪기 시작했으며, 여기에 큰 홍수 피해까지

대한민국 돈의 역사

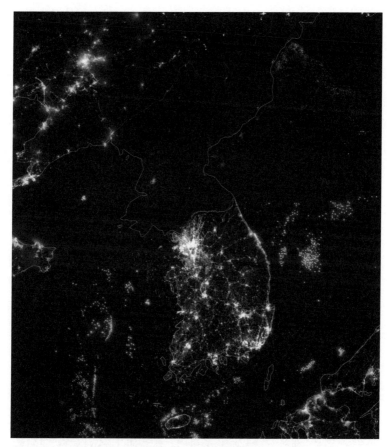

그림 1.1 2012년 우주에서 한국과 주변 지역을 촬영한 사진(NASA 제작)

출처: "File:Korean peninsula at night (2012).jpg", <위키미디어 커먼스>

발생해 10년 동안 이른바 '고난의 행군'을 겪게 된다.

그러나 소련 붕괴 이후 동유럽의 여러 나라들은 길게는 5년 전후의 혼란을 겪은 후 다시 강력한 경제 성장을 달성했다. 가장 대표적인 사례가 폴란드로 1990년에는 1인당 국민 소득이 1,700 달러에 불과했으나, 2000년에는 4,500달러를 넘어선 데 이어, 2021년에는 18,000달러에 이르렀다. 물론 폴란드가 동유럽 국가 중에 가장 뛰어난 성과를 거둔 축에 속하지만, 리투아니아나 헝가리, 체코 등 대다수의 동유럽 국가는 소련 붕괴 이전보다 훨씬 높은 소득 수준을 자랑하고 있다.[3]

경제 제재 때문만이 아니라면, 왜 북한은 빈곤의 악순환을 벗어나지 못하는 걸까?

그 답은 바로 제도의 차이에서 찾을 수 있다. 북한은 국민들이 사업을 시작하거나 적극적으로 아이디어를 제기할 이유가 없는 '착취적인' 경제 제도를 보유하고 있다.. 그리고 이 경제 제도를 지탱해주는 것은 김씨 일가를 비롯한 소수에게 정치권력을 몰아주는 착취적 정치 제도다.[4] 반면 대한민국은 권력자가 마음대로 시민의 재산을 빼앗지 못하며, 권력자가 국민들의 신뢰를 잃을 경우 선거에서 패배하거나 심지어 탄핵당하는 '포용적인' 제도를 가지고 있다. 따라서 기업과 가계는 더 많은 돈을 벌기 위해 공장을 짓고 자녀를 교육시키는 데 열의를 보이며, 이 과정에서 경제는 점점 더 성장한다.

물론 대한민국도 처음부터 포용적 제도를 가지고 있었던 것은 아니다. 1948년부터 1960년까지 대통령직을 수행했던 이승만이나, 1961년 쿠데타로 집권한 박정희 정부 모두 권력을 자신 혹은 군부에 몰아주는 착취적 성향의 정치 제도를 도입했다. 그러나 이런 정치 체제 속에서도 경제 제도는 어느 정도 포용적이었다. 정부가 많은 부분 간섭하고 권력자가 막대한 정치 자금을 요구했지만, 대우나 롯데, 한진, 율산 등 새로운 재벌 그룹이 끝없이 세워졌다.

그럼 어떻게 대한민국은 상대적으로 포용적인 제도를 만들어 낼 수 있었을까?

그 답은 바로 광복 이후 한반도 38선 이남 지역에 미군이 진주한 데서 찾을 수 있다. 물론 일본 식민지 통치 시기에도 약간이나마 포용적인 제도가 도입된 것은 분명한 사실이다. 조선총독부는 1910~1918년까지 2,040만 엔이라는 거금을 투입해 토지 조사 사업을 시행하며, 가장 중요한 자산인 토지의 소유주가 누구인지를 확정했다.[5] 참고로 조선총독부의 1년 세출이 5,000만 엔 정도였는데, 당시 극장 일등석 입장료가 1엔이었음을 활용해 계산하면 2,040만 엔의 현재 가치는 대략 4,080억 원 내외로 볼 수 있다.

토지 조사 사업에서 누락되어 분쟁이 벌어진 토지는 전체 토지의 0.05%에 불과했는데, 이는 조선 후기에 모내기 등 새로운 농법이 확산된 것이 큰 영향을 미쳤다.[6] 조선 전기에는 밭농사 위주의 농업 시스템이었기에 많은 노비를 활용한 대농장의 경영이 일반적이었다. 그러나 조선 후기에는 계곡과 늪지대를 중심으로 대대적인 개간이 이뤄지며 산등성이를 계단처럼 깎아 평지 구간을 만든, 이른바 '다랑논'을 경작하기에 알맞은 작은 규모의 농가 경영이 일반화되었다.[7] 계곡에서 흘러내린 물을 저수지에 가둬 모내기하고 농사를 짓기 위해서는 무엇보다 '소유권'에 대한 확인이 중요했다. 많은 시간을 들여 개간한 땅이 다른 이의 것이라면 무엇으로도 만회할 수 없는 손실을 입을 것이기 때문이다. 따라서 조선후기에는 토지에 대한 소유권이 상당한 수준으로 확보되어 있었고, 이를 토지 조사 사업이 확인한 것으로 볼 수 있다.

그러나 형식적인 재산권의 확보만으로 포용적인 사회가 되는 것은 아니다. 식민지 시대를 살아가던 조선 사람들의 생활 수준이 개선되고, 투자가 활성화되었다는 뚜렷한 증거를 찾기 힘들기 때문이다. 1인당 국민 소득이 제대로 측정되지 않았던 사회에서 소득의 변화를 확인하는 가장 손쉬운 방법은 전체 사망자에서 50세 이상 인구가 차지하는 비중을 보는 것이다.[8] 이 비율이 중요한 이유는 노환으로 인한 사망인지, 아니면 사고나 유년기의 영양실조 등으로 사망한 것인지를 구분하기 위함이다.

전체 사망자에서 50세 이상의 비율이 50%라면, 절반 정도의 사망자는 충분히 구할 수 있었던 목숨을 잃었다고도 볼 수 있을 것이다. 1910~1937년 조선인 사망자 중 50세 이상이 차지하는 비중은 26~29% 수준에서 큰 변화가 없었던 반면, 일본인은 33~38% 수준을 기록했다. 이는 일본인과 조선인 사이에 존재하는 생활 수준 격차가 지속되었음을 강하게 시사한다.

생활 수준 외에 기업 활동 면에서도 뚜렷한 차별이 존재했다. 1950년대 한국 주요 대기업의 기원을 살펴보면, 전체 89개 기업 중에서 단 8개만이 일제 강점기에 조선 사람이 설립한 것으로 나타난다.[9] 또한 각 기업의 기술자에서 조선 사람들이 차지하는 비중도 대부분 5~10% 내외에 불과했었다. 이렇듯 조선 사람들의 활동이 위축된 것은 무엇보다 사업에 성공하더라도 수익을 일본인들에게 빼앗길 수 있다는 공포가 있었던 데다, 일본 정부의 정책 방향 등 핵심적인 정보에 대한 접근이 어려워 사업을 시작할 때 많은 비용을 지불해야 했기 때문이다.

따라서 1945년 광복은 우리 경제 전체의 구조를 바꾸는 일대 사건으로 작용했다. 1990년 이후의 동구권처럼 기존 시스템이 갑자기 붕괴되며 큰 충격을 받았지만, 대신 포용적인 제도를 채택하는 방향으로 나아가 장기적으로는 큰 성과를 거둘 기회를 얻게 된 것이다. 물론 말처럼 쉬운 일은 아니다. 광복 이후 남한 지역의 광공업 생산은 1940년대 수준에 비해 거의 1/3 수준 이하로 내려갔고, 이 결과 수많은 사람들이 실업 상태에 빠져 공산주의에 대한 지지가 급격히 높아졌기 때문이다.[10]

미군정이 초기에 많은 시행착오를 저지르기는 했지만, 경제 정책의 방향은 포용적이었다. 특히 광복 이후 조선의 정치 세력이 주도해 설립한 인민공화국을 전면적으로 부인하는 태도를 취한 것이 결정적이었다.[11] 하지John Reed Hodge 중장은 인민공화국을 "미군이 도착하기 이전에 설립된 공산주의 정권"으로 간주하며 선을 그었고, 대신 조선총독부의 관료 조직을 활용해 통치하기로 결정했다. 또한 미군정은 1946년 소작료를 그 해 생산량의 1/3 수준으로 낮추는 한편, 일본인과 조선총독부가 보유하던 토지를 1948년 초 민간에 매각함으로써 경제 발전의 토대를 쌓았다.[12]

반면 북한은 무상 몰수·무상 분배 방식의 농지 개혁을 단행함으로써 재산권에 대한 심대한 침해를 가져왔다. 물론 북한 지역의 지주 중에 상당수가 친일파였기에 대중들의 지지를 받을 수 있었지만, 이들의 재산 형성 내역에 대한 아무런 고려 없이 토지를 몰수한 것은 경제 내 자산을 국가가 독점하는 결과를 가져왔다. 일시적으로는 정부가 민간보다 경제를 더 잘 운용할 수 있다. 그러나 약 1,000만 명 이상에 달하는 국민들의 행동을 조정하고 계획하는 데에는 많은 어려움이 따를 수밖에 없다. 예를 들어 석탄 생산량과 비누 생산량을 어떻게 조절하며 또 어떤 지역에 공장을 배치하는 것이 전체 경제에 이익이 되는지 계산한다고 생각해 보면, 이것이 매우 어려운 일이라는 것을 금방 알 수 있을 것이다. 더 나아가 비가 오지 않아 전국적인 가뭄이 발생해 쌀 수확량이 급격히 감소한다면? 경제 관료들이 유연하게 대응하면 모르지만, 명령-지시 경제에서는 의사 결정 과정이 매우 경직적이기에 많은 시간이 걸리고 상급자에게 허위 정보를 알릴 위험을 배제하기 어렵다.

반면 민간이 자율적으로 움직이며 재산권이 보호되는 시장 경제에서는 두 가지의 해결책이 존재한다. 먼저 가뭄으로 쌀의 수확량이 줄었으니 쌀 가격이 상승해 수요를 위축시킬 것이며, 보리나 감자 같은 대체재로 수요가 이동할 것이다. 더 나아가 시장이 개방되어 있다면 해외에서 저렴한 농산물을 수입하는 것도 대안이 될 수 있다. 따라서 포용적인 시장 경제는 충격이 발생하더라도 상대적으로 쉽게 문제를 해결할 능력이 있기에, 미군정 때 실시된 여러 제도와 조치가 한국 경제 도약의 발판을 마련했다고 볼 수 있을 것이다.

북한은 1990년 소련 및 동구권 붕괴 이후 '잃어버린 30년'을 지속한 반면, 대한민국은 1997년 외환 위기를 이겨냈다. 두 나라의 엇갈린 경로는 어디에서 기인할까? 그 답은 광복 이후 38선 이북은 소련군이, 이남 지역은 미군이 진주한 데 있다. 북쪽에서는 공산주의 정권이 들어서 재산권에 대한 보호가 사라지고 명령-지시 경제가 자리 잡은 반면, 남쪽에서는 포용적인 시장 경제가 형성되었다. 명령-지시 경제는 외부 충격에 취약한 반면, 포용적인 시장 경제는 사람들이 인센티브에 반응하기에 더 유연하다. 따라서 외부 충격으로 폭락한 해외 시장에 투자할 때는 그 나라 경제 구조가 포용적인지 여부를 꼭 점검해야 한다.

1949년
농지 개혁

자영농을 육성한 나라는 잘못되기 어렵다

한국 경제가 빈곤의 악순환을 벗어날 계기를 제공한 두 번째 사건은 농지 개혁이었다. 농지 개혁이 중요한 역할을 한 결정적 이유는 공산화의 위험을 차단했을 뿐만 아니라 농업 생산성을 높이고 민주적인 사회의 기반을 만드는 데 큰 공을 세웠기 때문이다.

미군정은 1947년 조선총독부와 일본인이 보유한 토지 2,780 제곱킬로미터를 587,974가구에 매각했는데, 이는 남한 농업 인구의 24.1%에 해당하는 규모였다. 미군정이 적극적으로 농지 개혁에 나선 가장 직접적인 이유는 소련과 동유럽의 경험 때문이었다. 2차 대전 이후 소련에서 동유럽과 중국 그리고 베트남으로 공산주의가 빠르게 확산되자 미국 정부는 어떤 요인이 공산주의의 확산을 유발하는지 연구에 나섰다. 이때 중요한 역할을 수행한 이가 미군정 농업 정책 담당자 라데진스키Wolf Ladejinsky로, 그는 어릴 때 우크라이나에서 겪은 사건을 통해 농지 개혁이 공산주의의 확산을 막는 결정적 요소라고 주장했다.[13]

"나는 1921년 초 러시아를 떠나기 전에 경험을 통해 얻은 교훈 때문에 이 일을 하게 됐습니다. 바로 농민들에게 토지를 돌려줌으로써 단호하게 토지 문제를 해결했다면 공산주의자들은 결코 권력을 잡지 못했을 것이라는 교훈 말입니다."

1946년 일본을 통치하고 있던 맥아더Douglas MacArthur 장군은 라데진스키의 주장을 받아들여 일본 정부에 다음과 같이 지시했다.[14]

"수 세기 동안 농민들을 봉건적 억압에 시달리게 만든 경제적 구속을 철폐하기 위해 일본 황실 정부는 농사를 짓는 사람이 노동의 결실을 누릴 수 있도록 보다 평등한 기회를 얻게 만드는 조치를 취해야 한다. [중략] 따라서 일본 정부는 1946년 3월 15일 전까지 농촌 토지 개혁 계획을 제출해야 한다."

특히 1946년 3월, 북한이 토지 개혁을 단행하며 공산 정부에 대한 지지가 올라간 것도 농지 개혁의 필요성을 높인 요인으

로 작용했다. 결국 이승만 정부는 지주의 이익을 대변히는 한민
낭의 강력한 반대를 무릅쓰고 1949년 6월 농지 개혁 법안을 통
과시켰다. 농지 개혁법은 소유주가 직접 경작하지 않는 모든 토
지와 3만 제곱미터(약 9,180평)가 넘는 모든 토지를 재분배 대상
으로 규정했다. 땅을 받은 농민은 향후 10년에 걸쳐 토지의 연간
생산량의 150%를 납부해야 했다. 그리고 정부가 지주로부터 토
지를 인수하면서 지급한 대금의 상당 부분이 미국의 원조로 충
당되었다.

　　1944년에는 상위 3%의 지주층이 약 64%의 토지를 보유하고
있었으나, 1955년에는 상위 6%의 지주층이 소유한 토지가 18%
로 줄어들었다. 반대로 이 기간에 소작농의 비율은 49%에서 7%
로 감소했다.[15] 이렇게 자작농이 늘어나면 사회가 안정되기 마
련이다. 왜냐하면 '지킬 것이 생긴' 사람들은 재산권을 위협하는
이에 대해 저항할 것이며, 더 나아가 사회적 지위를 향상하기 위
해 적극적인 노력을 기울일 것이기 때문이다. 1950년 4월, 주한
미국 대사 존 무초John Muccio는 농민이 더는 사회적 불만 계층이
아니라 "사회 안정을 가장 바라는 계층"이라고 분석했다.[16] 6.25
남침 이후 북한의 기대와 달리 남한 지역에서 대대적인 반란이
벌어지지 않은 데에는 농지 개혁이 결정적 기여를 한 것으로 볼
수 있다.[17]

반면 동남아시아의 농업 대국인 태국과 필리핀은 토지 개혁이 제대로 이뤄지지 않은 가운데 성장이 정체된 것은 물론 만성적인 정정 불안에 시달리고 있다. 예를 들어 태국의 탁신Thaksin Shinawatra 전 총리를 지지하는 레드 셔츠 운동은 북부 지방을 중심으로 한 빈곤 농민층의 불만을 배경으로 하고 있다.[18] 더 나아가 2022년 필리핀에서는 민중 혁명으로 물러난 독재자 마르코스Ferdinand Marcos의 후임으로 그의 아들이 새 대통령에 집권했는데, 필리핀에서는 거대 지주의 이해를 대변하는 유력 가문이 권력을 독점하기에 벌어진 일이라 할 수 있다.[19]

농지 개혁은 공산화 및 정치 불안정의 위험을 낮추었을 뿐만 아니라, 농업 생산성도 향상시켰다. 생산성은 노동 시간에 비해 얼마나 많은 물건(이나 서비스)을 생산해 냈는지 측정한 것을 가리킨다. 예를 들어 1945년에 한 사람의 농민이 150평(한 마지기)의 논에서 쌀 2가마를 생산했는데 1950년에 쌀 4가마를 생산했다면, 그의 생산성은 5년 만에 2배로 늘어난 것으로 볼 수 있다. 그러나 여러 학자의 연구에 따르면 신라 시대부터 조선 시대까지 농민의 생산성은 거의 제자리걸음 한 것으로 나타난다.[20]

그 이유는 소수의 지주가 토지 대부분을 지배하고, 이들이 현재 상황에 만족한다면, 그 사회에는 기술 혁신이 나타나기 어렵기 때문이다. 특히 1945년 한반도가 남북으로 분단되면서 사회에 실업자가 넘쳐흘렀기에, 지주들은 가혹한 조건으로도 얼마든지 소작을 줄 수 있었다. 문제는 지주들이 많은 수입을 얻더라도 관개 시설을 개선하는 등 투자에 나설 유인이 없는 데 있었다. 왜냐하면 고리대금을 통해 자금을 운용하고, 대출자가 빚을 갚지 못하면 담보로 잡은 땅을 취해 보유 토지를 늘리는 식으로 얼마든지 많은 돈을 벌 수 있었기 때문이다.

이 결과 사회는 지속적인 악순환의 늪에 빠진다. 국민의 대다수가 농업에 종사함에도 기아는 사라지지 않고, 극소수의 지주들은 고리대금업을 통해 부를 쌓기만 할 뿐 투자할 의지를 지니지 않을 것이기 때문이다. 기아에 허덕이는 대다수 국민은 교육에 투자할 의욕을 갖기 힘들며, 일부 지주들이 기업을 설립하려 하더라도 기술자와 관리자를 찾기는 하늘의 별 따기에 가깝다. 따라서 농지 개혁은 투자를 게을리하는 지주 집단을 농촌에서 쫓아냄으로써 생산성 향상의 계기를 만들었다고 볼 수 있다. 지주의 대부분은 한국 전쟁 이후 발생한 강력한 인플레이션Inflation으로 토지 매각 대금의 가치가 급락하는 것을 지켜보아야 했지만, 상당수는 도시의 중산층 혹은 사업가로 변신할 기회를 잡을 수 있었다.

토지 개혁 이후 농업 생산성이 극적으로 개선된 또 다른 이유는 '동기 유발'에 있다. 아무리 농사를 지어봐야 대부분의 수확

물을 지주에게 빼앗기는 상황에서 수확량을 늘리려는 동기가 생기기는 어렵다. 그런데 규모가 크지는 않지만 자기 땅이 생김에 따라 가족 구성원을 총동원해 생산량을 늘릴 가능성이 열렸다. 물론 농기구도 부족하고 화학 비료가 만성적으로 부족했기에 1인당 생산성은 형편없는 수준이었다. 그러나 만주와 일본에서 돌아온 사람으로 노동력이 넘쳐흐르는 시기였기에, 남아도는 노동력을 활용해 최대한 생산을 짜내는 게 가능했다.

특히 한국 전쟁 당시 전쟁 비용을 충당할 목적으로 정부가 토지세를 쌀로 거둬들일 수 있었던 것도 농업의 회복 덕분이었다.[21] 정부는 한국 전쟁의 결과로 발생한 심각한 물가 불안으로 인해 현금으로 세금을 납부하는 것보다 현물을 직접 가져가는 게 이익이 된다고 판단했던 것이다. 세금 외에도 농가에 지원한 비료 대금을 식량으로 바꿔 1955년 기준으로 식량 생산량의 약 26.7%를 정부가 현물로 가져간 것은 약 70만 명으로 부풀어 오른 한국군의 보급 문제를 해결하는 데 큰 도움이 되었다.[22]

농지 개혁이 가져온 긍정적 영향은 여기에 그치지 않는다. 먹고 살 수 있는 기반이 마련되자 거대한 교육 붐이 발생했다. 농촌 사회 내에 존재하던 '지주-소작' 관계가 사라지면서 누구나 부자가 될 수 있다는 꿈에 부풀어 자녀 교육에 정진하기 시작했다. 이 열기에 기름을 끼얹은 것은 국제 사회의 지원이었다. 미군정은 1946년 1월에 최초의 교사 육성 프로그램을 도입한 데 이이, 1951년에는 국제연합 한국 재건단이 교실 증축 등 다양한 분야에 자금을 지원했다. 1952년에는 9,000개의 교실이 수리되거나 신설되었으며, 1956년까지 해마다 3,000개 이상의 교실이 만들어졌다.[23]

물론 한국의 농지 개혁이 긍정적인 면만 가져온 것은 아니다. 무엇보다 농지 개혁을 추진하는 과정에서 이승만 정부의 권력 독점이 심화되었다.[24] 이승만 대통령은 오랜 기간 미국에서 독립 운동을 하는 과정에서 미국 정부의 외면을 받았기에 미국 정부를 신뢰하지 않았으며, 미군정 출신의 관료를 집권하자마자 몰아냈다. 이후는 잘 아는 바와 같이 사사오입 개헌에 이어 3.15 부정 선거까지 저지르며 한국의 민주주의를 크게 후퇴시켰다.

그러나 농지 개혁으로 육성된 자영농의 자녀들은 이승만 정부의 독재를 용납하지 않았다. 4.19 혁명 당시 시위대의 주력은 중학생과 고등학생 등 이른바 광복 세대(혹은 해방둥이)였는데, 이들은 민주 사회의 시민으로 길러진 세대였기에 이승만의 독재를 용납하지 않았다. 나아가 많은 고등 교육 기관이 생기며 취업난이 심각해진 것도 혁명의 원인으로 지목된다. 1948년부터 1958년까지 약 10년 동안 대학생 수가 3만 5,000명에서 14만 명 이상으로 늘어났지만, 이들에게 제공될 일자리는 한정적이었기에 사회 전체적으로 불만이 높아졌다.

물론 이들 광복 세대는 이후 등장하는 박정희 정부에 대한 가장 강력한 지지 세력으로 변신하게 되지만, 이로 인해 박정희 정부는 끊임없이 경제 성장을 통해 일자리를 만들어야 한다는 강한 압박도 함께 느끼게 되었다고 볼 수 있다.

그림 1.2 1945~2012년 연도별 고등 교육 기관 현황

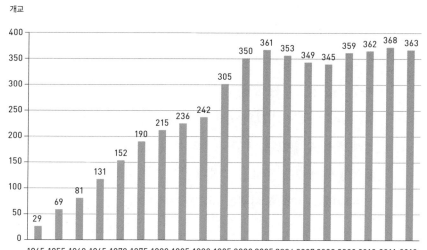

주) 대상 대학: 전문 대학, 대학, 산업 대학, 교육 대학, 방송 통신 대학, 사이버 대학

출처: 대학교육연구소(2013), 《대교연 통계》

요약 및 교훈

농지 개혁을 대한민국 역사의 두 번째 사건으로 든 이유는 농업 생산성의 향상 및 정치 안정을 가져올 수 있었기 때문이다. 물론 농지 개혁 덕분에 자영농이 된 농촌 지역 사람들이 이승만 대통령을 적극 지지하다 보니, 단기적으로 민주주의를 저해하는 요인이 된 것은 분명한 사실이다. 그러나 자영농들이 적극적인 교육 투자에 나서면서 경제 성장의 디딤돌이 만들어진 것은 물론이고, 광복 세대가 4.19 혁명을 일으킴으로써 포용적인 사회를 만드는 기틀이 되었다. 따라서 토지 개혁의 완수 여부를 포용적 성장의 핵심 과제로 볼 수 있으며, 북한 경제의 본격적인 회복과 개방은 협동농장 제도를 철폐하고 개개인의 토지 소유를 부분적으로나마 허용할 때 이뤄질 것으로 예상된다.

1954년
적산 매각

대한민국 재벌의 기원은 이때부터!

1949년 농지 개혁으로 평등하면서도 자유로운 사회가 출현하기는 했지만, 빈곤의 악순환은 사라지지 않았다. 1950년에 발생한 한국 전쟁으로 그나마 남아 있던 생산 기반이 대부분 사라졌기 때문이다. 남한 기준으로 전쟁 기간 동안 612,636채의 주택과 산업시설의 42~44%가 파괴되었다.[25] 확인된 전사자만 137,899명에 달했고, 244,663명의 민간인이 사망했으며, 128,936명이 북한군에게 학살당했고, 303,210명이 북한으로 끌려가는 과정에서 행방을 찾을 수 없게 되었다.

미국 등 16개 국가의 참전 덕분에 서울을 수복하는 선에서 전쟁이 끝나기는 했지만, 정부 재정은 엉망진창이 되었다. 70만명으로 늘어난 군대를 유지하기 위한 비용을 들이는 것은 당연하고, 다치거나 죽은 이들에 대한 보상도 이뤄져야 했기 때문이다. 물론 연간 2~3억 달러에 달하는 막대한 원조를 받았지만, 경

대한민국 돈의 역사

제 발전에 효과적인 방식으로 분배되었는지는 의문이다.

미국 정부는 이승만 정부에게 투명한 원조 자금의 관리와 일본과의 교역 확대를 권고했지만, 두 가지 모두 실현되지 않았다. 일본과의 국교 정상화 및 무역 거래는 이승만 정부가 직을 걸고 반대했던 데다, 현물로 지급되는 각종 물자는 이승만 정부의 정치 자금으로 활용되었기 때문이었다. 당시 주한 미국 대사관은 이승만 정부가 비밀리에 비료업자와 결탁하여 농민에게 비료를 비싼 가격에 판매하고 있는 것을 발견했다.[26] 이승만 정부는 미국이 무상으로 제공하는 비료의 상당 부분을 정부 보관 창고에서 몰래 개인 비료업자에게 빼돌리고, 이를 다시 농민에게 높은 가격에 판매하면서 수입을 챙겼던 것이다. 또한 국가가 보유하고 있는 비료 판매를 제한하면서 농민들은 울며 겨자 먹기로 높은 가격의 비료를 구입할 수밖에 없었다. 정부가 판매하는 값싼 비료를 구입하기 위해서 기다렸다가 비료를 사용할 시기를 놓치는 농민들이 허다했다.

미국과의 관계가 악화되고 농민의 불만까지 높아지자, 이승만 정부로서도 대안을 마련하지 않을 수 없었다. 이때 이승만 정부가 꺼내든 카드는 바로 적산 매각이었다. 적산은 조선총독부와 일본인이 보유한 토지와 기업체를 지칭하는 말이다. 이 가운데 토지는 미군정이 1947년에 매각했으니, 남은 것은 기업체였다. 적산 기업은 노동자의 숫자나 생산액을 기준으로 볼 때 경제 전체의 1/3~1/2에 이르는 막대한 수준이었다.

적산 기업을 민간에게 매각하는 법(귀속 재산 처리법)이 1949년 12월에 제정되었지만, 곧바로 한국 전쟁이 터져 본격적인 매각은 한국 전쟁 이후로 미뤄졌다. 1954년부터 이승만 정부는 군수 물자 공급을 늘리고 재정 적자를 보충하기 위해 적극적인 매각에 나섰다. 1958년 5월까지 총 263,774건의 적산이 매각되어 90% 이상 처리가 완료되었다.[27] 귀속 사업체는 생산 시설이 좋은 대규모 기업이 대부분이었고, 대한석탄공사와 대한조선공사 등 일부 기업만 매각 대상에서 제외되었다.

그러나 한국 전쟁 직후에 적산 매각이 이뤄졌기에 매우 저렴하게 매각될 수밖에 없었다. 예컨대 조선방직 부산 공장의 경우, 정부가 평가한 가격은 35억 원이었으나 실제 매각액은 22억 원에 불과하였다.[28] 삼척 시멘트 공장의 경우 감정가가 7억 원임에도 판매가는 4억 5,000만 원에 그쳤다. 귀속 사업체의 매각 가격은 책정 가격에 비해 평균 62% 수준이었다. 더 나아가 15년 동안 분할 납부하게 되어 있었고, 이마저도 은행의 특혜 대출을 받아 해결하는 경우가 많았다. 조흥은행 등 당시 5대 시중 은행의 대출에서 15대 재벌이 차지하는 비중이 1953년 1~5% 수준에서 1960년 10~30% 수준으로 높아졌던 것이 이를 방증한다.[29]

특히 한국 전쟁 이후 물가가 수십 배 상승하는 동안 15년에 걸쳐 매각 대금을 갚았기에, 귀속 재산을 매수한 이들은 엄청난 차익을 누릴 수 있었다. 그로 인해 적산 매각은 정경 유착과 부패의 온상으로 여론의 비판 대상이 되었다. 그러나 적산 매각이 한국 경제의 성장 전기를 마련한 것으로 보는 시각도 적지 않다. 왜냐하면 이때를 고비로 제조업이 비약적인 성장을 이루었기 때문이다. 제일 먼저 성장 궤도에 올라탄 것은 이른바 '3백 산업(밀가루, 설탕, 방직)'으로 식료품은 연 15.7%, 방직은 10.9%의 연평균 성장률을 기록했다.[30]

표 1.1 **1955~1965년 제조업 부문 부가 가치 및 생산 지수의 연평균 증가율**

(단위: %)

	부가 가치	제조업 생산 지수						
		전체	주요 부문					
			식료품	방직	목재및목재품	고무	화학	토석 및 유리
1955~1960	11.7	13.6	15.7	10.9	4.4	14.0	26.9	18.8
1961~1965	13.7	12.3	3.0	10.1	6.5	7.3	15.8	18.1

출처: 《한국경제의 재해석》, 117쪽

적산 매각이 경제 성장으로 연결된 이유는 산업 자본의 형성에서 찾을 수 있다. 아무리 헐값이라 해도 적산을 매입할 돈을 지닌 계층은 극소수에 불과했다. 더 나아가 전쟁이 막 끝나 미래가 어떻게 될지 모르는 상황임에도 거액을 투자했다는 것은 그만큼 '야성적 충동'을 지닌 인물들이었음을 시사한다. 야성적 충동은 기업가들이 불확실성이 높은 상황에서 적극적으로 투자하고 또 미래를 선점하기 위해 나서는 것을 지칭한다. 자산을 일구는 순간 대부분의 사람들은 어떻게 이 돈을 잘 운용할 것인지에 집중하는 게 일반적이다. 그러나 극소수의 사람들은 더 빠른 성장을 위해 공격적으로 투자하고 또 모험을 수용하는 태도를 보인다. 물론 가족들 입장에서는 가장의 이런 행동이 매우 불안하게 보이겠지만, 나라가 성장하기 위해서는 야성적 충동을 지닌 기업들을 육성하고 또 보호해 주어야 한다. 기업이 성장해야 고용이 늘어날 것이며, 생산성도 향상되어 글로벌 경쟁에서 승리할 가능성이 높아질 것이기 때문이다.

그러나 적극성을 지닌 기업가만으로 경제가 성장할 수는 없다. 물건을 사줄 고객이 없다면 아무리 좋은 물건을 만들어도 쓸모가 없을 것이기 때문이다. 이때 가장 중요한 구매자이자 원재료 공급자로 나선 것이 정부였다. 먼저 구매자로서 한국 정부는 적산 매각 자금과 해외 원조 덕분에 적극적인 재정 집행이 가능했다. 1953~1960년 동안 한국 정부는 수입의 72.5%를 원조에 의존했는데, 특히 미국의 원조로 제공되는 물건을 국내에 판매하여 얻은 수입이 약 70%에 이를 정도로 압도적이었다.[31]

정부는 기업이 필요로 하는 핵심 원재료의 공급에서도 큰 역할을 담당했다. 1956년부터 1959년까지 미국 정부는 이른바 '잉여 농산물'을 원조해, 그 규모가 1억 6,425만 달러에 달했으며, 이 가운데 밀이 40%, 원면이 11.1%를 차지하고 있었다.[32] 이 덕분에 3백 산업을 비롯한 내수 기업들의 성과가 크게 개선되었으며, 1950년대 후반 방직 공업은 공급 과잉의 조짐마저 나타났다.[33]

그러나 한국 기업들이 수출로 돌아서기에는 많은 어려움이 산적해 있었다. 가장 문제가 된 것은 미국이 수출에 동의하지 않았다는 점이다. 미국은 원조를 통해 공급된 원면으로 생산된 제품을 다른 나라에 수출하는 것에 대해 강한 거부감을 가지고 있었다. 더 나아가 이승만 정부가 달러에 대한 원화 환율을 적정 수준보다 낮게 유지한 것도 수출의 어려움을 높이는 요인으로 작용했다.

이승만 정부는 1950년대 중반 달러에 대한 원화 환율을 1대 500으로 책정했는데, 미국인 경제 고문들이 바람직한 환율은 1대 1,000이라고 여러 차례 조언했음에도 이를 수정하지 않았다 (1962년 화폐 개혁으로 10환이 1원이 되었기에, 1달러=100원으로 볼 수 있다). 주한 미국 대사관의 경제 고문 크롱크Edwin Cronk는 한국 정부가 이처럼 원화의 가치를 높게 유지했기 때문에 "수출은 오히려 손해였다."라며, 당시의 환율로는 수출업자들이 "인건비나 원재료비조차 감당할 수 없을 정도였다."라고 평가했다.[34]

이승만 정부가 원화 가치를 달러에 비해 고평가시킨 데에는 나름의 이유가 있었다. 가장 직접적인 명분은 수입 물가의 안정을 도모하기 위함이었지만, 내부적인 이유는 대외 원조를 물품으로 받기 때문이었다. 즉 달러가 아닌 현물로 원조받다 보니, 이 물품을 국내 기업에 처분한 돈으로 더 많은 달러를 구하는 게 우선이었다. 어떤 나라의 화폐 가치가 적정 수준보다 비싸면 수입업체들은 큰 이익을 볼 수 있다. 해외에서 값싸게 수입한 상품을 국내에 판매함으로써 차익을 거둘 수 있기 때문이다. 반대로 수출 기업들은 해외에서 값싸게 물품을 판매하기 어려워 수출을 늘리는 데 한계가 있다. 따라서 이승만 정부의 원화 고평가 정책은 수출 기업의 육성에 큰 걸림돌이 되는 한편, 수입업체를 살찌우는 문제를 지니고 있었다.

결국 50년대 말로 가면서 내재되었던 문제들이 하나둘 터져 나오기 시작했다. 원화 가치 고평가의 부작용이 커지는 데다, 전후 복구 사업이 어느 정도 마무리되고 대외 원조마저 줄어들었기 때문이다. 특히 한미합동경제위원회CEB, Combined Economic Board를 통해 1956년부터 통화 공급 축소 요구가 관철된 것도 문제를 가져왔다. CEB는 1952년 12월에 한국과 미국 간에 맺어진 협정으로 만들어졌는데, 미국은 대규모 원조를 해주는 대신 경제 정책의 운용에 있어서 CEB의 통제를 받을 것을 요구했다.[35]

물론 미국 정부가 이승만 정부를 무너뜨릴 목적으로 원조를 삭감하고 통화 긴축 정책 시행을 요구한 것은 아니었다. 미국은 10년 넘게 한국에 대규모 자금을 지원했음에도 북한과의 체제 경쟁에서 뒤처지는 것에 실망했고, 이승만 대통령의 비타협적인 태도, 특히 일본과의 국교 정상화를 단호하게 반대하는 것에 강한 거부감을 느꼈던 것은 분명한 사실로 보인다.[36] 그러나 이승만 대통령을 대체할 만한 정치 세력 발굴에 실패했던 데다, 북한의 침략 위협이 높아 적극적인 정권 교체를 추진한 징후를 발견하기는 어렵다. 결국 4.19 혁명은 노골적인 부정 선거에 대한 반발과 불황으로 인한 민심 이반 그리고 미국의 지지 철회 등이 합쳐져 성공할 수 있었다고 볼 수 있다.

요약 및 교훈

이승만 정부가 1954년부터 본격적으로 추진한 적산 매각 정책은 재정의 안정을 도모함은 물론 모험적인 기업가 집단을 만들어 냈다. 물론 적정 가치에 비해 싸게 책정된 매각 가격, 15년 분납이라는 호조건 등으로 부패의 소지가 있었던 것은 분명한 사실이다. 그러나 50년대 후반의 '3백 산업 붐' 등 제조업 육성의 기반이 만들어진 것에 대해서는 제대로 된 평가가 필요할 것이다. 특히 적산 매각으로 육성된 야심에 가득 찬 기업가 집단은 고도성장의 엔진 역할을 맡게 되었다. 재산권을 보존하며 모험적인 기업가에게 지원을 아끼지 않는 것이 성공적인 정책의 핵심 덕목이 아닐까 생각된다.

1961년
환율 인상

수출 주도 성장의 궤도에 올라서다

대한민국 경제의 경로를 바꾼 네 번째 사건은 환율 인상이다. 앞에서 잠깐 거론했던 대로 달러에 대한 원화 환율이 비정상적으로 낮은 수준을 기록한 것은 경제 내에 많은 문제를 일으켰다.

가장 큰 문제는 부패였다. "한국 정부로부터 수입 허가를 받은 사람은 당장이라도 큰돈을 벌 수 있는" 상황이 펼쳐지는 데 기업들이 굳이 힘든 길을 걸어갈 이유가 없다.[37] 수출 시장 개척에는 엄청난 비용과 위험이 수반되기에, 방직 산업 등 공급 과잉에 직면한 일부 기업들을 제외하고는 해외 시장 개척에 나설 동기가 없다. 문제는 이런 식으로 경제가 흘러가면 경제 발전의 길이 막힌다는 것이다. 세계 시장으로 나가 적극적으로 시장을 개척하는 과정에서 품질의 개선은 물론 새로운 상품을 개발할 동기가 발생할 것이기 때문이다.

그렇다면 어떻게 해야 기업들의 해외 진출을 촉진할 수 있을까?

이 문제를 해결하는 가장 쉬운 방법이 바로 환율 조정이다. 1960년까지 정부가 정한 공식 환율은 1달러에 50원(1962년 화폐 개혁 이전 기준으로 500환) 전후였다.[38] 그러나 시장에서 거래되는 환율은 1달러에 대해 122.5원 전후였다. 즉 이승만 정부의 공식 환율은 시장 참가자들이 생각하는 수준의 절반에 머물렀던 셈이다.

여기서 적정 환율이 무엇인지 살펴보자. 적정 환율을 구하는 가장 손쉬운 방법은 바로 물가를 비교하는 것이다. 미국에서 팔리는 제품(가령 맥도날드의 햄버거)의 가격과 한국에서 팔리는 제품의 가격이 같아지는 게 적정할 것이다. 왜냐하면 맥도날드 같은 세계적인 체인은 일관된 물류 시스템과 품질 관리 능력을 갖췄기에 세계 어디에서나 제품 가격을 비슷한 수준으로 관리하는 게 유리할 것이기 때문이다. 간단하게 말해, 아시아 지역에서 호주산 쇠고기로 햄버거 패티를 만드는 게 유리하다면 한국이나 호주, 일본에서 팔리는 햄버거의 패티는 호주산으로 통일하는 것이 편리할 것이다.

이런 식으로 각국의 물가를 비교하면 어느 나라에서 팔리는 햄버거 가격이 비싼지 알 수 있다. 즉 맥도날드 햄버거값이 미국보다 비싼 나라의 화폐는 고평가된 것으로, 미국보다 싸게 팔리는 나라는 저평가된 것으로 볼 수 있다. 이런 식으로 각국 통화 가치의 직정성을 측정한 것이 바로 빅맥 지수Big Mac index다.[39]

2023년 1월 기준으로 세계에서 가장 통화 가치가 고평가된 나라는 스위스로, 스위스 사람들은 동일한 햄버거를 미국 사람보다 무려 35% 이상 비싸게 사 먹어야 한다. 왜 스위스 사람들이 주말만 되면 물가가 싼 오스트리아나 프랑스로 여행을 가는지 알 수 있을 것이다. 차 한가득 물건을 사서 스위스로 돌아가면 매달 백만 원 이상을 아낄 수 있다니, 여행도 다니고 돈도 절약하는 셈이기 때문이다.

이런 식으로 화폐 가치가 다른 나라에 비해 높은 나라 사람들은 자국 제품을 쓰기보다 다른 나라 제품을 수입해서 쓰는 게 더 나은 선택이 될 수 있다. 반대로 수출 기업들은 자국의 화폐 가치가 너무 비싸니 다른 나라에 물건을 팔기가 쉽지 않다. 예를 들어 동일한 명주실 한 고리를 수출할 때 한국산은 20달러인데 미국산이 15달러라면 어떤 일이 벌어질까? 아마 한국의 섬유 회사는 수출을 포기할 가능성이 높을 것이다. 그런데 1961년 달러에 대한 원화 환율이 두 배로 인상되면서 섬유 기업들의 경쟁력이 일거에 향상되었다. 이제 한 고리 수출 제품 가격을 10달러로 책정할 수 있으니, 15달러에 팔리는 미국 제품을 압도할 수 있게 된 것이다.

물론 이승만 정부도 할 말이 있다. 왜냐하면 한국 전쟁 직후 1달러에 12원이었던 공식 환율을 1955년까지 50원으로 인상한 바 있기 때문이다. 즉 환율을 4배 이상 인상했는데도 원화 가치는 고평가 상태가 되었다. 이런 현상이 나타난 이유는 인플레이션 때문이었다. 인플레이션은 물가가 지속적으로 상승하는 현상을 뜻한다. 1955년부터 1960년 사이 한국의 물가는 200% 상승했는데, 미국 물가는 그대로 머물러 있다고 가정해 보자. 달러에 대한 원화 환율이 50원으로 고정되어 있다면 무슨 일이 벌어질까?

임금부터 토지, 그리고 각종 부대 비용이 200% 상승했으니 제품 가격도 200% 인상되어야 마땅할 것이다. 그런데 미국의 제품 가격은 물가 안정 덕분에 그대로라면? 현재 환율에서는 미국산 제품을 구입하는 게 훨씬 이득이 된다. 왜냐하면 미국산 제품을 수입해서 한국에서 파는 게 수지 타산이 맞을 것이기 때문이다. 앞에 사례로 들었던 스위스의 경우를 생각해 보면 금방 이해가 될 것이다. 이 결과로 50년대 내내 한국은 수출이 늘지 않은 반면, 수입만 급격히 늘어나 만성적인 무역 적자를 경험했다.[40]

그렇다면 한국의 물가를 안정시키는 방법은 없을까?

그러나 이게 힘들었다. 왜냐하면 농업 부문의 생산성, 즉 투입한 노동력 대비 생산량이 꾸준히 늘어나고는 있었지만, 한계

그림 1.3 1953~1969년 인플레이션과 달러에 대한 원화 환율 추이

출처: 김낙년 등(2018), 〈한국의 장기통계 Ⅱ〉

GDP: Gross Domestic Product, 국내 총생산

GDP 디플레이터: 경제의 물가 수준을 측정하는 가장 중요한 지표로 명목 GDP/실질 GDPx100으로 계산한다. 국내 총생산 (GDP)은 크게 보아 두 가지 산출 방법이 존재한다. 첫 번째 방법은 현재 시장에서 거래되는 물가로 측정한 명목 GDP이고, 다른 하나는 어떤 특정 기준 연도 물가를 기준으로 놓고 물가 변화를 제거한 실질적인 GDP의 변화를 측정한 것이다. 이때 명목 GDP와 실질 GDP의 차이를 측정한 것이 GDP 디플레이터로 어떻게 보면 가장 정확한 물가 지수라고 볼 수 있다.

가 있었기 때문이다.[41] 1956년부터 1961년까지 농업 부문의 노동 생산성은 연평균 1.6% 개선되었다. 그러나 화학 비료의 공급이 제때 이뤄지지 못한 데다, 워낙 많은 유휴 노동력이 있었기에 생산 효율의 개선은 1960년대가 되어서야 본격적으로 이뤄질 수 있었다. 결국 국민이 필요로 하는 제품의 가격을 안정시키기

위해서는 제조업의 육성이 필수적이었다.

서비스나 농업과 달리 제조업은 생산성의 향상 속도가 매우 빠르다. 초기 투자 자금이 크게 드는 단점이 있는 대신, 근로자들이 기계의 사용에 익숙해지는 순간 비약적인 생산성의 향상이 가능하기 때문이다.[42] 특히 한국은 적산 매각으로 상당수 공장이 기업가의 소유가 되었고, 미국이 적극적으로 도움을 주고 있었기 때문에 제조업 육성의 첫발을 뗄 조건을 가지고 있었다. 또 제조업이 중요한 이유는 대규모 고용을 일으킨다는 점이다. 농촌 지역에 막대한 잉여 노동력이 존재하기에, 제조업에서 일자리가 생기는 순간 경제 전체에 선순환을 일으킨다.

특히 근로자들의 기술 수준은 영원히 낮은 수준에 머물러 있지 않는다. 필자가 즐겨 보는 EBS의 프로그램 〈극한 직업〉을 보면 초보자와 10년 이상 일을 한 숙련 근로자 사이에 하늘과 땅 차이의 기술 격차를 발견할 수 있다. 기술 수준이 올라가면 생산성 수준도 따라서 향상될 것이기에 임금 인상의 여지가 생긴다. 지금 다니고 있는 회사가 임금을 올려주지 않더라도 다른 제조업체로 옮김으로써 얼마든지 소득을 개선할 기회를 얻게 된다.

제조업 육성의 장점은 이것만이 아니다. 생산성이 향상되며 제품 생산에 드는 비용이 내려가면 글로벌 시장을 대상으로 수출에 나설 수 있다. 대다수 공산품은 종이 박스에 포장되어 세계 각국에서 자유롭게 팔린다. 반면 서비스는 글로벌 교역이 쉽지 않다. 콜센터나 검색 엔진 같은 극히 일부의 서비스민 멀리 떨어진 곳에서 전화나 인터넷을 통해 판매될 뿐이다. 특히 한국으로서 운이 좋았던 것은 세계 최대 시장인 미국이 적극적으로 자유 무역을 추구하고 있었다는 점이다.

1945년 이후 세계 경제의 패권을 잡은 미국은 자유 무역의 깃발을 높이 들고 내수 시장을 개방하는 용단을 내렸다.[43] 이런 행동을 했던 이유는 미국이 세계 최강의 제조업 경쟁력을 가지고 있었던 데다, 공산주의의 확산을 막기 위해 독일이나 일본 등 2차 대전의 패전 국가 경제를 회복시켜야 할 필요성이 있었기 때문이다. 이 덕분에 1950~1998년 세계의 수출은 1990년 실질 가격 기준으로 210억 달러에서 1조 251억 달러로 무려 48.7배나 증가하였는데, 같은 기간 전 세계 생산력의 성장은 6.3배에 그쳤다. 다시 말해 세계 무역의 급속한 증가가 세계 경제의 성장을 견인하였다.[44]

결국 5.16 쿠데타(1961년)는 민주주의 싹을 꺾은 비극임이 분명하지만, 경제 발전의 측면에서는 큰 전기를 마련한 사건으로 볼 수 있다. 쿠데타 세력(이후 '군사 정부')이 집권하자마자 제일 먼저 환율 인상을 단행한 것이 그 전환점이었다. 물론 군사 정부는 1963년 10월 민정 이양(제5대 대통령 선거) 이전까지 2년간 수

많은 실수를 저질렀다. 2부에서 자세히 다루겠지만, 1962년의 증권 파동이 대표적인 사례다. 급격히 경제 구조를 바꿀 목적으로 다양한 시도를 했지만, 이게 번번이 실패로 돌아가면서 금융 시장이 불안정해지고 군사 정부도 부패하기는 마찬가지라는 부정적 인상을 심었다.

그러나 1962년 12월부터 수출이 갑자기 증가하기 시작하며 분위기가 달라졌다. 그달의 수출은 839만 달러에 이르러 평년 수준보다 거의 두 배 수준이었다. 이것으로 그친 것이 아니라 1963년 1~4월 신용장(수출 주문) 내도액이 3,400만 달러로 전년도 동 기간의 2배나 되었다. 5월 초 상공부 장관은 기자 회견에서 "수출 실적이 기록적"이며, 이런 추세라면 금년도 목표치를 달성하는 것은 무난하다고 장담하였다. 그는 수출이 갑자기 증가한 것이 우리나라의 산업 구조가 근대화하여 공산품의 수출이 큰 비중을 차지하게 되고, 수출선이 종래의 일본 중심에서 미국, 동남아시아, 홍콩 등으로 다변화했기 때문이라고 하였다.[45]

수출 증가의 가장 직접적인 이유는 미국이 면방직 제품에 대한 수출을 허가했기 때문이지만, 환율이 인상되는 등 군사 정부가 적극적으로 제조업 육성에 나선 것도 큰 영향을 미쳤다. 특히 군사 정부가 이른바 '부정부패 척결'을 외친 것도 수출의 증가 요인으로 작용했다.[46] 일반적으로 사회 정치적 혼란이 발생하면 수출이 부진하기 마련이지만, 이때는 전혀 다른 분위기가 조성되었다. 이승만 정부의 비리를 수사하는 과정에서 SBS 인기 드라마 〈야인시대〉에 등장하기도 했던 악역, 임화수와 이정재 등 수많은 인사를 처형하자 기업가들도 군사 정부의 비위를 맞추기 위해 애를 썼던 것이다.

그러나 쿠데타 이후의 부패 척결 분위기만으로 수출 드라이브 정책을 기업가들에게 강요할 수는 없었다. 기업들은 기본적으로 수지 타산이 맞는다고 생각될 때만 적극적인 투자에 나설 것이며, 수출은 미래가 불확실한 도박적 요소가 가득했기 때문이다. 따라서 군사 정부도 환율 인상만으로는 수출 주도 성장을 지속할 수 없다고 판단하고 다음 조치를 취하게 되었으니 그게 바로 '화폐 개혁'이었다.

요약 및 교훈

농지 개혁으로 농업 부문이 살아나기는 했지만, 가파른 경제 성장을 위해서는 수출 제조업의 육성이 필수적이다. 제조업은 초기 투자 자금이 많이 드는 대신, 거대한 세계 시장을 개척할 수 있고 생산 효율의 가파른 증가를 기대할 수 있기 때문이다. 특히 만성적인 물가 불안 문제를 해소하는 데에도 제조업 육성이 필수 불가결한 요소로 떠올랐다. 군사 정부는 1961년 달러에 대한 원화 환율을 단번에 2배 인상하는 한편, 이승만 정부의 부패 청산에 나서며 1962년부터 강력한 경제 성장의 궤도에 올라설 수 있었다. 그러나 환율 조정만으로는 기업가들이 수출 제조업 육성에 나서도록 만들기에 부족했다. 군사 정부는 투자 재원 마련을 위해 무엇이라도 해야 한다는 압박에 쫓기게 되었다.

1962년
화폐 개혁

없는 살림 쥐어짜 봐야

1961년의 환율 인상 이후 한국의 수출이 가파른 증가세를 보이기 시작했지만, 걸림돌이 하나 있었으니 바로 자금 부족이었다. 제조업은 한번 흐름을 타기 시작하면 경제 성장을 촉진하고 고용을 확대하는 핵심 산업이지만, 초기 투자 자금이 많이 든다는 게 문제였다.

　이승만 정부도 기계 부품 등을 원조받길 원했지만, 미국의 입장은 달랐다.[47] 미국은 인플레이션 및 재정 적자 문제를 해결하는 것이 최우선이라고 보았다. 쉽게 이야기해, 미국 정부는 이승만 정부가 처음부터 욕심내지 말고 국민의 민생부터 챙기라고 권고했던 셈이다. 그럼에도 불구하고 이승만 정부는 오랜 협상을 통해 시멘트와 철강 등 산업화에 필요한 핵심 상품을 일부 원조받고 확보한 달러를 기업 투자에 적극 활용했다.

　1955년 전국 금융 기관의 대출금은 65.5억 원에 불과한 반면,

정부가 시중에 직접 공급한 자금은 87.4억 원에 이르렀다.[48] 특히 1953년부터 1960년까지 정부의 재정 융자 총액 250.3억 원 중에 55.8%가 일반 산업 자금에 투입되었으며, 33.7%는 관개 시설 개선, 6.6%는 주택 자금에 배분되는 등 이승만 정부도 제조업을 육성하기 위해 노력했다. 이 덕분에 면방직 공업을 중심으로 제조업 생산이 꾸준히 늘어날 수 있었다.[49] 그러나 한계는 뚜렷했다. 이승만 정부와 미국 사이가 멀어지는 가운데 원조가 줄어들기 시작했고, 제조업의 생산도 수출길이 막힌 가운데 정체되었던 것이다. 미국이 원조 물자를 활용해 다른 나라로 수출하는 것에 제동을 걸었던 데다, 원화 가치가 고평가된 것도 악영향을 미쳤기 때문이다.

특히 해외 원조 수입은 1957년 3.7억 달러로 정점을 찍은 이후 계속 줄어, 1959년에는 2.1억 달러까지 떨어졌다.[50] 해외 원조를 정부가 배분해 주는 것이 이승만 정부의 투자 프로세스였는데, 이게 힘들어진 것이다. 특히 한국의 수출이 1953년 4,414만 달러로 정점에 도달한 이후, 1959년 2,065만 달러로 줄어든 상태였기에 해외에서 달러를 구할 방법이 없었다. 제조업을 하고 싶어도 해외에서 필요한 기자재를 수입할 수 없다면 아무 소용이 없지 않겠는가?

이 문제는 군사 정부도 뾰족한 대안이 없었다. 쿠데타 이후 미국과의 관계가 소원해진 데다, 미국 케네디 정부는 베트남 전쟁 및 쿠바 위기 속에서 한국에 신경 쓸 여력이 없었기 때문이다. 따라서 미국은 한국이 일본과 국교를 정상화하는 게 최우선이라고 생각했다.[51] 미국은 베트남 및 쿠바에 집중하는 대신, 일본이 동아시아 다른 나라에 대한 지원을 강화해 공산주의의 확산을 막는 게 최선이라고 판단했던 셈이다. 물론 이 뒤에는 1964년 도쿄 올림픽을 개최할 정도로 일본 경제가 가파른 성장세를 지속한 것이 배경으로 자리 잡고 있었다.

그러나 군사 정부가 이 대안을 채택하는 것은 현실적으로 불가능했다. 일본의 식민지 통치 기간 동안 쌓였던 울분이 아직 풀리지 않은 데다, 군사 정부도 이른바 혁명 공약을 통해 민족주의적인 태도를 강하게 보여주었기 때문이다. 예를 들어 3항에는 "이 나라 사회의 모든 부패와 구악을 일소하고 퇴폐한 국민도의와 민족정기를 다시 바로 잡기 위하여 청신한 기풍을 진작시킨다."라는 대목이 있다.[52] 특히 혁명 공약 4항("절망과 기아선상에서 허덕이는 민생고를 시급히 해결하고 국가자주경제 재건에 총력을 경주한다.")보다 먼저 등장한다는 면에서 얼마나 강하게 민족주의적인 성향을 띠었는지 알 수 있다. 따라서 군사 정부는 일본과 국교를 수립하라는 미국의 권고를 수용할 수 없었고, 다른 대안을 채택하게 된다.

군사 정부가 채택한 대안은 바로 화폐 개혁이었다. 군사 정부는 1962년 6월 10일 제3차 긴급 통화 조치를 발표해 기존 10환을 1원으로 바꾸기로 결정한다.[53] 당시 박정희 정부가 화폐 개혁을 단행한 목적은 경제 개발 자금을 조달하기 위해 국민들의 자산 수준을 가늠하고, 나아가 부정한 돈을 회수하려는 데 있었다. 당시 재무부 장관이었던 천병규를 비롯한 5명의 화폐 개혁 준비반이 "기밀 누설 시 총살형도 감수한다."라고 선서할 정도로 소수에 의해 전격적으로 추진된 것을 보면 알 수 있다.[54]

그러나 화폐 개혁은 총체적인 실패로 끝나고 말았다. 생활비에 한해서 6월 17일까지 가구당 한 사람에게 500원 한도로 10대 1의 비율에 따라 새 은행권을 바꿔준다고 했지만, 충분치 않은 한도로 사회적 불안감만 높아졌다. 이후에 순차적으로 1인당 교환 한도가 늘어날 예정이었고 또 실제로 예금 동결 조치도 해제되지만, 시민들이 느끼는 불안이 매우 컸던 것이 주된 실패 원인이었다. 특히 군사 정부가 '부정한 돈'이라는 딱지를 붙여 마음대로 국민의 돈을 빼앗을 것이라는 불안감도 컸다.

특히 미국의 반대가 결정적이었다. 미국 관료들은 화폐 개혁이 치명적인 인플레이션을 가져올 것이며, 이는 그동안 미국과 박정희 정부가 함께 노력해 왔던 인플레이션 해소 노력을 한꺼번에 망치는 것이라고 주장했다.[55] 한국에 파견된 대외 원조 단장 제임스 킬런James Killen은 화폐 개혁 움직임을 파악하자마자 책임자를 만나 "한국 정부가 미국의 경제 원조 합의 조건을 위반했다."라고 지적하는 한편 향후 추가 원조 계획을 철회하겠다고 위협하기에 이르렀다.

결국 군사 정부는 예상보다 적은 은닉 자금 그리고 미국의 강력한 반발 속에 기존 정책을 폐기하고 예금 동결 조치를 해제하기에 이르렀다. 그러나 후유증은 극심했다. 일단 시중에서 강력한 사재기가 펼쳐졌다. 돈에 대한 신뢰가 약화되니, 월급이나 거래를 통해 받은 돈으로 재빨리 물건을 사두려는 욕구가 생겼고, 이는 고스란히 인플레이션으로 연결되었다. 두 번째 문제는 금융 기관에 대한 신뢰가 약화되었다는 점이다. 화폐 개혁 과정에서 한 사람당 500원 한도로 돈을 바꿔주는 한편, 은행 예금을 동결했던 것이 문제가 되었다.

군사 정부가 화폐 개혁을 단행한 이유는 투자 자금을 마련하는 것이었는데, 정작 은행 예금이 감소하는 상황이 펼쳐졌던 것이다. 특히 당시의 금리가 인플레이션 수준보다 훨씬 낮았던 것도 시중 자금을 은행으로 끌어들이지 못한 원인으로 작용했다. 집세부터 각종 생필품 물가가 1962년 한 해에만 18.4%나 오르는 반면, 은행 예금 금리는 15.0%에 고정되어 있으니 예금을 하면 할수록 손실이 발생하는 구조였기 때문이다.

미국의 대외원조처는 한국 정부에 "국내 저축을 늘릴 수 있도록 가능한 모든 정책을 채택"하라고 권장한 바 있으나, 한국 정부는 물가 상승률보다 금리를 더 높게 인상하는 것에 대해 거부감을 느끼고 있었다.[56] 왜냐하면 기업들이 수출 제조업 부문에 투자하도록 촉진하기 위해서는 최대한 저렴한 금리를 제공하는 것이 필수적이었기 때문이다.

화폐 개혁이 실패로 끝나고 국내 저축을 활용해 투자를 촉진

그림 1.4 **1954~1980년 예금 금리와 인플레이션 추이**

출처: 김낙년 등(2018), 〈한국의 장기통계 II〉

하기가 힘들어지자, 군사 정부에 남은 선택은 미국의 지원을 조금이라도 더 받아 내는 것 외에는 없었다. 그럼 어떻게 해야 미국의 원조를 더 받을 수 있을까?

그 답은 바로 베트남 전쟁 참전이었다. 쿠데타 직후인 1961년 11월, 박정희 군사 정부 수반이 미국을 방문해 케네디 대통령과 만난 자리에서 베트남에 한국군을 파병하겠다고 밝혔다. 물론 케네디 대통령은 이 제안을 거절했지만, 베트남 상황이 악화될 때는 한국군의 파병이 필요할 수도 있다고 가능성을 열어 두었기에, 한국 정부가 적극적인 의지를 보인다면 불가능한 일은 아니었다.[57] 베트남 전쟁의 참전은 동아시아 지역에서 공산주의의 확산을 저지한다는 명분도 있었지만, 무엇보다 경제적 이해관계가 더 큰 요인으로 작용했다. 과거에 경험하지 못했던 밀림에서의 게릴라전과 고엽제 살포로 수많은 참전 용사가 죽거나 다치고 병들었지만, 경제 전체로는 새로운 성장의 전기를 맞게 된다.

요약 및 교훈

1962년 화폐 개혁은 1945년 해방 이후 3번째 단행된 것이었다. 첫 번째 화폐 개혁은 1950년 한국 전쟁으로 수도 서울을 잃었을 때 북한이 혼란을 가중시킬 목적으로 화폐를 발행한 데 대응할 목적으로 이뤄졌다. 두 번째 화폐 개혁은 1953년 한국 전쟁으로 인해 발생한 인플레이션을 완화하기 위해 시행되었다. 화폐단위를 기존 원에서 '환'으로 변경하는 한편, 식민지 시기에 발행되었던 조선은행권의 유통을 금지하는 내용이었다. 3차 화폐 개혁은 투자 재원을 마련하고 인플레이션을 완화할 목적으로 시행되었으나, 미국의 반대 및 국민들의 불신으로 큰 실패를 경험했다. 은행에 대한 신뢰만 추락한 상황에서, 결국 군사 정부는 다시 미국에 손을 벌리지 않을 수 없었다. 미국은 50년대처럼 한국에게 무상 원조를 해주기 어려운 여건이었기에, 군사 정부는 베트남 전쟁에 참전하는 대신 미국의 지원을 요구했다. 전쟁은 끔찍한 일이지만, 타국에서 벌어지는 전쟁은 종종 경제에 큰 호재로 작용하기도 한다.

1964년
베트남 파병

돈벼락을 맞다

1963년 10월 제5대 대통령 선거에서 박정희 후보가 승리한 후 나타난 가장 중요한 변화는 베트남 파병이었다. 1964년 9월 의료진과 태권도 교관을 파견한 데 이어, 1965년 3월에는 공병 부대를 그리고 같은 해 10월에는 전투 부대(청룡 부대)를 파병하기에 이르렀다. 1967년의 5차 파병(5만 명)까지 포함하면 연인원 32만 명에 달하는 군인과 의료진이 베트남에 파병되었고, 이는 미국 다음으로 많은 것이었다.[58]

박정희 정부가 베트남 파병을 결정하게 된 이유는 3차 화폐 개혁의 실패 및 원조 삭감 문제 때문이었다. 해외에서 기계와 부품을 들여오기 위해서는 외화가 필요했는데, 이를 마련할 방법이 부족했다. 미국이 한국에 원조를 재개해 주면 좋았겠지만, 베트남 전쟁의 수렁에 빠진 상황에서는 기대하기 힘든 대안이었다. 결국 박정희 정부는 환율을 재차 인상하는 한편 베트남 전쟁에 참전해 외화를 획득하는 것이 가장 효과적인 방법이라는 결론을 내렸다. 그러나 다른 나라에서 벌어지는 전쟁에 한국군이 대거 참전하는 것에 대해 부정적 여론이 압도적이었다.

이에 대해 브라운Winthrop G. Brown 대사는 미국 정부가 "박정희 정부에 대한 지원 의사를 명확하게 밝힘으로써 한국 정부의 결정을 공개적으로 지지하는 게 중요하다."라고 강조하였다.[59] 미국의 존슨Lyndon B. Johnson 정부는 이 제안을 받아들여, 두 차례에 걸친 대규모 차관(각 1.5억 달러)을 제공하기로 결정하였다.[60] 차관뿐만 아니라 군사비 지원도 이어졌다. 한국 전쟁 이후 유엔군과 한국군이 필요로 한 장비와 물자를 미국이 지원해 왔으나, 50년대 후반부터 미국 정부는 한국 정부에 자체의 국방 예산을 동원하여 물품을 구입하라고 압력을 가했다. 베트남 전쟁 참전을 계기로 이 부담이 완화됨에 따라 한국 정부는 군사비 부담을 덜고 경제 발전에 예산을 투입할 수 있게 되었다.

그렇다면 베트남 참전은 한국 경제에 어떤 영향을 미쳤을까? 학자마다 의견은 다르지만, 대략적으로는 매년 1~2억 달러에 달하는 베트남 특수를 누렸던 것으로 측정된다.[61] 미국의 국방비 지원이 계속된 데다, 새로운 외화가 베트남에서 유입됨으로써 설비 투자에 필요한 외화를 조달할 수 있게 된 것이다. 베트남 특수가 발생한 직접적인 경로는 미국의 국방비 증액에 있다.

표 1.2 동아시아 나라들의 베트남 특수와 GDP 비율

(단위: 백만 달러)

	1965년	1966년	1967년	1968년	1969년	1970년	누계액
태국	22	106	197	266	225	197	1,013
	0.5%	2.0%	3.5%	4.4%	3.4%	2.8%	2.9%
한국	19	80	153	197	257	204	910
	0.6%	2.2%	3.6%	3.8%	4.0%	2.5%	3.0%
싱가포르	14	60	78	98	125	88	463
	1.4%	5.5%	6.3%	6.9%	7.5%	4.6%	5.6%
홍콩	45	50	46	47	50	71	309
	1.8%	2.0%	1.7%	1.7%	1.6%	1.9%	1.8%
대만	6	81	53	27	48	40	255
	0.2%	1.9%	1.1%	0.5%	0.7%	0.5%	0.8%
필리핀	17	33	55	72	36	8	221
	0.3%	0.5%	0.8%	0.9%	0.4%	0.1%	0.5%
소계	123	410	582	707	741	608	3,171
남베트남	108	457	597	505	521	531	2,719
일본(오키나와 포함)	32	234	384	466	557	567	2.240
합계	263	1,101	1,563	1,678	1,819	1,706	8,130

* 일본은행조사국(1973), 115~116쪽: 미조구치 도시유키 편(2008), 393쪽: 통계청(1995), 315쪽: World Bank, World Development IndicatorsOnline.
출처: 박근호(2017), 95쪽

미국의 국방비 지출 추이를 보면, 1965년 486억 달러에서 1969년 802억 달러로 늘어난 후 69년 7월 미군이 베트남에서 부분적으로 철수하면서 줄어들기 시작했다. 국방비 중에서 베트남전

전쟁 비용, 즉 '동남아시아 특별비'는 65년 1억 달러에서 69년에는 288억 달러로 급격하게 팽창했는데, 국방비 지출의 35.9%에 해당하는 규모였다. 1969년 한국의 국내 총생산GDP, Gross Domestic Product이 66억 달러에 불과했음을 감안하면 얼마나 큰돈이 동남아시아 지역에 뿌려졌는지 짐작할 수 있을 것이다.

베트남 전쟁이 한국 경제 성장에 큰 도움이 되었던 또 다른 이유는 물류 혁명 때문이었다. 부산이나 인천항 인근을 다닐 때마다 거대한 컨테이너Container를 실은 트럭을 쉽게 볼 수 있다. 컨테이너는 물건을 담는 사각형 철제 용기로, 통상 가로 6미터 길이의 컨테이너를 TEUtwenty-feet equivalent unit라는 약어로 부르곤 한다. 참고로 2021년 수에즈 운하에 좌초되어 세계의 물류를 막았던 컨테이너선 '에버 기븐Ever Given'호는 2만 TEU 급이었다.[62] 길이가 400미터, 너비가 59미터에 달하는 거대한 화물선이 19세기 말에 만들어진 좁을 수로를 지나가다 보니 이런 사태가 벌어진 것이다.

컨테이너의 발명은 이미 1950년대에 이뤄졌지만, 세계 물류를 근본에서 바꾼 것은 베트남 전쟁이었다. 컨테이너 이전에는 이른바 벌크선Bulk Carrier 형태가 일반적이었다. 벌크선은 화물을 포장하지 않고 그대로 싣고 수송하는 방식이다. 배 자체에 특별한 구조물을 갖지 않고 나눠진 배의 공간에 화물을 그냥 실어버리는 형태였기에 많은 문제를 가지고 있었다. 무엇보다 잡다한 짐들이 실리기에 물건이 종종 섞이고 파손되며 분실되는 일이 잦았다. 더 나아가 기중기 등을 통해 기계화하기가 힘들었다. 일일이 사람 손으로 물건을 실어야 했기에 배를 운행하는 시간보다 배에 물건을 싣고 내리는 시간이 더 걸리는 게 일반적이었다.[63] 반면 컨테이너는 20인치 크기의 사각 쇠 박스에 물건을 넣으면서 밖에 꼬리표(혹은 바코드)를 붙이는 방식으로 물건의 주인과 행선지를 정확하게 표시할 수 있을 뿐만 아니라, 기중기를 이용해서 싣고 내리는 일이 간편했다. 그러나 혁신적인 제품이 바로 수용되는 경우는 극히 드물다. 예를 들어 1962년에 뉴욕항이 처리한 화물 중에서 컨테이너가 차지한 비중은 단 8%에 그칠 정도로 확산 속도가 느렸다.[64]

혁신을 가로막는 여러 가지 장벽을 깨뜨리는 방법에는 어떤 것이 있을까? 가장 손쉬운 방법이 전쟁이다. 베트남 전쟁에서 미국이 승리를 거두지 못한 원인은 열대 밀림에서 게릴라전을 벌여야 했던 것이 가장 직접적이지만, 보급 차질도 큰 골칫거리였다. 베트남은 국토의 남북 길이가 1,100킬로미터가 넘는데, 수심이 충분히 깊은 항구는 단 한 곳에 불과한 데다, 내륙에서는 단선 철도 하나만이 운영되고 있었기 때문이다. 게다가 미군이 이용할 수 있는 유일한 항구인 사이공(현 호찌민)도 메콩강 하류 삼각주에 자리 잡고 있어 전쟁터와 멀었다. 따라서 바지선(바닥이 평평한 배로, 주로 예인선이 이동시키는 형태)이 화물선으로 이동해 탄약을 받아 다시 항구로 돌아와야 했는데, 이 기간이 짧게는 10일에서 길게는 30일까지 걸렸다.[65] 사태가 이 지경에 이르자 미국 정부도 해결책을 고민하지 않을 수 없었다.

이때 등장한 대안이 컨테이너선 및 전용 항구였다. 1966년 컨테이너선 전문 해운 회사인 시랜드서비스가 군수 물자 운송 사업자로 낙찰받은 후 물류난이 해소되기 시작한 것이다. 시랜드서비스가 2주에 한 번씩 베트남 중부의 깜라인만에 설치된 컨테이너 항구에 수송품을 배송하면서 "단 7척의 컨테이너가 기존 벌크선 20척 이상의 몫을 했다."라고 평가받았다.[66] 그리고 시랜드서비스의 사업 확장은 여기에 멈추지 않았다. 하와이와 로스앤젤레스에서 실은 화물을 베트남에 내려주고 나서 빈 배로 돌아가기보다, 이 배를 부산이나 일본 고베로 몰고 가서 미국에서 팔 만한 상품을 싣고 가는 게 훨씬 이익이 될 것으로 판단한 것이다.

이 결과로 세계 경제, 특히 동아시아 경제는 새로운 성장의 전기를 맞이하게 된다. 베트남에서 한국과 일본에 이르는 컨테이너 네트워크가 생기기 전인 1961~1965년의 연평균 세계 교역량 증가율은 7.8%에 그쳤지만, 컨테이너선의 본격적인 운행이 시작된 1966~1970년에는 연간 성장률이 11.1%로 뛰어올랐고 1971~1975년에는 연 22.6%씩 성장했다.[67] 물론 한국 정부가 1965년 5월에 1차 차관(1.5억 달러)을 받은 데 이어, 미국과의 협상(1966년 3월 4일 브라운 각서 제1차)을 통해 2차 차관(1.5억 달러)을 제공받은 것도 베트남 전쟁으로 시작된 붐에 올라타는 데 큰 도움이 되었다.[68]

1960년대부터 시작된 강력한 경제 성장은 환율 인상을 비롯한 박정희 정부의 적절한 정책뿐만 아니라, 세계적인 물류 혁명이 막 시작된 시기에 수출 주도 성장이 시작되었다는 운도 따랐던 셈이다.

요약 및 교훈

1964년부터 시작된 한국의 베트남 전쟁 참전은 한국 경제 성장의 기폭제가 되었다. 미국의 추가적인 자금 지원 및 전쟁 물가 공급 등의 직접적인 혜택뿐만 아니라, 컨테이너로 대표되는 거대한 물류 혁명에 올라탈 기회를 잡을 수 있었기 때문이다. 만일 세계 경제의 블록화 흐름이 높아지고 무역 장벽이 새롭게 세워지는 시기에 수출 주도 산업화 전략을 채택했다면 비슷한 성과를 내기가 쉽지 않았을 것으로 짐작된다. 이런 면에서 볼 때 한국의 산업화는 운도 상당히 따랐고, 그 운을 잡아내는 역량 덕분에 이뤄낸 결과였다고도 볼 수 있다.

1965년
한일 기본 조약 체결

자존심을 내주고 실리를 취하다

1950년대부터 한국과 미국 정부 사이에 벌어진 갈등 중에 가장 심했던 것은 바로 '한일 국교 정상화'였다. 미국은 한국이 제조업을 육성할 생각이 있다면 일본이 가장 적합한 교역 대상이라고 판단했다.[69] 그러나 한국과 일본의 외교 관계 정상화 및 교역 재개는 민감한 정치적 사안이라 쉽게 해결할 수 없었다. 한국 국민들이 여전히 일본의 식민 통치에 대한 기억과 증오감을 가지고 있었기 때문이다. 미국 관료들은 이승만 대통령에게 일본과의 화해를 통한 외교 관계 개선과 교역 재개를 여러 차례 건의했지만, 그때마다 이승만은 일본의 재무장에 대한 우려, 자유세계에 대한 일본의 반성 부족과 같은 이유를 들면서 불가하다고 설명했다.

　　박정희 정부도 일본과 외교 관계를 정상화하는 데에 강한 거부감을 가지는 것은 마찬가지였다. 그러나 이승만 정부와 달리 박정희 정부는 수출 주도의 경제 성장을 달성해 실업 문제를 해소하는 데 더 우선순위를 두었다. 환율 인상과 베트남 전쟁 참전도 수출 제조업을 육성하기 위한 노력의 일환이었으며, 이 기조에서 볼 때 일본과의 외교 관계 정상화는 한번 시도해 볼 만한 일로 여겨졌다.

특히 미국 정부의 태도가 달라진 것도 중요한 포인트였다. 60년대 중반 베트남 전쟁에 대한 개입이 확대되면서 미국 정부는 일본이 한국에 대한 경제 지원과 원조 부담을 떠맡기를 기대하였다. 미국에서 한국 관련 주요 사안을 담당하던 국가안전보장회의의 로버트 코머Robert Komer는 1962년에 "가장 빠른 해결책은 한국에 대한 경제 원조를 일본이 부담하는 것이다."라고 주장한 바 있다.[70] 더 나아가 한국과 일본의 외교 정상화가 "현재 추진 중인 한국의 경제 성장은 일본의 경제 원조에 의해서 더욱 가속화될 것이며, 한국의 수출도 일본이라는 거대한 시장에 연결되어 더욱 발전할 수 있을 것이다."라고 내다보았다.

박정희 정권이 들어서자 일본 총리 이케다 하야토는 즉각 한국의 신정부를 지지한다는 의사를 표명했고, 박정희 군사 정부 수반은 1961년 11월에 일본을 방문한 자리에서 이케다 수상에게 "맨주먹으로 황폐한 조국을 이끌어 보겠다는 의욕만은 왕성하다."라며 협조를 요청했다. 협상이 빠르게 진행되는 듯했지만,

대일 청구권 및 독도 문제가 부각되면서 협상은 정체 상태에 빠졌다.[71] 대일 청구권은 35년에 걸친 식민지 지배 과정에서 빌생한 조선 사람들의 어려움에 대해 일본에 보상을 요구할 권리를 가리킨다.

1962년 중앙정보부장 김종필이 일본 외무성 장관 오히라 마사요시를 만나 가진 회담을 통해 쟁점이던 청구권 문제가 타결되었으며, 어업 협정 문제 등도 1964년 4월에 타결되어 거의 10년에 걸친 한일 회담의 종결을 눈앞에 두게 되었다.[72] 하지만 일본과의 외교 관계 정상화는 국민의 격렬한 반대에 부딪혔다. 지식인과 학생 그리고 반정부 세력은 생생하게 남아 있는 식민 지배에 대한 아픈 기억을 되살리며, 한국과 일본이 국가 대 국가의 관계를 형성하는 것에 반대하였다. 1964년 봄, 제5대 대통령 선거에서 박정희와 경쟁하였던 윤보선이 국교 정상화 결정을 규탄하는 반대 운동을 주도하였고, 6월 3일에는 전국 주요 대학의 캠퍼스에서 대규모 학생 시위가 벌어졌다.[73] 박정희 정부는 6월 3일 계엄령을 선포하여 반대 시위를 무력으로 진압했고, 계엄령은 7월 29일까지 지속되었다. 이 과정에서 학생과 정치인 등 1,120명이 검거되었고 348명이 내란 및 소요죄 명목으로 투옥되었다.

이 분위기를 일신시킨 것이 1965년 1월의 미일 정상 회담이었다.[74] 미국을 방문한 일본의 사토 에이사쿠 신임 수상은 존슨 대통령과의 회담에서 한일 조약의 조기 체결을 약속했고, 2월 17일 시이나 에쓰사부로椎名悦三郎 외무성 장관을 한국에 파견하여 한일 조약의 가협정을 체결했다. 미일 정상 회담이 열린 후 겨우 1개월 남짓이라는 짧은 시간이었다는 것이 한일 조약 체결 뒤에 미국의 강한 압력이 존재했음을 시사한다. 한일 조약은 6월 22일 정식으로 조인되었고, 8월 14일 한국 국회에서 비준되었다.

그렇다면 어떻게 극심한 반대를 뚫고 한일 기본 조약이 체결될 수 있었을까? 그 이유는 박정희 대통령의 1965년 5월 미국 방문에 있었다.[75] 당시 한국 정부는 미국 정부에 "가장 민감하고 결정적인 순간에 한국 정부의 입장을 강화할 수 있도록 해달라."라고 요청했다.[76] 존슨 대통령은 이 요청에 흔쾌히 응하면서 약 1.5억 달러에 달하는 원조를 제공했고, 한국 정부는 국교 정상화를 반대했던 국민들에게 훨씬 좋은 여건에서 정상화의 필요성을 설명할 수 있게 되었다. 박정희와 존슨 대통령은 공동 성명서에서 미국이 일본과의 국교를 정상화한 한국에 지속적으로 경제 원조를 제공하겠다고 재차 확인하였다. 이러한 일련의 노력은 미국이 한일 국교 정상화를 통해서 '일본으로 하여금 장차 한국을 경제적으로 장악할 수 있는 체제를 갖추게 하려고 한다'는 한국 국민의 의심과 우려, 저항을 점차 누그러뜨리는 데 기여하였다.

가장 중요한 대일 청구권 문제에서 일본은 한국에 3억 달러에 이르는 일본의 생산물 및 서비스를 10년에 걸쳐 무상으로 제공하며, 이에 더해 3억 달러(및 추가적인)에 달하는 장기 저금리 차관도 10년 동안 제공하기로 결정되었다.[77] 1965년 당시 한국의 명목 국민 총생산GNP, Gross National Product, 다시 말해 한 해 동안 생산한 가치의 합계가 30억 달러에 불과했다는 점을 감안할 때 엄청난 규모였다. 물론 3억 달러 내에는 선박 및 어업 협력 차관 1.2억 달러가 포함되어 있어, 이를 제외한 설비 투자용 차관은 1.8억 달러에 불과했다.[78] 그러나 한국 기업들은 추가적인 차관에 대한 기대가 높았고, 실제로 1967~1971년 공공 차관의 국가별 도입액을 살펴보면 4.4억 달러의 미국 다음으로 1.8억 달러의 일본이 2위를 차지한 것을 발견할 수 있다.[79] 참고로 공공 차관 기준 3위는 0.9억 달러를 제공한 국제기구가 차지했다.

이 엄청난 돈을 어디에 쓰느냐가 모든 이들의 관심사로 부각될 때, 박정희 정부는 포항에 일관 제철소를 건설하기로 결정했다.[80] 일관 제철소는 철광석과 코크스(Cokes, 공기가 없는 상태에서 석탄에 열을 가하여 얻는 고체 연료)를 녹여 쇳물을 만들고, 이를 틀에 부어 다양한 형태의 철강 제품을 생산하는 제철소를 뜻한다. 반면 고철 등을 녹여 새로운 철강 제품을 생산하는 것은 흔히 제강소로 불린다. 수출 제조업의 발전과 도로나 항만 등 사회 간접

자본 건설을 위해서는 대량의 품질 좋은 철이 필요했으나, 한국은 이를 대부분 수입에 의존하는 상황이었다.

결국 제철소는 한국이 자력으로 만들어야 하는 상황이었는데, 거액의 대일 청구권 자금이 들어온 것이다. 박정희 정부는 1968년 이 돈을 활용해 제철소를 건설하기로 결정했고, 육군사관학교 교관 시절에 가장 아끼던 제자인 당시 43세의 박태준에게 건설 책임을 맡겼다. 포항제철 건설 노동자들은 매일 현장 사무소 앞에 도열하여 일본의 배상금이 프로젝트에 쓰이고 있으며, 이 돈을 낭비하는 수치스러운 일을 하느니 차라리 죽는 것이 낫다는 말을 들었다.

물론 열정만 가지고 거대한 제철소를 만들 수는 없다. 이때 일본 기술자들이 큰 도움이 되었다. 우리나라는 일관 제철소에 대한 지식과 경험이 없었기 때문에 당시 철강 대국으로 부상하던 일본의 협조를 바탕으로 포항제철소를 건설했다. 일본의 대표적인 철강 업체인 신일본제철新日本製鐵과 일본강관日本鋼管이 포항제철소 건설 사업을 도왔는데, 그들은 JGJapan Group로 불렸다. 일본이 적극적으로 협조했던 이유는 포항제철소 건설 사업이 줄 경제적 이익 때문이었다. 예를 들어 포항제철소 1기 사업(생산 능력 103만 톤)에 필요한 설비의 가격만 해도 일본이 플랜트 수출로 거둬들인 금액의 약 1/5을 차지할 정도였다.[81]

물론 운도 따랐다. 베트남 전쟁 때 컨테이너 혁명이 본격화된 것처럼, 70년대에는 제철소 설비를 만드는 기업들이 수주 부족으로 곤란을 겪던 시기였다. 한국 외에 종합 제철소를 건설했던 국가(브라질 등)의 시도가 실패로 돌아간 데다, 베트남 전쟁이 종결되면서 전쟁 경기도 식고 있었기 때문이다. 따라서 포항제철이 지속적인 투자를 단행할 것이라는 소식을 들은 세계의 주요 플랜트 기업들이 치열한 수주 경쟁을 벌였고, 이 덕에 우수한 설비를 상대적으로 낮은 가격에 구매할 수 있었다. 예를 들어 3기 사업(생산 능력 290만 톤, 누계 550만 톤)이 종료된 직후인 1978년 12월 신일본제철의 사이토齊藤英四郎 사장은 "포항제철소는 일본의 제철소와 동등하거나 그 이상이라고 분명히 얘기할 수 있다."라고 평가한 바 있다.[82]

대일 청구권 자금이 집행된 곳은 포항제철만이 아니었다. 1968년 착공되어 1970년에 개통된 경부고속도로도 역시 대일 청구권 자금이 투입되었다. 연간 정부 예산의 20% 이상을 투입하는 거대 프로젝트였기에, 대일 청구권 자금 및 아시아개발은행과 유엔 개발 계획 등 해외에서 조달한 차관이 투입됨으로써 원래 계획보다 1년 이른 1970년에 개통이 이뤄질 수 있었다.[83] 물론 초기에는 관광 도로라는 평이 있을 정도로 교통량이 적었고, 제3한강교(현 한남대교) 건설로 시작된 강남 지역 개발로 부동산 투기 붐이 부는 등 경제 전반에 불안정을 가져온 면을 부인할 수는 없다.

그러나 1950년대 미국에서 시작된 주간 고속도로^{Interstate} highway 건설을 대상으로 한 연구에 따르면, 조사 대상인 35개 산업 중 3개를 제외한 모든 산업에서 원활한 수송으로 인한 상당한 비용 절감 효과가 관찰되었다.[84] 또 다른 연구에서는 1950년대의 주간 고속도로 건설 비용 지출로 미국의 생산성이 31% 향상되었으며, 1960년대에는 25%가 향상되었지만, 1980년대에는 생산성에 미친 영향이 7%로 줄어든 것으로 조사되었다.[85] 따라서 한국에서도 경부고속도로의 건설은 한국 경제 성장의 견인차 역할을 한 것으로 평가된다.

물론 한일 기본 조약 체결이 우리 경제에 긍정적인 영향만 미친 것은 아니다. 1965년을 기점으로 대일 무역 수지 적자가 대폭 늘어났기 때문이다. 1964년 단 4,692만 달러에 불과하던 적자가 1965년에는 9,804만 달러로 늘어난 데 이어, 1969년에는 5억 2,265만 달러까지 늘어났다. 1965년부터 10년에 걸쳐 매년 5,000만 달러 내외의 청구권 자금이 유입된 반면, 무역 적자는 이의 10배에 이르렀던 셈이다.

대일 무역 적자의 대부분이 기계류와 시설재(1969년 기준 47.9%)였기에, 무역 적자가 한국 경제에 직접적으로 부정적 영향을 미친 요소는 아니다. 다만 급박한 경제 성장 과정에서 필요한 원료와 부품 그리고 기계류를 일본에 의지하다 보니 일본에 대한 경제적 종속의 가능성이 높아진 것은 부인할 수 없는 사실이었다.

표 1.3 한일 국교 정상화 전후 대일 무역의 구성과 추이

(단위: 천 달러, %)

연도	수입			수출			무역 수지
	수입액	원재료	기계류·시설재	수출액	식료품	식자재 외 원재료	
1960	60,408	22.3	11.1	18,975	31.4	46.6	-41,433
1961	68,537	25.5	18.8	21,587	23.8	58.2	-46,950
1962	109,171	32.8	29.8	23,474	49.2	34.4	-85,697
1963	103,578	34.4	39.2	25,480	33.2	51.5	-78,098
1964	86,072	23.3	28.8	39,153	45.4	38.5	-46,919
1965	143,737	28.5	21.6	45,695	48.2	36.5	-98,042
1966	247,543	28.9	42.5	66,274	48.1	39.3	-181,269
1967	343,907	33.3	41.4	78,325	41.1	47.3	-265,582
1968	547,807	27.3	50.7	93,863	31.2	38.9	-453,944
1969	640,744	44.5	47.9	118,093	28.4	24.7	-522,651

자료: 《貿易年鑑》 각 연도.

주 : 무환(無換)거래는 수출입총액에서 제외되었으며, 차관·원조·청구자금에 의한 수입은 포함하였다. 원조 중에 비중이 큰 것만 합계되어 총수출입액에 대한 비중과는 다소 차이가 있다.

출처: 이헌창(2021)

요약 및 교훈

1965년 체결된 한일 기본 조약은 한국 경제의 발전 경로에 큰 전환점이 되었다. 인접한 일본과의 교역이 급격히 늘어났을 뿐만 아니라, 청구권 자금을 활용해 경부고속도로와 포항제철 등 숙원 사업을 달성할 수 있었기 때문이다. 특히 수출 제조업 육성에서 가장 큰 골칫거리였던 자본과 기술 문제를 모두 해결했다는 면에서 역사적 전환점이라는 평가가 결코 낮지 않은 것으로 보인다. 그러나 부정적 면도 적지 않았다. 해외에서 낮은 금리의 자금 도입이 이뤄지다 보니 기업들의 방만한 경영이 문제로 부각되기 시작했고, 일본에 대한 경제적 종속 위험이 높아졌던 것이다. 특히 경제 규모에 비해 과도한 자금 유입이 벌어지며 '과잉 투자' 문제가 발생해, 이후 박정희 정부는 포용적인 정책 기조를 버리는, 이른바 '8.3 조치'를 단행하기에 이른다.

1972년
'8.3 조치'

부채 주도 성장의 단맛에 빠지다

1965년 이후 해외에서 싼 이자로 돈을 빌려오기 쉬워지면서 기업들의 경영에도 큰 변화가 나타났다. 그것은 바로 부채 비율이 급격히 높아진 것이다. 부채 비율은 기업이 보유한 자본 대비 빌린 돈의 비율을 뜻한다. 부채 비율이 100%라면, 자본금과 부채가 동일한 수준이다. 1963년만 해도 한국 제조업의 부채 비율은 92.2%에 불과했으나, 1968년에는 201.3%를 기록한 데 이어, 1971년에는 394.2%까지 상승했다.[86]

부채 비율이 높아졌다는 것은 이중적인 의미를 지닌다. 첫 번째 의미는 예전에 비해 돈을 빌리기 쉬워졌다는 것으로 해석된다. 부채 비율이 100%에도 미치지 못했다는 것은 기업들이 사업을 할 때 자기 돈 말고는 융통하기가 힘들다는 뜻이 된다. 그러나 수익성을 극대화하려면 적절한 레버리지가 필수적이다. 레버리지는 타인의 자본을 지렛대처럼 이용하여 자기 자본의 이익률을 높이는 것을 의미한다.

예를 들어 10억 원의 자본금을 가지고 사업하는 A가 연 20%의 수익을 낼 수 있는 프로젝트를 발견했다고 가정해 보자. 즉 A는 이 사업을 시작하면 매년 2억 원의 수익을 낼 수 있다. 그런데 추가로 10억 원의 돈을 빌릴 수 있다면, A의 연간 수익은 4억 원이 될 수 있다. 물론 이자 등 각종 금융 비용을 여기서 제한 것이 순수익이 될 것이다. 따라서 기업가들은 자기 돈만 가지고 사업을 하기보다 다른 이들의 돈을 빌려 사업하는 것을 선호한다.

매력적인 투자 프로젝트를 가지고 있는 기업가의 입장에서 1965년 체결된 한일 기본 조약은 큰 기회였다. 왜냐하면 해외에서 막대한 차관이 유입된 데다, 금리 수준도 한국에 비해 극히 낮았기 때문이다. 특히 미국 차관은 정부를 통해서 배분되는 형태였지만, 대일 차관은 성격이 달랐다. 미쓰이와 마루베니 등 일본 4대 상사를 포함해 40여 개가 넘는 일본 종합 상사의 지점이 한국에서 운영되며 대규모 플랜트 차관, 즉 포항제철소처럼 대규모 공장을 건설하기 위한 자금 지원이 이뤄졌다.[87]

대일 차관이 폭발적으로 늘어나는 가운데 한일 기본 조약 체결 과정에서 합의되었던 상업 차관 3억 달러는 이미 1967년에 소진되었고, 일본 정부는 1967년 10월 제1차 한일 정기 각료 회담에서 상업 차관 2억 달러를 추가로 제공하기로 약속했다. 이에 부응해 한국 정부 역시 이전처럼 차관 인가를 남발하고 일본 정부에 승인을 요구하는 것이 아닌, 일본이 제시한 연간 한도에 맞춰 차관 우선순위 사업을 선별해 일본 정부와 사전에 교섭하기로 했다. 신규 2억 달러 차관 사업마저 배정이 완료되자 1970년 제4차 한일 정기 각료 회담에서는 매년 연간 6,000만 달러 선에 맞춰 프로젝트별로 상의하여 상업 차관을 추가 공여키로 합의했다.[88]

이와 같은 대규모 차관 도입이 경제 성장에 큰 도움이 되기는 했지만, 여러 문제를 일으켰다. 가장 큰 문제는 "좋은 투자 프로젝트가 넘쳐나느냐?"이다. 앞의 사례에서 기업가 A는 연간 20%의 수익을 예상하는 사업 프로젝트를 가지고 있었지만, 다른 기업가 B가 가진 프로젝트는 연 수익률이 10%에 불과하고 수익의 신뢰성도 높지 않을 수 있다. 따라서 저금리의 차관을 이용할 수 있게 되었다 하더라도 얼마든지 부실 위험이 존재한다. 특히 1969년을 전후해 베트남 전쟁에서 '미국 패전'의 가능성이 높아진 것이 위험을 더욱 부추겼다. 1968년 베트남 파병 미군은 54.8만 명으로 정점을 찍은 후, 1969년에는 47.6만 명으로 줄어들었고, 1970년에는 34.5만 명 그리고 1972년에는 3만 명으로 급감했다.[89] 따라서 한국군 파병 규모도 1968년 5만 명에서 1972년에는 3.7만 명으로 줄어들고, 베트남 호황도 막을 내리게 된다.

돈을 많이 빌려 공격적으로 투자했는데 경기가 나빠지면 어떤 일이 벌어질까? 기업의 수익성이 악화되는 것은 물론이고, 매출액에서 차지하는 이자 등 각종 금융 비용 부담이 폭발적으로 상승할 수밖에 없다. 왜냐하면 저금리의 차관을 제때 받을 수 없는 상황에서 기업들이 담보 없이 신속하게 돈을 빌릴 수 있는 사채에 의지했기 때문이다. 한국은행의 1971년 조사에 따르면, 기업의 90% 이상이 월평균 4% 정도의 금리로 사채를 이용하고 있었다.[90]

일본 상사의 공격적인 대출 주선 그리고 기업들의 지나친 낙관이 한데 어울려 대규모 기업 부실 사태를 낳은 셈이다. 매출액

그림 1.5 1960~1980년 제조업 매출액 경상 이익률과 금융 비용 부담률 추이

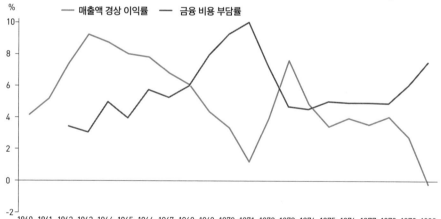

출처: 이헌창(2021), 《한국경제통사》

대비 금융 비용이 10% 선까지 치솟는 상황에서 부실기업 문제가 부각되자, 박성희 정부는 1972년 '8.3 사채 동결 조치'를 취하기에 이르렀는데, 핵심 내용은 아래와 같다.[91]

첫째, 1972년 8월 2일 현재, 기업이 보유하고 있는 사채를 일주일 내에 전부 신고하는 한편 사채의 이자율을 은행 금리 수준(연 16.2%)으로 인하하고 원금은 3년 거치 5년 분할 상환한다. [중략]
둘째, 은행 등 금융 기관이 기업에 대출한 자금 중 단기성 대출금의 30%를 장기 저리 자금으로 대환한다. [중략]
셋째, 은행을 이용할 수 없었던 저신용/무담보의 중소 상공업자 및 농림·수산업자를 위해 신용 보증 제도를 마련한다. [중략]
넷째, 산업 합리화를 위한 자금 500억 원을 조성하여 산업 합리화 기준에 맞는 기업에 장기 저리로 대출한다.

1997년에 발생했던 외환 위기의 원인을 둘러싸고 여러 주장이 있지만, 필자는 1972년의 사채 동결 조치가 가장 중요한 배경에 있다고 판단한다. 연이율 40% 이상의 사채를 은행 대출 금리 수준(16.2%)으로 인하하고 3년 동안 갚지 않아도 되며 이후 5

년에 걸쳐 분할 상환한다는 것은 너무나 큰 특혜였고, 이는 한국 기업들이 부채에 의지한 '브레이크 없는' 성장 전략을 더욱 강하게 추종하도록 만들었기 때문이다. 실제로 8.3 조치 이후 기업들의 경영 실적은 크게 개선된 반면, 금융 비용 부담률은 5% 아래로 떨어졌다.

그러나 기업들의 반대편, 즉 가계와 자산가들의 입장에서는 마른하늘에 날벼락이나 다름 없었다. 은행 이자율이 인플레이션 수준보다도 낮은 상황에서 예금자들은 은행에 돈을 맡기기보다 사채 시장에서 운용하는 게 훨씬 이익이었다. 특히 자본 시장의 발달이 미약해 안정적인 배당을 기대하기 어려웠던 70년대 초에는 저축 자금을 고리 사채로 운용하는 것이 가장 수익이 높고 안정적이었다고 볼 수 있다. 그런데 8.3 조치로 자금이 묶이고 심지어 낮은 금리밖에 받지 못하는 상황이 펼쳐졌으니, 정부에 대한 신뢰가 바닥으로 떨어질 수밖에 없었다.

더 나아가 이 사건 이후 박정희 정부의 독주가 시작된 것도 경제 전체를 놓고 볼 때 큰 문제가 되었다. 1969년 7월 미국의 닉슨 대통령은 괌에서 이른바 '닉슨 독트린Nixon Doctrine'을 발표하며 "동맹국과 우방국의 방위와 발전"을 지속적으로 지원할 예정이지만, "모든 자유 국가의 방위를 전담하지는 않겠다."라고 선언하였다. 더 나아가 주한 미군 중 약 2만 명, 즉 미군 전투 부대 중 1개 사단의 철수를 추진하기로 결정함으로써, 한국 정부는 자주국방을 달성해야 한다는 조비심을 느끼는 한편 미국과 점차 거리를 두게 되었다.[92]

포항제철소 건설로부터 시작된 중화학 공업의 육성은 미군의 철수로 더욱 탄력을 받았다. 철강과 기계 부품 그리고 선박 제조 등 방위 산업에 대한 육성이 생존의 문제로 부각되었기 때문이다. 그러나 대규모 자본이 투입되는 중화학 공업을 육성하기 위해서는 자본력은 물론 기술 개발 능력을 갖춘 대기업의 존재뿐만 아니라, 그들이 적극적인 투자에 나설 인센티브가 있어야 한다.[93] 따라서 박정희 정부는 8.3 조치와 같은 심각한 재산권 침해를 단행해서라도 중화학 공업을 육성해야 한다고 결정을 내린 셈이다. 대신 정부의 지원 혜택을 입으면서도 성과를 내지 못한 기업들에 대해서는 가혹한 채찍을 휘둘렀다.

가장 대표적인 사례가 율산그룹의 흥망성쇠다.[94] 성과를 내기만 하면 정부는 저금리 대출 및 사채 동결 등의 지원을 단행했지만, 조금만 기대에 미치지 못한다 싶으면 아무리 큰 재벌이라도 파산시키고 합병했다. 율산그룹은 중동에서 대규모 수주에 성공하면서 본격적으로 발전하기 시작했는데, 특히 서울신탁은행 관리하에 있던 신진알미늄을 인수해 율산알미늄으로 이름을 바꾸면서 본격적인 성장이 시작되었다. 신진알미늄은 1955년에 설립된 신진자동차(GM대우의 전신)의 자회사로 자동차 부품을 생산하는 대기업이었다. 이런 식으로 확장을 시작해 율산그룹은 1978년 봄 율산산업과 율산알미늄 등 14개 회사를 거느린 대기업으로 도약했고, 종업원은 8,000명을 넘어섰다.

율산그룹 급성장의 또 다른 배경은 정부의 강력한 수출 드라이브 정책의 산물인 '수출 금융'이었다. 당시 수출 주문만 확보하면 즉시 은행에서 받을 수 있는 수출 금융 금리가 연 7~9%로 일반 대출 금리(20~30%)나 사채 금리(40%대)와 비교하면 공짜나 다름없었다. 또 수출 대금은 2개월 후에 지불하게 되어 있어 수출 업체들은 수출 금융으로 확보한 자금을 굴려 막대한 단기 차익을 얻을 수 있었다. 더욱이 율산의 주요 수출 품목인 건축 자재가 전부 외상으로 거래되었던 만큼, 다른 수출 업체에 비해 유리한 위치에 있었다.[95]

그러나 율산이 공격적으로 추진하던 사우디 건설 공사가 지연되고, 시멘트와 합판, 철근 등 핵심 제품 수출이 돌연 금지되면서 비극의 날이 찾아왔다. 율산의 신선호 회장이 1979년 2월 청와대 직원을 사칭한 괴한에게 납치되었다 풀려난 데 이어, "지난 3년 동안 134차례에 걸쳐 회삿돈 105억 원을 빼돌렸다."라는 죄로 구속되고, 1979년 5월 16일 전 계열사가 일괄 부도 처리된 것이다.[96] 물론 율산그룹이 모두 허공으로 사라진 것은 아니고 반포에 자리 잡은 서울종합터미널을 지킬 수 있었지만, 그마저도 2002년에 애경그룹으로 경영권이 넘어가고 말았다.

8.3 조치 등 박정희 정부의 정책이 큰 효과를 거두기는 했지만, 세 가지 문제를 일으켰음을 부인할 수는 없다. 첫 번째로 재산권이 상시적으로 위협받는 상황에서는 국내 저축이 늘어나고 자본 시장이 성장하기 힘들다는 것이다. 정부가 은행 중심의 경제 구조를 바꾸기 위해 기업의 상장을 촉진하는 등 다양한 노력을 기울이긴 했지만, 그 성과는 미미했다.

두 번째는 성과 부진 기업에 채찍을 휘두르는 과정에 '사심'이 개입될 여지가 너무 크다는 것이다. 정부가 저금리 대출을 배분해 주는 과정에서 많은 부패가 개입될 수밖에 없었고, 이는 점점 한국 경제의 짐으로 작용하게 된다. 중화학 공업의 공급 과잉 문제가 부각되어 이른바 산업 합리화 조치가 취해질 때 많은 기업이 부당한 처우라고 반발하는 일이 잦았던 것이 이를 방증한다.

더 나아가 기업들이 많은 대출을 받아 공격적인 경영에 나섬으로써 외부 충격에 취약한 경제 구조로 변모하게 된 것도 무시하지 못할 요인이라 할 수 있다. 물론 이 부분은 1984년부터 시작되는 3저 호황으로 보상받게 되지만, 이때부터 경기 변동의 폭이 커진 것만은 분명한 사실이다.

요약 및 교훈

1972년 8월 3일 단행된 사채 동결 조치는 한국 경제에 많은 영향을 미친 사건이다. 높은 사채 이자에 신음하던 수출 대기업들은 기사회생의 계기를 잡았지만, 재산권에 대한 심대한 침해를 일으킨 것은 물론 정부의 힘이 다른 경제 주체에 대해 일방적인 우위를 잡게 되었기 때문이다. 물론 70년대 중후반 한국 경제는 연평균 7.3%의 고속 성장을 기록할 수 있었지만, 1979년 발생한 이란 혁명을 계기로 심각한 경제 위기를 겪게 된다.

1980년
2차 석유 위기

한국 전쟁 이후 첫 번째 마이너스 성장의 해

1979년 한국 경제는 두 가지 충격에 빠져들었다. 첫 번째 충격은 10월 26일에 발생한 박정희 대통령 시해 사건이며, 두 번째 충격은 2월 11일 팔레비 왕조가 무너지면서 호메이니Ayatollah Ruhollah Khomein가 주도하는 이슬람 원리주의 정부가 이란에 들어선 것이다. 특히 이란 혁명 이후 1배럴에 14.85달러에 거래되던 원유 가격이 1980년 4월에 39.50달러까지 상승한 것은 한국 경제에 일파만파의 영향을 미쳤다.

오일 쇼크가 한국 경제에 큰 충격을 미친 첫 번째 이유는 미국의 금리 인상에 있었다. 당시 미국의 중앙은행인 연방준비제도이사회(이하 '연준') 의장으로 임명된 폴 볼커Paul Adolph Volcker Jr.는 인플레이션에 대응해 정책 금리를 적극적으로 인상하기 시작했다. 인플레이션이 발생할 때 금리를 인상하는 이유는 금리인상이 경제 전체의 수요를 줄이기 때문이다. 모든 제품의 가격은 수요와 공급에 의해 좌우되는데, 이란 혁명으로 원유 생산량이 급격히 줄어듦에 따라 원유 가격이 올라갈 것이라는 예측이 대두되어 미리 원유를 사두려는 수요가 급증했다.

이런 상황에서 가장 좋은 해결책은 이란을 대체할 새로운 석유 공급처를 만드는 것이지만, 이게 쉽지 않았다. 예나 지금이나 이란은 세계 3위의 원유 매장량을 자랑하는 거대 산유국이기에, 이란의 물량을 대체할 새로운 공급처를 찾는 것은 불가능에 가까웠다.[97] 따라서 석유 가격의 급등이 불러온 지속적인 인플레이션을 억누르기 위해서는 수요를 줄이는 것 이외에 다른 대안이 없었다. 볼커 의장은 1978년 말 10.0%였던 정책 금리를 1980년 말 18.9%까지 인상함으로써 강력한 경기 침체를 몰고 왔다.[98]

금리가 인상될 때 경기가 나빠지는 가장 직접적인 이유는 가계의 소비가 줄어들고 저축 욕구가 폭발하는 데 있다. 그러나 "다른 이의 소비는 나의 매출"이 되는 게 현실이다. 따라서 기업들은 줄어든 매출에 당황하며 새로운 투자를 중지하는 한편, 근로자들을 해고할 가능성이 높아진다. 더 나아가 금리가 인상되면 주식이나 부동산에 대한 투자 욕구도 줄어들기 마련이다. 실업이 늘고 기업이 연쇄적으로 파산하며 자산 가격까지 폭락하는데, 석유 제품에 대한 수요가 유지될 수 없었다. 미국 소비자 물가는 1980년에 전년 대비 13.5% 상승했지만, 1982년에는 6.2%

그리고 1983년에는 3.2% 상승에 그치는 등 급격히 안정되었다. 볼커 의장은 물가가 안정되는 것을 확인한 후 1983년에 금리를 9.5%까지 인하하고, 1985년에는 8.3%까지 떨어뜨렸다.

그러나 볼커 의장의 대폭적인 금리 변경은 한국이나 멕시코 같은 신흥 공업국에 큰 타격을 미쳤다. 왜냐하면 대부분의 차관이 미국의 정책 금리에 연동되어 있어 미국 금리가 인상되면 자동으로 이자도 올라가기 때문이다.[99] 미국의 정책 금리는 연방기금 금리Federal Fund Rate로 은행들끼리 돈을 빌려주는 단기 자금 시장의 금리를 뜻한다.[100] 은행들은 갑자기 대규모 대출을 해주거나 혹은 거액 자산의 예금이 빠져나갈 때 종종 자금 부족에 시달리게 된다. 따라서 은행들은 자금 시장에서 돈을 빌리며, 돈을 빌릴 때의 주된 거래 대상은 연준이 된다. 연준은 이 시장에서 거래되는 금리를 자신들의 목표 수준에 맞춰 조정한다. 볼커 의장이 정책 금리를 기존 10.0%에서 18.9%까지 인상했다는 것은 은행끼리 거래하는 자금 시장에서의 금리를 8.9%포인트 높였다는 뜻이다.

이는 은행에 어떤 영향을 미칠까?

은행들이 자금이 부족할 때 돈을 빌리는 시장의 금리가 높아졌다는 뜻이니, 은행들의 예금 금리도 이에 맞춰 인상되는 게 당연하다. 예를 들어 A 은행이 정책 금리보다 낮은 15.0%의 예금

이자를 제시했다고 생각해 보자. 그러나 다른 은행 B가 이보다 높은 18%의 이자를 제시한다면 아마 A 은행은 예금이 오히려 빠져나가 곤경에 처할 것이다. B 은행이 A 은행보다 높은 수준의 예금 이자를 제시할 수 있는 이유는 자금 시장에서 정책 금리(18.9%)의 이자로 연준에 거의 무한대로 돈을 빌려줄 수 있기 때문이다. 즉 정책 금리보다 낮은 예금 이자를 제시하기만 하면, 은행들은 아무런 위험 없이 꾸준히 돈을 벌 수 있다. 이 과정에서 A 은행은 B 은행보다 더 높은 금리를 제시하는 예금 상품을 출시해 빠져나가는 예금을 잡으려 들 것이고, 결국은 A 은행과 B 은행 모두 18.9% 전후의 예금 이자를 제공하는 것으로 타협 볼 가능성이 높다. 따라서 중앙은행의 금리 인상은 곧 은행 예금 금리 상승으로 이어지며, 대출 금리도 따라서 높아진다. 왜냐하면 은행들은 예금을 받아서 이보다 더 높은 금리로 대출해 줌으로써 이익을 얻는 곳이기 때문이다. 예금 금리가 인상될 때 대출 금리를 높이는 것은 당연한 선택이 된다.

그런데 한국이나 멕시코 등 신흥 공업국의 차관 상당 부분이 세계적인 은행에서 빌려 온 것이기에, 미국 중앙은행의 금리 인상은 바로 대출 금리 인상으로 연결되었다. 물론 1965년 일본에서 빌려온 돈처럼 장기 저리 대출도 존재한다. 그러나 이는 매우 특수한 경우로, 한국처럼 신용도가 낮은 국가에 빌려주는 돈은 정책 금리에 가산 금리를 덧붙여 금리를 적용하는 게 일반적이다. 가산 금리는 갚아야 할 이자에 얼마나 웃돈을 더해주었는지 측정한 것이다. 미국 정책 금리가 18.9%일 때, 한국에 빌려준 돈의 금리가 25%라면 가산 금리가 6.1%포인트라고 볼 수 있다. 가산 금리는 호황에 내려가고 불황에 올라가는 특성을 지니고 있기에, 80년대 초반 한국이 지고 있는 외채 200억 달러는 경제에 큰 부담으로 작용하고 있었다.[101]

경기가 나빠질 때 가산 금리가 상승하는 이유는 '부도 위험' 때문이다. 돈을 빌려 간 기업(이나 나라)의 경영 환경은 불황일 때 나빠지고 호황일 때 좋아진다. 돈을 빌려주는 사람 입장에서는 호황일 때 싼 이자를 받고서라도 전망이 밝은 기업에 대출해 주고 싶은 마음이 드는 것이 당연한 일이다. 그러나 불황이 오면 온갖 부정적인 정보가 쏟아지는 데다, 기업의 실적도 악화될 가능성이 높다. 따라서 돈을 빌려준 사람들은 "괜히 대출해 주었다."라고 후회하면서 부도의 위험을 상쇄시킬 목적으로 가산 금리를 더 달라고 요구할 것이다. 즉 20개 정도 기업에 대출해 준 은행 입장에서는 한 군데에 부도가 발생해 손실이 나더라도 다른 19개 기업에서 더 높은 금리를 받음으로써 손실을 만회하려 드는 것이다. 돈을 빌려 간 기업이나 나라 입장에서는 참으로 억울한 일이지만, 신용도가 높지 않은 입장에서는 어쩔 수 없이 수용해야 하는 측면이 있다.

볼커 의장의 공격적인 금리 인상은 세계 경제에 일파만파의 영향을 미쳤지만, 가장 문제가 된 것은 신흥 공업국이었다. 신흥 공업국은 제2차 세계 대전 이후 시작된 자유 무역 흐름을 타고 가파르게 성장한 나라들을 지칭하는 용어로 한국이나 브라질 같은 나라가 대표적이다. 문제는 이들 신흥 공업국이 자국의 자본으로 산업을 육성한 것이 아니라 대부분 달러나 엔화 같은 해외 자금에 의지한 데 있다. 볼커 의장의 금리 인상으로 외채 이자가 높아진 데다, 달러의 가치가 상승한 것은 신흥 공업국 경제에 큰 타격을 주었다. 갚아야 할 이자가 불어나는 데다, 달러 가치가 상승하면서 만기에 상환해야 하는 돈의 가치가 상승함에 따라 점차 외채 위기에 대한 공포가 높아지기 시작했다.

다행히 한국에 돈을 빌려준 나라는 미국과 일본 등 일부에 국한되고, 이 나라와의 관계도 좋은 편이었다. 1973년 유신 헌법 통과 이후 한국과 미국의 관계가 최악으로 치달은 것은 분명한 사실이다. 1971년의 3선 개헌 그리고 1972년의 유신 헌법 개정을 전후해 포터William James Porter 주한 대사가 "미국이 한국에서 27년간 노력해서 쌓아 올린 모든 것을 한 번에 날려버렸다."라고 한탄할 정도였으니 말이다.[102] 그러나 1979년 10월 박정희 대통령 시해 사건 이후에는 미국과의 관계가 다시 개선되는 중이었다. 따라서 미국과 일본 정부와 금융 기관이 만족할 만한 대처, 다시 말해 빌린 돈을 적기에 잘 갚아 나갈 수 있게 경제의 구조를 재편하겠다는 의지를 보이면 외채 위기를 무사히 넘길 가능성이 높았다.

그럼 어떻게 해야 돈을 빌려준 사람들이 "이 나라는 돈을 잘 갚겠구나."라는 믿음을 갖게 될까?

그 답은 인플레이션을 잡고 무역 수지를 개선하는 것이다. 즉 불황을 감수함으로써 해외에서 빌린 돈의 이자를 연체하는 일이 없게 하겠다는 자세를 보이는 것이 가장 중요하다. 1979년 2월 이란 혁명 발생 이후 한국개발연구원KDI, Korea Development Institute 등 연구 기관들은 "경제 안정화 종합 시책"이라는 보고서를 제출하면서 정책 방향에 근본적인 전환이 필요하다고 조언했다.[103] 그들이 제시한 첫 번째 대안은 환율 인상으로, 당시 1달러에 대해 484원인 환율을 600원대로 올리는 것이었다. 환율을 인상하면 수입하는 이들은 큰 타격을 받지만, 수출 기업들은 가격 경쟁력이 강화될 것이기에 무역 적자 문제를 해결하는 데 큰 도움을 받을 수 있다. 두 번째 대안은 금리를 인상해 국내의 인플레이션 압력을 낮추는 것이다. 미국의 사례에서 본 것처럼 금리 인상은 경제 내 수요를 위축시켜 물가 상승에 대한 기대감을 낮춘다.

그러나 이 정책을 바로 시행하기는 어려웠다. 10월 26일의 시해 사건 그리고 12월 12일의 쿠데타로 정국이 혼란스러웠기에 환율 및 금리 인상이 큰 부담으로 작용했기 때문이다. 결국 해를 넘긴 1980년 1월 12일에야 환율 인상이 단행되었다. 환율의 인상폭은 계획보다 낮은 580원으로, 기존 환율에 비해 원화가치가 19.8% 내려간 셈이었다. 예금 금리는 18.6%에서 24%로 인상하고, 수출 금융 지원 금리까지 9%에서 15% 선으로 대폭 끌어올렸다.[104]

특히 1980년 출범한 전두환 정권이 '물가 안정'에 전력을 기울인 것도 인플레이션을 잡는 데 도움이 되었다. 가장 대표적인 물가 안정 대책이 바로 1981년의 추곡 수매 가격 인상 억제였다. 추곡 수매는 정부가 매년 가을 쌀을 일정한 가격으로 매입해 주는 제도로 가격 책정 등을 둘러싼 마찰이 많아 2005년에 폐지되고 공공 비축제로 변경되었다.[105] 1960년대 이후 한국 정부는 매년 추곡 수매가를 소비자 물가 상승률보다 높은 수준으로 맞춰주었지만, 1981년에는 추곡 수매가를 단 14%만 인상하기로 결정했다. 1981년 한국 소비자 물가 상승률이 21.4%에 이르렀던 것을 감안하면 대단히 낮은 수준이었다.[106]

이는 대단히 힘든 결정이었다. 제1야당인 민주한국당이 제시한 추곡 수매가 인상률이 45.6%였던 것을 감안할 때, 고작 14%의 인상은 대단히 큰 정치적 부담을 진 행동이었다고 볼 수 있다.[107] 전두환 정부의 긴축 정책은 이로 끝나지 않고 1982년 예산을 추가로 삭감하기에 이르렀다. 그리고 이 결정은 1982년 가을부터 보답을 받게 된다. 미국을 시작으로 전 세계의 인플레이션이 꺾이기 시작한 것이다.

경기가 나빠지면서 세계의 수요가 얼어붙은 데다, 고유가를 계기로 소련 등 주요 산유국이 생산량을 늘린 것이 결정적이었다. 1980년에는 1배럴에 40달러 전후에서 움직이던 것이 1982년 말에는 31달러까지 떨어지고, 1986년에는 16달러까지 떨어져 경제 전체에 강력한 회복의 에너지를 불어넣었다. 이 결과 1982년 소비자 물가는 7.2% 상승에 그쳤으며, 1983년과 1984년 상승률은 3.4%와 2.3%에 불과했다.

물가 안정을 확인하자 한국 정부도 태도를 바꾸어 1982년에 이른바 '6.28 조치'를 단행하기에 이르렀다. 6.28 조치는 은행과 제2 금융권의 금리를 낮추고, 법인세율을 기존 33~38%에서 20%로 인하하며, 은행 민영화를 추진하는 한편, 주거래 은행의 기업 대출 심사 분석을 강화하는 내용을 담고 있었다.[108] 물론 법인세율을 20%까지 인하하는 것은 국회 심의 과정에서 무산되었지만, 금리를 단번에 4%포인트나 인하한 것은 대단히 큰 충격을 몰고 왔다. 오죽했으면 당시 해외여행 중에 이 소식을 전화로 보고받은 현대그룹의 정주영 회장이 "한국 정부가 그토록 금리를

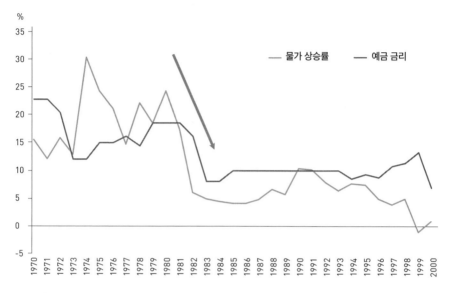

그림 1.6 **1970~2000년 인플레이션과 예금 금리 추이**

많이 내려줄 리가 없다. 분명히 뭔가 잘못되었을 테니 다시 알아보라."라고 지시했을 정도였다.[109]

참고로 1982년에 멕시코부터 브라질, 아르헨티나까지 주요 신흥 공업국들이 일제히 외채 위기를 겪었던 것을 감안하면 참으로 아슬아슬한 순간이었다. 특히 아르헨티나 같은 나라들은 이때부터 최근까지 반복적인 외환 위기를 겪으면서 심각한 빈곤의 악순환에 접어든 바 있다. 1980년에 집권한 미국의 레이건

Ronald Wilson Reagan 행정부가 전두환 정부에 대해 우호적인 태도를 취했던 데나, 남미에 비해 대한민국의 거시 경제 건전성이 탁월하다는 평가를 받은 것도 위기를 넘길 수 있는 요인으로 작용했다. 그리고 이와 같은 80년대 초반의 긴축 정책은 1984년부터 시작된 이른바 '3저 호황'의 버팀목 역할을 하게 된다.

요약 및 교훈

1979년에 발생한 두 가지 사건은 한국 경제를 백척간두의 위기로 몰아넣었다. 1979년 2월에 발생한 이란 혁명으로 국제 유가가 급등한 데다, 10월에는 박정희 대통령 시해 사건이 발생했기 때문이었다. 특히 1980년 미국의 볼커 의장이 강력한 금리 인상을 단행하면서 외채 이자가 급등한 것도 외채 위기의 가능성을 높이는 요인으로 작용했다. 다행히 1980년 1월 달러에 대한 원화 환율을 대폭 인상하고 강력한 통화 긴축 정책을 펼침으로써 인플레이션 압력을 완화하고 무역 적자의 확대를 억제할 수 있었다. 특히 전두환 정부가 추곡 수매가 인상을 억제하는 등 강력한 재정 긴축을 펼친 것도 대외적인 평가를 높인 계기로 작용했다. 1982년에 멕시코와 브라질 등 상당수 신흥 공업국이 외채 위기를 겪었던 반면, 한국은 위험을 극복할 수 있었다. 이는 1984년부터 시작된 3저 호황의 기틀을 놓은 것으로 볼 수 있다.

1984년
3저 호황

한국을 찾아온 두 번째 돈벼락

1982년 멕시코와 브라질, 아르헨티나 등 수많은 신흥 공업국이 외채 위기를 겪을 때, 한국은 이에 휘말리지 않은 소수의 국가에 해당되었다. 1980년 1월에 단행된 강력한 긴축 정책(환율 및 금리 인상)으로 무역 수지가 개선된 데다, 인플레이션 압력이 1982년부터 낮아지며 은행 예금 금리를 인하할 여력이 생긴 덕분이었다. 물론 미국이나 일본과 우호적인 관계를 지속했던 것도 외채 상환 독촉을 피해 가는 데 도움이 되었다.

　　'위기 뒤에 기회가 온다.'라는 격언 그대로, 한국 경제는 1983년부터 본격적인 회복세가 시작되었다. 가장 큰 도움이 된 것은 수출 여건의 개선이었다. 연준의 볼커 의장이 1983년부터 금리를 인하하자 미국 등 선진국의 소비가 살아난 것이다. 1967년 한국의 주력 수출 품목을 살펴보면 의류(18.4%)와 섬유 제품(13.4%) 등 경공업 제품이 압도적인 비중을 차지했다. 그러나

1982년이 되면 의류(17.3%)의 비중이 조금씩 낮아진 대신 운송 기계(15.4%)와 전자 기기(9.9%)의 비중이 올라온 것을 발견할 수 있다.[110]

의류와 자동차 그리고 전자 제품은 경기가 좋을 때 매출이 늘어나는 특성을 지니고 있다. 이런 제품군은 한 번 구입하고 나면 오랫동안 사용할 수 있기 때문이다. 옷은 조금 낡았다고 해도 수선하면 입을 수 있고, 전자 제품은 자주 고장 나더라도 바로 바꾸지 않는 게 일반적이다. 이런 흐름을 바꾸는 결정적인 계기가 금리 인하다.

금리가 인하되면 저축의 매력이 떨어지며, 저축하지 않은 돈은 소비로 연결될 가능성이 높다. 기업들은 소비자들의 지출이 늘어남에 따라 고용과 투자를 늘리며, 주택 및 주식 가격도 은행 예금에서 이탈한 돈이 몰려들면서 회복된다. 그리고 고용 및 자산 가격의 증가는 다시 소비 심리를 개선하는 선순환을 일으킨다. 따라서 금리 인하가 단행된 후 시차를 두고 소비에서 투자 그리고 고용의 증가가 연쇄적으로 이뤄진다. 물론 이게 결국은 인플레이션 압력을 높이고 자산 가격에 거품을 만들어 내기에 호황이 끝없이 이어지지는 않는다. 그러나 1983년 금리 인하에 이어, 1984년 국제 유가마저 급락하면서 본격적인 '3저 호황'의 문이 열렸다. 저금리·원약세·저유가 현상에 힘입은 경기 호황이 시작된 것이다.

국제 유가는 1981년 말 1배럴에 31.5달리에 거래되던 것이, 1983년 말에는 29.2달러를 기록하더니, 1985년 말에는 25달러까지 내려갔다. 소련에서 생산된 원유가 끝없이 공급된 데다, 원유에 대한 수요가 줄어들기 시작했기 때문이다. 지금 우리가 가지고 있는 냉장고나 세탁기를 보면, 에너지 효율 등급이 표시되어 있는 것을 쉽게 발견할 수 있을 텐데, 에너지가 무한정하지 않고 가격이 크게 인상될 수 있음을 인정하면서 70년대부터 에너지 효율에 대한 관심이 높아졌다. 연비가 좋은 차에 대한 선호가 높아져 일본 자동차 회사들이 세계를 제패했으며, 가전제품도 전력 소비가 적은 제품이 인기를 끌기 시작했다. 가격은 기본적으로 수요와 공급에 의해 좌우되는데, 소련산 원유가 대량으로 풀린 데다 선진국의 원유 소비량이 줄어드니 유가가 빠지지 않을 방법이 없었다. 석유 한 방울 나지 않는 한국 입장에서 이보다 더 좋은 뉴스는 없다.

무역 수지, 즉 수출에서 수입 대금을 지불하고 남은 돈은 1982년에 24.0억 달러의 적자를 기록했지만 이후 가파르게 개선되기 시작했다. 1986년에는 드디어 31.3억 달러의 흑자를 기록해 통계 작성 이후 최초의 무역 흑자를 달성하기에 이르렀다.

무역 수지가 흑자로 돌아서면 경제에 3가지 긍정적인 힘이 발생한다. 첫째, 매번 해외에서 빚을 내 쌓아 놓았던 외환 보유고가 늘어나기 시작한다. 둘째, 수입 대금이 줄어듦에 따라 기업들의 채산성이 개선된다. 셋째, 유동성이 늘어난다. 수출 대금에서 수입을 뺀 돈이 늘어나면 기업들이 이 돈을 국내로 가져올 가능성이 높아진다. 이전보다 돈이 많이 풀리는 순간 사람들은 더 부유해진 느낌을 갖게 되며, 이는 소비를 촉진할 가능성이 높아진다. 실제로 1980년대부터 한국에 불어온 '마이카 붐'이 이를 방증한다. 한때 관광 도로라는 비아냥을 들었던 경부고속도로가 교통 체증에 시달리게 된 것도 이때의 일이다. 1987년에 중부고속도로를 시작으로 대체 고속도로들이 건설되며 경부고속도로의 체증이 완화되기는 했지만, 서울시 구간 등은 거북이 운행이 일반적인 상황이다.[111]

그러나 무역 수지 흑자가 경제에 좋은 일만 가져오는 것은 아니다. 가장 대표적인 압력이 바로 달러에 대한 원화 환율의 하락 압력을 높인다. 한국의 무역 수지가 흑자를 기록하고 외환 보유고가 늘어남에 따라 한국 경제에 대한 신뢰가 높아지며 글로벌 투자 자금의 한국 유입이 늘어날 가능성이 높다. 가장 대표적인 사례가 1984년의 '코리아 펀드'의 설립이다.[112] 코리아 펀드는 주식을 발행해 투자자를 모집하고 운용 수익을 배당금 형태로 돌려주는 일종의 폐쇄형 펀드였다. 즉 배당을 꾸준히 지급하기는 하지만, 이 돈을 자유롭게 인출하는 데에는 제약이 있는 형태의 주식형 펀드라고 볼 수 있다. 코리아 펀드는 1984년 8월에 6,000만 달러의 자금을 모아 뉴욕증권거래소에 상장한 후 1년 만에 주가가 10배 이상 상승하는 등 신흥 공업국에 투자하는 펀드 중에 스타로 군림하게 된다.

더 나아가 무역 흑자가 발생한 가운데 외환 시장에서 달러의 공급이 늘어난 것도 환율의 하락 압력을 높인다. 환율도 수요와 공급에 의해 움직이는 것은 다른 시장과 마찬가지이기 때문이다. 1985년까지는 외환 시장에서 달러 수요가 지속적으로 우위인 상태였다. 외채의 원리금 및 이자 상환 부담이 지속된 데다, 만성적인 무역 적자로 달러가 계속 필요했기 때문이다. 매년 정부와 금융 기관이 해외에서 빌려온 돈으로 부족한 외화를 갚아 나가는 게 일상이었다. 그러나 무역 흑자 및 해외 투자 자금의 유입이 발생하면서 반대 현상이 나타나기 시작했다. 달러에 대한 원화 환율의 하락 가능성이 부각된 것이다.

그런데 이때 호황을 더욱 부추기는 사건이 벌어졌다. 1985년 9월 미국 뉴욕의 플라자 호텔에서 열린 선진 5개국 재무부 장관 회담(플라자 합의Plaza agreement)에서 다음과 같은 내용을 결정한 것이다.[113]

첫째, 미국의 무역 수지 개선을 위해 일본 엔화와 독일 마르크화의 평가 절상을 유도한다.

둘째, 이것이 순조롭지 못할 때는 정부의 협조 개입을 통해 목적을 달성한다.

플라자 합의 이후 일본과 미국 그리고 독일 중앙은행은 달러 가치 하락을 위해 강력한 시장 개입에 나서는 한편, 정책 금리의 급격한 조정을 통해서라도 달러화의 가치를 떨어뜨리겠다는 의지를 표명함으로써 시장 분위기를 완전히 바꾸는 데 성공했다. 소수의 투자자들을 대상으로 모은 돈을 다양한 자산에 투자하는 헤지 펀드hedge fund들이 제일 먼저 달러 매도에 나선 데 이어 상업 은행들이 가세하면서 달러에 대한 엔화 환율이 급격하게 떨어지기 시작했다.

플라자 합의 직전, 달러에 대한 엔화 환율은 242엔이었으나, 9월 말에는 216엔이 되었고, 10월 말에는 211엔, 11월 말에는 202엔이 되었다. 지금이라면 도저히 불가능한 일이지만, 당시에는 소련에 맞서 싸우는 자유세계의 일원이라는 동료 의식이 있었던 데다, 특히 일본이 패전국으로서의 굴레를 벗어던지고 국제 사회에서 중요한 역할을 담당하겠다는 의지를 불태운 것이 합의를 달성한 결정적 원인으로 작용했다.[114]

1965년 한일 기본 조약 체결 이후 대일 무역 적자의 누적으로 한국이 고통받고 있었음을 감안할 때, 이는 일종의 '복권 당첨'에 비길만한 소식이었다. 일본 엔화의 가치가 상승하지만 원화 가치가 안정적이었기에 기업들의 경쟁력이 크게 개선되었던 것이다. 현대자동차가 만든 베스트셀러 모델인 포니의 미국 수출이 1986년에 이뤄진 것도 원화 가치의 하락에 힘입은 것이었다.

예를 들어 일본 도요타 자동차의 코롤라가 대당 2만 달러에 팔리고 있는데, 현대의 엑셀이 1만 달러라면 이에 매력을 느끼는 이들이 많을 것이다. 실제로 현대자동차는 미국에서 "신차 한 대 값이면 엑셀 두 대를 살 수 있다."라는 캐치프레이즈를 내세워 판매에 나설 정도였으니 말이다.[115] 공격적인 판촉 활동에 힘입어 1986년에만 16.8만 대가 팔렸고, 1987년에는 무려 26.3만 대를 팔 정도로 히트할 수 있었다.

그러나 끝이 없는 잔치는 없는 법. 1988년 서울 올림픽을 정점으로 호황이 저물기 시작했다. 경제 성장률이 정점을 치고 떨어지는 가운데 인플레이션 압력이 높아진 것이 가장 큰 문제였다. 1983년부터 1987년까지는 소비자 물가 상승률이 2~3% 수준으로 안정되었지만, 1988년에는 7.1%까지 상승했다. 특히 1987년 6월 이후 민주화 열기가 높아진 가운데 임금 상승률이 급격히 높아진 것도 경쟁력을 약화시킨 요인으로 작용했다. 지금 생각해 보면 이때 정부가 1979~1982년 같은 강력한 긴축 정책을 펼쳐야 했으나, 대통령 선거와 미국의 시장 개방 압력 등의 문제로 실현되지 못했다. 다음 편에서는 1989년부터 시작된 한국판 '잃어버린 10년'의 원인에 대해 살펴보자.

그림 1.7 1980~1995년 수출 증가율과 무역 수지 추이

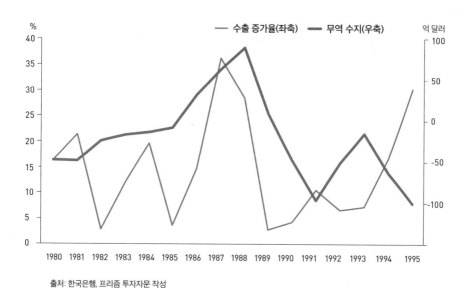

출처: 한국은행, 프리즘 투자자문 작성

요약 및 교훈

1983년의 미국 금리 인하, 1984년의 국제 유가 폭락 그리고 1985년의 플라자 합의로 한국 경제는 역사상 가장 강력한 호황을 누릴 수 있었다. 유가가 하락하고 국제 금리가 인하하며 대외 지출이 크게 줄어든 반면, 엔화 가치가 급격히 상승하면서 한국 기업들의 경쟁력이 크게 개선된 것이다. 이 영향으로 한국의 무역 수지가 통계 작성 이후 처음으로 흑자로 전환했고, 1988년 서울 올림픽을 성공적으로 개최할 수 있었다. 그러나 경기가 과열됨에 따라 인플레이션이 발생했고, 이는 시장 금리의 상승을 유발해 경기의 탄력을 약화시켰다. 특히 민주화 흐름 속에서 대기업 근로자들의 임금이 급등하며 기업들의 경쟁력이 약화된 것도 이후 두고두고 문제를 일으킨 요인으로 작용했다.

1989년
3고 불황

경쟁력은 어떻게 무너지는가?

1988년 한국 경제는 '절정'의 호조를 보였다. 경제 성장률이 12.0%에 달했을 뿐만 아니라, 무역 수지 흑자 규모는 88.9억 달러에 이르렀으며, 주식 가격도 역사상 최고 수준을 연일 경신하는 강세였다. 그러나 몇 가지 면에서 불안의 징후가 나타나고 있었는데, 가장 문제가 된 것은 인플레이션이었다. 1988년 소비자물가 상승률은 7.1%를 기록해 1982년(7.2%) 이후 최고 수준에 도달했다. 인플레이션이 발생하면 가장 문제가 되는 것은 금리의 상승이다. 신용도가 높은 우량 기업들이 발행한 회사채, 즉 기업이 발생한 차용 증서에 표시된 이자율이 1987년 12.6%에서, 1988년에는 14.2%로 치솟은 데 이어, 1989년에는 15.2%로 올라서고 말았다.

인플레이션이 발생할 때 기업들이 발행하는 채권의 이자율이 상승하는 이유는 바로 '실질적인 이자율 하락' 때문이다. 예를 들어 매년 10%의 이자를 지불하는 채권이 있다고 할 때 소비자 물가 상승률이 4%라면 어떤 일이 벌어질까? 소비자 물가의 상승을 감안한 실질적인 채권 이자율이 6%포인트에 이르니, 이 채권을 사려는 사람들이 줄을 설 것이다. 반면 소비자 물가 상승률이 10%라면? 10%의 이자를 받더라도 소비자 물가 상승률이 10%이니 실질적인 이자율은 0%에 불과할 것이다. 특히 기업의 파산 위험을 감안한다면 10% 이자를 지급하는 채권을 사려는 사람들은 아무도 없을 것이다. 따라서 기업들은 인플레이션 압력이 높아질 때 더 높은 이자를 지급해야만 돈을 빌릴 수 있을 것이다.

인플레이션 압력이 높아질 때 근로자들의 임금이 상승하지 않으면 실질적인 소득은 줄어들 가능성이 높다. 실제로 한국의 근로자들은 경제 성장의 과실을 거의 누리지 못했다. 1965년 제조업 근로자들의 실질 임금은 152,000원 수준이었는데, 1990년에는 604,000원으로 늘어났다.[116] "임금이 거의 4배 늘었으니 좋은 일이 아니냐."라고 생각하기 쉽지만, 같은 기간 한국의 1인당 실질 국민 소득이 7.4배나 늘어났음을 감안할 필요가 있다.[117]

이처럼 성장의 과실을 제대로 맛보지 못한 상태에서 민주화가 이뤄지자 폭발적인 노사 쟁의가 벌어지기 시작했다. 1980년에 노동조합 수는 2,618개였지만, 1990년에는 무려 7,698개로 늘어났다. 물론 노동조합의 설립이 경제에 꼭 나쁜 영향을 미치지만은 않는다. 경제 성장의 과정에서 제대로 된 보상을 받지 못했던 이들이 정당한 보상을 받고, 이들이 다시 소비의 주체로 나서면 '소비 주도 성장'이 가능해질 수 있기 때문이다. 그러나 이와 같은 선순환을 달성하기 위해서는 기업들의 경쟁력이 개선되고, 경쟁 국가에 비해 생산 비용이 절감되어야 가능하다.

임금이 오르는데 어떻게 해야 비용이 절감되는 걸까?

그 방법은 바로 투입된 노동력 대비 생산량, 즉 노동 생산성을 향상하는 것이다. 이 문제를 이해하기 위해 1만 명이 일하는 자동차 공장에서 연간 10만 대의 차를 생산한다고 가정해 보자. 이 회사의 경영자에게는 생산량을 늘리는 세 가지 대안이 존재한다. 첫 번째 방법은 노동력을 추가로 투입하는 것이다. 8시부터 5시까지만 일하던 것을 바꿔 2교대 혹은 3교대로 일하면 생산량이 늘어나기 마련이다. 그러나 이것은 제대로 된 생산량의 증가로 볼 수 없다. 왜냐하면 근로자들을 새로 고용함에 따라 많은 비용이 들 것이기 때문이다. 더 나아가 시간 외 근무에 따르는 수당까지 감안하면 기업의 입장에서 노동자를 추가로 고용하는 것은 수지 타산이 맞지 않는다.

두 번째 방법은 기계 장비를 개선하는 것이다. 로봇이나 CNC 공작 기계 같은 고가의 장비를 투입함으로써 생산량을 증가시킬 수 있다. CNC 공작 기계는 소형 컴퓨터를 내장한 공작 기계를 뜻한다. 미리 입력된 데이터를 활용해 자동으로 프로그래밍하고 공작 기계를 가동한다. 그렇기 때문에 새로운 기계의 채용은 생산량을 늘릴 가능성이 높다. 그러나 고가의 기계 장비를 투입함에 따라 발생하는 비용까지 생각하면 생산 비용이 절감된다고 보기는 어렵다.

생산량을 늘리는 마지막 방법은 근로자들의 기술 수준이 향상되고 혁신적인 공법이 적용되는 것이다. 이는 노동력이나 기계 장비의 추가적인 투입 없이 생산량을 증가시키기에 생산 단가를 떨어뜨린다. 앞의 사례에서 1만 명이 일하는 공장이 연간 10만 대의 차를 생산한다고 가정했는데, 혁신적인 기술이 도입되어 연 20만 대의 차를 생산한다면 차 값을 크게 떨어뜨릴 수 있다. 왜냐하면 투입된 노동력과 기계 장비는 일정하고, 투입된 원재료 및 부품 비용만 추가하면 되기 때문이다. 따라서 이런 식으로 생산 효율이 크게 개선되는 기업은 임금을 올려줘도 아무 문제가 없다. 오히려 임금을 크게 인상함으로써 생산 효율의 개선을 도모하는 게 이익이 될 수 있다.

그러나 1980년대 후반부터 시작된 임금 인상은 생산성의 향상이 동반되지 못했다. 경제 성장률이 둔화되는 중에, 1980~1994년 동안 실질 임금이 연 9.1% 인상되었기에 기업들이 져야 하는 부담은 점점 커졌다.[118] 생산성과 임금 상승률의 관계를 보여주는 것이 바로 단위 노동 비용Unit Labor Cost이다. 단위 노동 비용은 생산성 수준에 비해 임금이 얼마나 높은지 측정한 것이다.

단위 노동 비용이 계속 상승하면 생산성의 향상 속도보다 임금 상승률이 더 높은 것으로 볼 수 있고, 이는 경제 전반에 큰 위험을 불러일으킨다. 왜냐하면 단위 노동 비용의 상승은 곧 생산 단가의 인상으로 연결되어 글로벌 경쟁에서 승리할 가능성이 낮아질 것이기 때문이다. 물론 단위 노동 비용이 상승하더라도 제품 가격을 인상하지 않고 버티는 선택지도 있지만, 장기간 유지되기는 힘들다. 기업 실적이 악화되는 가운데 주가가 폭락하고 신용도가 떨어질 가능성이 높기 때문이다. 따라서 단위 노동 비용이 경쟁국보다 더 가파르게 상승하면, 그 나라 경제에 적신호가 켜진 것으로 볼 수 있다.

그럼 1980년대 후반에 한국 경제의 경쟁력은 얼마나 약화되었을까?

여러 연구 기관의 분석에 따르면, 1986~1990년 한국의 생산성은 8.5% 높아졌지만, 임금은 10.1% 상승한 것으로 나타난다.[119] 반면 같은 기간 일본의 생산성은 4.5% 개선되었는데 임금 상승은 단 3.2%에 그쳤다. 그리고 이런 추세는 1990년대 전반기까지 계속되었다. 1985년 플라자 합의 이후의 엔화 강세로 획득했던 대일 경쟁력 개선이 불과 10년 만에 모두 소멸된 셈이다.

단위 노동 비용의 급격한 상승이 이뤄지는 가운데 달러에 대한 원화 환율이 급락한 것도 경쟁력을 약화시키는 요인으로 작용했다.

1988년 미국 정부는 한국과 대만을 '환율 조작국'으로 지정함으로써 큰 충격을 주었다.[120] 환율 조작국으로 지정되면 미국 해외민간투자공사OPIC, Overseas Private Investment Corporation를 통한 자금 지원이 금지되고, 미국 정부의 조달시장에 참여가 금지되며,

그림 1.8 **1970~2010년 한국의 단위 노동 비용 상승률 추이**

출처: KDI(2010)

무역 협정 협상에서의 압력이 강화된다. 환율 조작국으로 지정된 데 따른 직접적 충격은 크지 않았지만, 한국 정부도 원화 가치가 저평가 상태임을 인정하고 환율 인하에 나서게 된다. 1987년 말 달러에 대한 원화 환율은 861.4원이었지만, 1988년 말에는 684.1원으로 떨어졌고, 1989년 말에는 679.6원을 기록했다.

더 나아가 1988년에 미국이 무역 적자 확대에 대응하기 위해 내놓은 이른바 '슈퍼 301조'도 큰 변화를 가져온 요인이었다.[121] 슈퍼 301조는 무역 상대국을 우선 협상 대상국으로 지정하는 한편 광범위한 보복 조처를 할 수 있게 허용한 법안이다. 최근 공개된 1987~1989년 외교문서에 따르면, 미국 측은 "미국 행정부가 주요 대미 흑자국의 시장 개방 성과를 과시해야 할 필요가 있다."라며 외교 채널을 통한 압박을 강화했다.[122] 결국 3년여에 걸친 협상 끝에 오렌지와 위스키 등의 농산물 시장을 개방하는 한편, 1989년 해외여행을 전면 자유화하는 등 흑자 규모를 축소하기 위해 노력해야 했다.[123]

물론 원화 강세 및 시장 개방 그리고 강력한 임금 상승이 경제에 나쁜 영향만 미친 것은 아니다. 원화의 가치가 높아지고 임금이 가파르게 상승한 덕분에 1989년과 1990년 한국 경제 성장률은 각각 7.1%와 9.1%로 고성장을 기록했기 때문이다. 다만 이때를 고비로 국내 기업들의 생산 설비 해외 이전이 본격화되고 기업들의 매출액 대비 영업 이익률이 뚝뚝 떨어졌음을 잊지 말자는 이야기다. 영업 이익이란 기업의 영업 활동에서 벌어들인 이익을 말하는데, 영업 이익률이 높아진다는 것은 그만큼 장사를 잘했다는 뜻으로 볼 수 있으며, 투자자들 역시 영업 이익률이 높은 기업의 주식을 선호한다. 왜냐하면 이익률이 높기에 불황이 닥쳐도 파산의 위험이 낮고, 배당을 인상하는 등 주주에 대한 보상을 게을리하지 않을 것이기 때문이다. 반대로 영업 이익률이 낮은 기업은 불황을 견뎌낼 체력이 약한 데다, 경쟁력도 강하지 않은 것으로 간주되어 금융 시장에서 좋은 평가를 받기 어렵다. 한국 제조업의 영업 이익률은 1986년에 7.9%를 기록한 이후 계속 내리막을 걸어, 1989년에는 6.0%까지 하락하는 등 내실이 악화되는 징후가 뚜렷했다.

금리가 상승하는 가운데 원화 가치도 오르는 데다 임금마저 급등하는 이른바 '3고 현상'이 시작되었다는 평가가 1988년 하반기부터 제기된 것도 이상한 일은 아니었던 셈이다.[124] 3고 현상의 충격을 해결하기 위해서는 1979~1982년 같은 적극적인 긴축 정책이 필요했지만, 당시 노태우 정부는 더욱 강력한 경기 부양 정책을 실행함으로써 인플레이션 압력을 높이는 한편 무역 수지의 악화를 유발했다.

무엇보다 미국의 압력으로 달러에 대한 원화 환율을 떨어뜨

그림 1.9 1985~2000년 수출 증가율과 제조업 영업 이익률 추이

출처: 한국은행, 프리즘 투자자문 작성

리는 중이었던 데다, 1986~1989년 발생한 주택 가격 급등 현상으로 인해 분당과 일산 등 '1기 신도시' 건설을 추진했기 때문이다. 1989년 2월 24일 노태우 대통령은 "서민들을 위한 영구 임대 주택 25만 가구를 포함해 주택 200만 호를 짓겠다."라고 약속한 후, 이를 실행에 옮겼다.[125] 이 부분은 부동산 시장을 다루는 3부에서 보다 자세히 다루겠지만, 경제에 미친 충격은 대단히 컸다. 단번에 200만 호에 이르는 주택을 공급하느라 인플레이션이 더욱 심화되었고 인건비가 폭발적으로 상승했다. 특히 인력난이 심각했던 건설 부문의 임금이 폭발적으로 상승해 단위 노동 비

용이 급격히 상승한 것을 발견할 수 있다.[126] 따라서 한국 경제
는 겉은 화려하지만 속이 곪아가기 시작했으며, 이 문제는 결국
1997년 외환 위기로 폭발하게 된다.

요약 및 교훈

1988년부터 한국 경제는 세 가지 장애를 만나게 된다. 첫 번째 장애는 인플레이션으로 인한 금리 상승이었고, 두 번째는 미국의 압력 속에 원화 가치가 상승한 것이며, 마지막은 민주화 흐름 속에 시작된 가파른 임금 상승이었다. 이 결과 한국 기업의 수익성은 급격히 악화되기 시작했으며, 단위 노동 비용이 상승해 경쟁력을 잃어버리기 시작했다. 1979~1982년 같은 공격적인 긴축 정책이 요구되었지만, 당시 노태우 정부가 신축 주택 200만 호 건설 정책을 실행에 옮김으로써 건설업을 중심으로 인건비 부담이 더욱 커지는 모습을 보였다. 물론 이것만으로 한국 경제가 완전히 무너진 것은 아니었다. 그러나 1996년 반도체를 비롯한 한국 전자 산업이 큰 불황을 겪으면서 외환 위기의 역풍을 맞게 된다.

1996년
반도체 위기

7개월 만에 반도체 수출 반토막!

1980년대 후반부터 한국의 경쟁력이 약화된 것은 분명한 사실이지만, 추세를 반전할 여지가 없었던 것은 아니다. 1990년대 중반 한국의 메모리용 반도체 산업은 일본을 넘어서 세계 최고의 경쟁력을 가질 수 있었기 때문이다.

　　한국 반도체 산업의 시작은 미국의 거대 반도체 회사인 모토로라에서 일하던 강기동 박사가 1974년 1월 한국반도체를 설립한 후, 이를 1977년 삼성그룹에 매각한 것에서 찾을 수 있다. 참고로 삼성반도체는 1980년 삼성전자의 반도체 사업 부분으로 흡수 합병되어 지금에 이르고 있다.[127] 그러나 한국의 반도체 산업 육성은 쉽지 않았다. 강력한 원천 기술을 보유한 인텔 그리고 NEC, 후지쯔, 히타치 등 일본의 강력한 선두 주자들이 버티고 있었기 때문이다.

　　특히 반도체 산업은 '무어의 법칙Moore's Law'으로 알려진 가파른 생산성의 향상이 나타나는 산업이라 선두 주자들이 경쟁에서 앞서 나갈 가능성이 높다. 무어의 법칙은 인텔의 공동 설립자인 고든 무어Gordon Moore가 반세기 전에 한 이야기에 기초한다.[128] 그는 "마이크로 칩에 들어가는 트랜지스터의 수는 24개월마다 대략 두 배로 증가한다."라고 주장했다. 이게 2010년대까지는 적용되었다.

일본 기업들이 경쟁력을 가질 수 있었던 것은 미국 반도체 기업의 방심 그리고 일본 정부의 적극적인 개입 덕분이었다.[129] 1984년 미국의 FBI가 인텔 본사에서 불과 한 블록 떨어진 곳에서 함정 수사를 벌여 인텔의 설계 비밀을 구입하려 한 히타치와 미쓰비시의 직원을 체포한 것이 대표적인 사건이었다. 그러나 이것만으로는 일본 반도체 업계의 승전보를 막을 수 없었다. 특히 1984년 업계를 덮친 심각한 공급 과잉은 일본 기업들이 노린 바였다. 정부의 지원을 받은 일본 기업들이 자국 내에서 파는 메모리 칩의 가격은 높게 책정하고, 외국에서 파는 가격은 경쟁 기업들이 도저히 제시하기 어려운 수준으로 낮추는 식이었다.[130]

이에 미국의 반도체 업계는 1985년 6월 14일 무역대표부에 일본 정부가 민간 기업을 지원하는 반도체 정책이 부당하다며 제소했다.[131] 같은 해 9월 플라자 합의까지 체결되며 일본 반도체 기업의 경쟁력이 약화되기 시작했으며, 결국 1986년 미국 정부와 일본 반도체 기업은 "일본 반도체 업체는 생산 원가를 공개하고 미국 업체의 시장 점유율을 20%까지 높인다."라는 내용을 담은 제1차 미일 반도체 협정을 체결하기에 이른다. 이는 한국 기업들에 절호의 기회를 제공했다. 세계 최대 시장인 미국에서 일본 반도체 회사들이 어려움을 겪고, 인텔이 메모리용 반도체 시장에서 철수한 공백을 한국 기업이 밀고 들어간 것이다.[132]

한국 기업이 가진 가장 큰 장점은 바로 적기에 저렴한 제품을 제공하는 것이었다. 반면 당시 일본 기업들은 기업용 컴퓨터에 사용하는 고성능 반도체를 만들었기에, 가격이 상대적으로 비쌌고 소비자들이 원하는 것 이상의 오버 스펙을 추구하는 경향이 있었다.[133] 이때 한국 반도체 기업들에게 행운이 따랐다. 윈도우 3.1과 윈도우 95로 대표되는 마이크로소프트의 새로운 운영 체제가 90년대에 출시되며 개인용 컴퓨터 시장이 급속도로 성장하고 있었고, 이는 2~3년마다 제품 교체 주기에 맞춰 대규모 수요가 발생한다는 뜻이 된다. 따라서 한국과 대만 등 반도체 업계의 후발 주자들은 오버 스펙의 기업용 시장보다 개인용 중저가 시장에 집중함으로써 시장을 장악하기에 이른다.[134]

이런 종류의 일을 '파괴적 혁신'이라고 부른다. 이 용어를 정착시킨 크리스텐슨Clayton M. Christensen 교수는 어떤 기술이 기존 플레이어들을 무너뜨리고 새로운 강자를 만들어 내는지 연구한 것으로 유명하다. 그는 70년대 후반 컴퓨터의 저장 장치로 즐겨 사용되던 하드 디스크 드라이브HDD, Hard disk drive 업계의 흥망성 쇠를 통해, 이 문제를 밝혀내었다.[135]

1970년대 후반은 대형 컴퓨터의 전성기였으며, 대형 컴퓨터의 내부에는 14인치의 HDD가 사용되었다. 그런데 어느 날 14인치 HDD 메이커의 직원이 8인치 HDD를 개발하는 데 성공했다.

그는 이 HDD를 대형 컴퓨터 메이커에 들고 가 '작고 싸다'는 점을 내세워 마케팅을 했지만, 대형 컴퓨터 메이커들은 이 8인치 HDD의 채용을 거절했다. 이유는 용량이 너무 부족했기 때문이었다. 그러나 이 직원은 회사를 뛰쳐나와 직접 사업을 시작했는데, 이때 미니컴퓨터가 마침 개발되었다. 미니컴퓨터는 대형 컴퓨터에 비해 성능은 떨어지지만, 싸고 작고 무엇보다 사용하기 쉽다는 장점이 있었다. 그리고 이 미니컴퓨터는 크기가 작기 때문에 8인치 HDD를 채용했다. 그리고 14인치 HDD 시장은 역사 속으로 사라졌다.

이 사례에서 크리스텐슨 교수는 14인치 HDD의 용량을 증가시키는 기술을 지속적 기술이라고 지칭하는 한편, 8인치 HDD와 같은 기술을 파괴적 기술이라고 불렀다. 파괴적 기술이 출현하면 신시장이 창출될 수 있으며, 상위 시장에 군림하는 기업들은 기존 고객의 요구에만 귀를 기울이다 최고의 자리에서 미끄러져 내려와 도산의 위기에 처하게 된다.

HDD 업계뿐만 아니라 메모리 반도체 업계에도 이 사례는 그대로 적용된다. 기업용 메모리 반도체 시장에 집중하던 일본 기업들은 변화된 소비자들의 요구를 무시했고, 이것이 새로운 추격자들에게 발목을 잡히는 결과를 가져온 것이다. 그러나 1등의 자리에 올라선 한국 반도체 업체들에도 90년대 중반 큰 위기가 찾아왔다. 삼성전자와 LG반도체 그리고 현대전자 등 한국의 반도체 3사는 90년대 초반 매년 50% 이상의 성장을 달성하는 등 쾌조의 성과를 기록하자 대대적인 투자에 나서게 된다.[136] 한국의 반도체 기업들이 과감한 투자에 나선 이유로는 초기 구매자들에게 반도체 장비 회사들이 낮은 가격에 장비를 공급해 준 것과 신제품을 출시해 초기에 높은 마진을 얻을 수 있으리라는 기대가 있었기 때문이다.

그러나 두 가지 문제가 부각되기 시작했다. 첫 번째는 경쟁 국가들의 환율 변동이었다. 당시 한국의 대미 달러 환율은 800원대에 안정되어 있었던 반면, 일본 엔화의 가치가 크게 떨어졌다. 1995년 4월 달러에 대한 엔화 환율은 80엔 수준까지 떨어져 있었지만, 이때를 고비로 상승하기 시작해 1996년 말에는 114엔까지 상승했다. 한국의 원화 가치는 제자리걸음을 하는데, 일본 엔화 환율만 상승하니 자연스럽게 일본 반도체 기업의 경쟁력이 개선되기 시작했다. 1995년 한국 경제를 덮친 두 번째 충격은 미국의 정책 금리 인상이었다. 1993년 말 3.00%였던 미국 정책 금리가 1995년 5월 6.00%까지 인상됨에 따라 반도체 수요가 둔화된 것이다.

금리가 인상될 때 반도체 수요가 둔화되는 이유는 '채찍 효과'로 설명할 수 있다. 세계적인 생활용품 제조업체인 P&G의 아기 기저귀 물류 담당 임원은 수요 변동을 분석하다 흥미로운 사실을 발견했다.[137] 아기 기저귀라는 상품의 특성상 소비자 수요는 늘 일정한데 소매점 및 도매점 주문 수요는 들쑥날쑥했다. 그리고 주문 변동폭은 '소비자-소매점-도매점-제조업체-원자재'로 이어지는 공급 사슬망Supply chain에서 소비자로부터 멀어질수록 더 증가하였다. 공급 사슬망에서 이러한 수요 변동폭이 확대되는 현상을 채찍 효과라 한다. 채찍을 휘두를 때 손잡이 부분을 작게 흔들어도, 이 파동이 끝으로 갈수록 더 커지는 현상과 유사하기 때문에 붙여진 이름이다.

90년대 중반의 금리 인상으로 소비자들의 지출이 둔화되며, 이게 다시 기업의 주문 감소로 연결되는 과정에서 반도체 수요가 갑자기 얼어붙었다. 특히 90년대 초중반 한국 반도체 기업들이 미래를 낙관하면서 대규모 투자를 단행한 것도 불황을 키운 요인으로 작용했다. 무어의 법칙에 힘입어 생산성이 가파르게 개선되는 데 투자마저 확대되었으니 반도체 기업들이 생산할 물량은 끝없이 늘어났고, 여기에 일본 기업들의 가격 인하까지 가세하니 반도체 가격이 버틸 방법이 없었다.

한국은행이 집계하는 수출 가격 지수의 흐름을 살펴보면, 컴퓨터 및 광학 기기의 수출 가격은 1995년 말 32.3포인트에 이르렀지만, 1996년 7월에는 21.4포인트까지 떨어지고 말았다. 단 7개월 만에 33.8%의 가격 하락이니 기업들이 느낀 고통은 이루 말할 수 없었다. 그리고 문제는 가격 하락이 나타났음에도 수출 물량이 좀처럼 늘지 않았던 데 있다. 같은 기간 수출 물량도 13.9%나 줄어들어 한국의 반도체 업체는 7개월 만에 매출이 50% 이상 줄어든 셈이었다. 이런 상황에서는 계획이나 운영을 원활하게 수행하기 어렵다.

이럴 때는 어떤 대응을 해야 하는가? 기업들은 투자 확대 결정이 착오였음을 인정하고 경영 계획을 수정해야 하며, 정부는 달러에 대한 원화 환율의 조정 등 수출 경쟁력의 약화를 억제하기 위한 노력이 필요했을 것이다. 더 나아가 일본 정부처럼 공급 과잉의 위험을 해소하기 위해 개입하는 것도 고려해 볼 만한 대안이었을 것이다. 그러나 이 모든 대안은 실현되지 않은 채 1997 년을 맞이하게 된 게 비극으로 이어지고 말았다.

그림 1.10 1990~2000년 한국의 수출 가격 추이

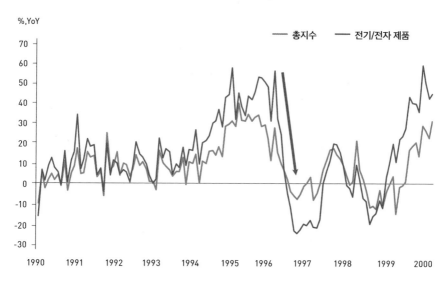

출처: 한국은행, 프리즘 투자자문 작성

요약 및 교훈

80년대 후반부터 한국 경제의 주력 수출품으로 부상한 반도체는 소비자들의 사소한 지출 변화에도 가격이 크게 흔들리는 특성을 지니고 있다. 1994년부터 본격화된 미국의 금리 인상, 1995년 이후의 엔화 약세 속에 한국 기업들의 설비 투자 붐까지 겹쳐 1996년 반도체 수출 가격이 폭락하는 사태를 맞이하고 말았다. 이때 정책 당국이 환율 조정 및 산업 구조 조정 등의 조치를 신속하게 취했다면 좋았을 텐데 안타깝게 기회를 놓치고 말았다. 1997년에 접어들며 기아와 한보 등 주요 기업의 연쇄 도산이 시작되고, 태국 등 아시아 외환 위기가 발생함으로써 돌이킬 수 없는 국면에 접어들고 말았다.

1997년
외환 위기

체력도 약했고 운도 없었다!

1997년 외환 위기를 회고해 보면, 한국 경제의 체력이 약했던 데다가 운도 없었다는 생각을 하게 된다. 일단 체력 면에서는 단위 노동 비용이 급격히 상승하는 가운데 대규모 무역 적자를 기록한 것이 문제였다. 1996년부터 시작된 반도체 가격의 폭락 사태로 수출이 급격히 감소한 가운데 달러에 대한 원화 환율이 800원 수준에서 꼼짝하지 않은 것은 우리 기업에 큰 부담을 준 요인이었다. 삼성전자 같은 대기업들이야 파산의 위험을 피할 수 있었지만, 상대적으로 경쟁력이 낮고 부채에 대한 의존도가 높은 기업들은 점점 더 재무 구조가 악화되고 있었다.

특히 기업의 경쟁력이 약화되는 가운데 해외 차입이 늘어난 것이 위기를 가중시킨 요인이었다. 1997년 위기가 다름 아닌 외환 위기라는 점에서 종합 금융사(이하 '종금사')에 관해 이야기하지 않을 수 없다.[138] 종금사는 외화 조달부터 대출과 예금 업무까지 금융 업무 대부분을 취급할 수 있는 일종의 '금융 백화점'이었다. 외화 부족에 시달리던 박정희 정부는 1975년 '종합 금융 회사에 관한 법률안'을 마련하고 대기업의 참여를 유도했다. 그 결과 한국종금(최대 주주 대우그룹)부터 국제(현대그룹), 새한(산업은행), 한불(한진그룹), 아세아(대한방직), 한외종금(외환은행)까지 6개의 선발 종금사가 출현했다.

6개 종금사들은 영국 등 선진국 금융 회사와 자본을 섞어 대외 신인도를 개선하고 기업에 신용 대출을 제공하며 성장했다. 1993년에는 6개 사 합산 1,128억 원의 순이익을 내며 '황금알을 낳는 거위'로 불렸다. 필자가 첫 직장 생활을 하던 당시 성적이 가장 좋았던 친구들이 종금사에 취직했다며 한턱내던 풍경이 지금도 기억에 선하다.

특히 당시 졸업생들에게 운이 트인 것이, 1993년 김영삼 정부가 '지방 단자 회사(이하 '단자사')의 종금사 전환 방안'을 발표하며 무려 24개의 종금사가 문을 연 것이었다. 단자사는 1972년 8.3 사채 동결의 후속 조치로 만들어진 금융 회사로 사채업자들의 자금을 양성화하기 위해 만들어졌다.[139] 새롭게 시장에 진입한 종금사들은 낮은 이자로 빌려온 달러를 훨씬 높은 이자를 받고 장기로 대출하는 영업을 공격적으로 확대했다. 그 결과 1997년 10월 말까지 종금사의 외화 조달 잔액은 약 200억 달러로 불어났고, 이 중 60%는 만기 1년 미만의 단기 외채였다.

그런데 1993년 이후 글로벌 금융 환경이 급변했다. 미 연준이 경기 과열 위험에 대응해 정책 금리를 3.0%에서 6.0%로 인상했고, 이는 경제에 두 가지 영향을 미쳤다. 첫 번째 문제는 달러 강세다. 미국 달러는 기축 통화, 즉 국제 금융 시장에서 거래의 기본이 되는 통화의 위치를 지니고 있다. 따라서 글로벌 투자자들은 항상 달러를 비축하려는 욕구를 지니고 있는데, 달러 예금 금리마저 인상되니 이 흐름이 더욱 강화된 것이다. 1995년부터 시작된 달러에 대한 엔화 환율 급등도 미 연준의 금리 인상이 촉발한 면이 크다.

미 연준의 금리 인상이 초래하는 두 번째 변화는 대출 이자 부담이 높아진 것을 들 수 있다. 연준의 정책 금리가 인상되며 예금 금리가 상승하고, 이는 다시 대출 이자 인상으로 연결되었다. 단기간 금리가 2배 오름에 따라 이자 부담을 이기지 못하고 무너지는 기업들이 등장하고 이게 다시 은행의 신용 가산 금리 인상을 부르는 악순환을 일으켰다.

이때 가장 문제가 된 나라가 태국이었다. 태국은 해외에서 유입된 자금이 부동산 부문으로 유입되며 거대한 버블이 형성된 참이었다. 특히 한국과 마찬가지로 정부가 환율을 결정하는 고정 환율 제도를 가지고 있었기에 환투기 공격에 취약했다.

외국과 활발하게 무역하고 자본이 자유롭게 오가는 가상의 나라를 생각해 보자.[140] 어느 날 이 나라의 주력 수출 제품(가령 반도체) 가격이 갑자기 폭락해 수출이 급격히 줄어들면 어떤 일이 벌어질까? 제일 먼저 무역 수지가 악화되는 한편 고용과 GDP가 감소할 것이다. 이 나라의 중앙은행이 경기를 살릴 목적으로 금리를 인하하면, 이 나라에 투자했던 돈이 더 높은 금리를 제공하는 나라로 대거 유출될 것이다. 무역 및 자본 수지가 함께 악화하여 달러 공급이 크게 줄어들 것이며, 달러에 대한 환율이 급등할 것이다.

그런데 이 나라 정부가 고정 환율 제도를 채택하고 있다면 심각한 문제가 빚어진다. 왜냐하면 환율을 일정 수준에서 유지하기 위해 정부가 보유하고 있는 달러를 외환 시장에서 내다 팔아야 할 것이기 때문이다. 문제는 정부가 달러를 팔고 자국 통화를 사들이는 과정에서 시중의 돈이 정부로 모이게 된다. 이 결과 시중에 풀린 돈이 줄어들고 경기가 더욱 악화될 것이다. 경기가 나빠지니 해외 상품에 대한 수요가 줄어들어 무역 수지가 다시 호전되며 위기가 종료된다. 그러나 무역 수지의 개선에 시간이 걸릴 경우, 이 나라 정부가 가지고 있는 외화가 고갈되며 결국 국제통화기금IMF, International Monetary Fund 등 국제기구에 구제 금융을 신청하는 상황에 몰릴 수도 있다.

반면 이 나라가 변동 환율 제도를 채택했다면 문제는 달라진다. 통화 가치가 낮아지는 것을 방치하기만 하면 된다. 달러에 대한 환율이 급등하는 가운데 해외 상품에 대한 수요는 자연스럽게 줄어들 것이고, 수출 기업들은 가격 경쟁력을 회복하여 더 많은 수출을 달성하며, 무역 수지가 흑자로 전환될 것이기 때문이다. 물론 환율이 급등해서 달러로 환산된 1인당 국민 소득의 감소가 나타날 수는 있지만, IMF에 굴욕적인 조건으로 도움을 청하는 일은 막을 수 있다.

그러나 태국과 한국 모두 고정 환율 제도를 가지고 있었다는 게 문제가 되었다. 무역 적자가 심화되는 가운데 해외 투자자들의 이탈이 이어지는 데도 환율을 일정 수준에서 유지하려 노력하다 외환 보유고가 고갈되었기 때문이다. 특히 한국은 1997년 7월 태국이 IMF의 구제 금융을 받는 것을 보면서도 위기의 심각성을 느끼지 못했다. 이때라도 고정 환율 제도를 폐지하고 금리를 인상했다면, 외환 위기는 일어나지 않았을 것이다. 그러나 1997년 8월에 기아그룹이 사실상 파산하고, 10월에 홍콩마저 외환 위기를 겪으면서 돌이킬 수 없는 상황이 되었다.

이 지경이 되고서도 고정 환율 제도를 유지하려 집착했던 이유를 정확하게 알 방법은 없다. 외환 위기 직후인 1998년 4월 감사원은 "정부가 1인당 국민 소득 1만 달러를 유지하기 위해 무리하게 환율 방어에 나선 것이 외환 위기를 가중시킨 원인"이라고 발표한 바 있다.[141] 그러나 이 조사 결과만으로 모든 의문이 풀리지는 않는다. 왜냐하면 외환 위기가 발생할 가능성에 따라 정책의 우선순위 조정이 당연히 이뤄졌을 것이기 때문이다. 외환 위기 위험이 높아질 때 1인당 국민 소득을 유지하기 위해 발버둥 치는 게 무슨 의미가 있겠으며, 더 나아가 '무능한 정부'라는 후대의 평가를 받는 위험을 무릅쓸 이유가 없기 때문이다. 결국 당시 김영삼 정부가 고정 환율 제도를 유지하려 노력했던 것은 글로벌 금융 시장의 상황에 대한 정보가 부족했거나 혹은 종금사에서 벌어지고 있는 일을 제대로 파악하지 못했기 때문이라 생각된다.

당시 종금사는 해외에서 만기 1년 미만으로 돈을 빌려왔기에 구조상 해마다 대출의 만기가 도래했었다. 반면 종금사의 대출은 통상 10년 만기 대출이었기에 만에 하나 해외에서 빌려온 돈의 만기 연장이 되지 않으면 심각한 문제에 빠진다. 그런데 해외의 금융 기관 입장에서 아시아 국가들이 연이어 외환 위기를 겪는 데다, 한보와 기아 등 대기업마저 연쇄 부도가 나는 것을 보면서 한국 종금사에 대출을 연장해 주는 게 위험하다는 판단을 내렸다. 이 결과 종금사들은 원화를 달러로 환전한 다음 해외 금융 기관에게 원금을 갚아야만 했다. 1996년 말에 단기 외채가

1,000억 달러에 달했는데, 1997년 11월에 889억 달러로 줄어들고, 12월에 685억 달러까지 떨어진 데에는 이런 배경이 자리 잡고 있었다.[142]

이제 마지막으로 한보와 기아 등 한국의 대기업이 1997년에 연쇄 부도를 맞이한 이유에 대해 살펴보자. 이들 기업에서 관측되는 공통적인 현상은 바로 과도한 부채 비율이다. 부채 비율은 기업이 가진 자기 자본 대비 부채의 비율을 뜻한다 한국 기업들의 높은 부채 비율은 60년대 후반부터의 고질병이었지만, 90년대에 더욱 심화되었다.

90년대에 한국 기업의 부채 비율이 높아진 이유는 두 가지 때문이었다. 첫 번째 이유는 자본 자유화 정책으로 해외에서 낮은 금리에 달러 부채를 끌어 쓸 수 있게 된 것에서 찾을 수 있다. 신설 종금사를 중심으로 대규모 해외 차입이 가능해지니 과거에는 꿈도 꿀 수 없었던 대규모 투자 프로젝트를 시행할 수 있었다.

해외 자금에 대한 접근이 높아진 것에 못지않게 중요한 것이 기업에 대한 정부의 '채찍'이 더 이상 듣지 않게 되었다는 점이다. 고 정주영 회장이 대규모 정치 헌금을 납부했다는 사실을 밝히며 14대 대통령 선거에 출마한 일이 가장 대표적이다.[143] 과거에는 정부가 성과가 부진한 기업을 파산시키고 합병시키는 일이 자유로웠다. 그러나 1987년 이후 민주화 흐름이 지속된 데다,

해외 자금 조달 면에서도 기업의 접근성이 나아지니 정부의 산업 정책이 먹혀들지 않았다.

결국 철강과 조선, 건설 등 주요 부문에서 과잉 투자가 이뤄졌고 상당수가 부실화되었다. 그리고 이 부실은 금융 기관으로 고스란히 전이되어 경제 전반의 신용 경색으로 이어졌다. 신용 경색은 은행 등 금융 기관이 대출을 줄이는 한편 기존 대출마저 회수하려 드는 현상을 뜻한다. 이런 일이 벌어진 이유는 다음 시간(카드 대란)에 자세히 다루기로 하고, 지금은 신용 경색이 심화

그림 1.11 1981~2000년 제조업 부채 비율과 설비 투자 증가율

출처: 한국은행, 프리즘 투자자문 작성

되면 멀쩡한 기업마저 자금난에 허덕이다 무너진다는 점을 기억하사.

신용 경색이 심화될 때는 정부가 개입해 은행의 대출을 촉진하는 한편, 재정 지출을 늘려 경기를 부양하는 게 일반적이다. 그러나 1997년 하반기에는 이게 불가능했다. 환율을 안정시킬 목적으로 정부가 외환 시장에 개입하다 외환 보유고가 고갈된 데다, 정부가 제시한 환율 수준에서는 아무도 달러를 팔려고 하지 않았기 때문이다. 결국 한국 경제는 내부적으로 신용 경색이 심화되고 외환 시장의 위기가 중첩되는 가운데 IMF에 구제 금융을 신청하지 않을 수 없었다.

요약 및 교훈

80년대 후반부터 한국 기업의 경쟁력이 약화되는 가운데, 한국 경제를 홀로 지탱하던 반도체 산업마저 1996년에 무너지면서 한국 경제는 수렁으로 빠져들었다. 특히 종금사를 활용해 해외에서 빌린 돈의 만기가 짧아서, 만기 연장이 되지 않는다면 곧장 위기에 처하는 구조가 만들어졌다는 게 문제를 심화시켰다. 1997년 7월에는 태국이 외환 위기를 맞았고, 8월에는 기아그룹이 파산했으며, 10월에는 홍콩이 외환 위기를 맞았다. 이 흐름 속에서 한국 정부가 제대로 된 정책을 시행하지 못하는 가운데 외환 보유고가 고갈되고 말았다. IMF에 구제 금융을 신청함으로써 외환 부족 사태를 해결하기는 했지만, 한국 경제는 고금리와 재정긴축 시행으로, 한국 전쟁 이후 가장 어려운 나날을 보내야했다.

1999년
대우그룹 사태

부채 주도 성장의 종막

1997년 12월에 IMF는 한국에 구제 금융을 제공하는 대가로 가혹한 조건을 내걸었다.[144] IMF가 한국에게 요구한 조건은 돈을 빌려준 사람이 돈을 갚지 못한 사람에게 요구하는 것과 비슷했다. 민사 소송을 걸어 재산을 압류하고 상대의 소득 일부를 떼가는 방식처럼, 한국이 빚을 갚아 나갈 수 있도록 조치를 취했다.

그러면 국가는 어떤 조치를 취하게 될까? 2010년 재정 위기 이후 이탈리아를 비롯한 남유럽 국가들이 겪은 일처럼 지속적인 내핍을 강요당한다. 즉 금리를 인상하고 재정 지출을 줄여서 어떻게든 저축을 모아 무역 수지를 흑자로 만드는 것이다.

그런데 왜 저축이 늘면 무역 수지가 흑자가 될까? 금리가 인상되고 재정 지출이 줄어들면 소비와 투자가 급격히 줄어든다. 즉 저축액은 늘어나고 지출은 줄어드니, 경제 전체적으로 돈이 남아돈다. 특히 기업 투자의 상당 부분은 해외에서 수입되는 기계와 부품으로 이루어져 있으니 해외로부터의 수입이 줄어든다. 더 나아가 국내 소비가 급격히 줄어드니, 유통업체는 남아도는 재고를 그대로 내버려 두는 것보다 해외로 수출하는 게 더 이익이 될 것이다. 이 결과 무역 수지가 급격히 개선된다.[145] 무역 수지가 개선되면 외화가 유입되니, IMF로부터 빌린 돈을 신속하게 갚을 수 있다.

1998년 초 삼성그룹의 대표적 기업 가운데 하나인 삼성SDI가 금리 25%에 회사채를 발행한 것이 지금도 기억에 선하다. 회사채는 기업들이 발행한 대출 증서로, 삼성SDI는 이후 3년에 걸쳐 매년 빌린 돈의 25%에 해당하는 이자를 내야 했다. 이렇게 높은 이자를 내면서도 수익을 낼 수 있는 기업은 거의 없기에, 자금이 부족한 기업들은 투자 프로젝트를 중단하는 것은 물론 대량 해고를 통해 비용을 통제하는 것 이외에 다른 대안이 없었다.

필자도 당시 모 증권사에 근무하고 있었는데, 갑자기 전체 직원의 1/3을 해고하라는 지시가 내려와 패닉에 빠진 경험이 있다. 다행히 젊고 또 열의에 가득 찬 나이여서 금방 다른 일자리를 찾을 수 있었지만, 1998년에 해고되었던 사람들의 상당수를 다시는 볼 수 없었다. 아마 다른 업계로 전직했거나 영영 노동 시장에 복귀하지 못했을 것이다. 답답한 마음에 한국금융연구원KIF, Korea Institute of Finance 시절의 상사를 찾아뵀을 때, "조금만 기다리면 대규모 무역 흑자가 발생할 것이니 여유를 가져라."라는 조언을 들었던 것도 이때의 일이다.

실제로 1998년 한 해에만 무역 흑자가 390.3억 달러에 이르러, 그의 조언이 정확했던 것으로 드러났다. 대규모 무역 흑자를 기록할 수 있었던 이유는 한국 기업들이 해외에서 잘 팔리는 물건을 만들어 낼 능력을 보유하고 있었기 때문이다. 90년대 한국 기업들이 공급 과잉과 단위 노동 비용 상승으로 경쟁력을 잃어버린 것은 분명한 사실이다. 그러나 대규모 실업 사태로 인건비 부담이 낮아지고 달러에 대한 원화 환율이 2,000원 전후까지 급등하며 가격 경쟁력도 크게 개선되었다. 이 덕분에 한국의 수출은 1998년에 단 2.8% 감소에 그쳐, 원화로 환산하면 거의 100% 가까운 증가를 기록할 수 있었다.

특히 한국이 빚을 착실하게 갚기 시작하자 IMF도 한국에 가했던 가혹한 조치를 완화하기 시작했다.[146] 금리를 인상하기만 하다 처음으로 인하할 수 있었고, 정부의 지출도 조금씩 늘리는 방향으로 전환이 이뤄지며 경기가 살아나기 시작했다. 특히 1998년 8월에 발생한 러시아 금융 위기를 계기로 미국 연준이 금리를 인하하기 시작한 것도 큰 도움이 되었다.[147]

1997년에 발생한 아시아 외환 위기 이후 글로벌 금융 기관들이 신흥 공업국에 대한 대출을 회수하면서, 1998년 여름에 브라질과 아르헨티나, 러시아가 차례대로 외환 위기를 맞이했다. 특히 러시아 채권에 대량 투자한 미국의 거대 헤지 펀드인 롱텀캐피털매니지먼트(이하 'LTCM')가 파산한 것이 연준의 금리 인하를 촉발했다.[148]

LTCM은 러시아의 채권이 저평가되어 있고 미국 국채가 고평가 상태라고 판단해 '미국 국채 매도 + 러시아 국채 매수' 포지션을 구축했다. 그런데 문제는 자기 돈만 가지고 투자한 게 아니라 자본금의 약 30배 이상에 이르는 돈을 빌린 데 있다. 레버리지 규모가 30배이니 1% 이익이 나도 30%라는 어마어마한 수익을 얻을 수 있지만, 러시아 금융 위기처럼 돌발적인 사건이 나면 치명적인 타격을 입는다. 러시아 정부가 국채에 대한 이자 지급을 중지하는 순간 LTCM은 파산했고 이들에게 돈을 빌려준 금융 기관마저 위태로워진 것이다. 2008년 글로벌 금융 위기 당시 리먼브라더스Lehman Brothers Holdings가 파산한 후 금융 시장이 붕괴하였던 것을 생각하면 이해하기 쉬울 것이다.

결국 연준은 연속 3번의 금리 인하를 단행함으로써 금융 시장을 안정시키는 데 성공했다. 금리가 인하하면 소비와 투자가 촉진되고, 은행들이 대출을 더 늘리려는 욕구를 가지기 때문이다. 경기가 좋아지며 소매업체의 창고가 비자, 남아도는 생산 설비를 가진 한국으로 주문이 쏟아졌다. 여기에 90년대 후반 미국에 불어 닥친 정보 통신 붐도 한국 수출에 호재로 작용했다. 인터넷이 빠르게 확산되는 가운데 가정용 컴퓨터 보급이 촉진되기 시작하자 반도체를 비롯한 각종 전자 제품에 대한 수요가 늘어났던 것이다.

그러나 한국의 모든 기업이 수혜를 누리지는 못했다. 자동차나 조선 그리고 건설업 등 수출 경쟁력이 상대적으로 약하거나 미국 매출 비중이 낮은 산업은 어려움이 계속되었다. 가장 큰 문제는 대우그룹이었다. 1998년 여름을 고비로 회사채 금리가 내려가고 있었지만, 과거에 발행된 채권의 이자는 만기 전까지 내려가지 않는다. 특히 대우그룹처럼 부채 비율이 높고 재무 상태에 대한 의심이 높은 기업들의 회사채 발행이 어려워진 것도 위기를 가중시킨 요인이었다.[149] IMF가 기업의 구조 조정을 요구했지만, 대우그룹은 이를 정면으로 거부하고 오히려 확장에 나섰다. 가장 대표적인 사례가 1997년 말의 쌍용자동차 인수였다.[150] 대우는 쌍용자동차가 가지고 있는 부채 3조 4,000억 원 중에 2조 원을 승계하는 조건으로 인수에 합의했다. 불황으로 차를 비롯한 내구재에 대한 소비가 얼어붙은 상황에서 경쟁사의 부채를 인수하는 조건으로 합병한 것이니 얼마나 무모한 투자인지 짐작할 수 있다. 결국 대우그룹은 회사채 발행이 막히면서 3개월에서 6개월 만기의 기업 어음CP, Commercial paper만 발행이 가능했다.

따라서 3~6개월 주기로 찾아오는 기업 어음 만기에 조금이라도 문제가 생기면 바로 파산으로 연결될 수 있는 위태로운 상태였다.

물론 대우그룹에 기회가 없었던 것은 아니다. 달러에 대한 원화 환율이 급등했으니 수출로 활로를 찾을 수 있었다. 그러나 대우자동차의 주된 판매 시장이 미국 등 선진국이 아니라 폴란드와 우즈베키스탄 같은 신흥 공업국이라는 게 문제였다. 브라질과 러시아마저 외환 위기를 겪는 판에 자동차가 제대로 팔리지 않는 것이 당연했다.

결국 대우그룹은 1999년 7월에 위기를 맞았고, 금융감독원이 1999년 11월 4일에 워크아웃 대상 계열사 중간 실사 결과를 내놓으면서 대우에 천문학적인 분식 회계 의혹을 제기함에 따라 해체가 확정되었다.[151] 장부에 92조 원으로 잡혔던 자산이 61조 원으로 급감한 데다, 부채는 87조 원(최종 실사 후 89조 원)으로 9조 원이 증가해 시장 신뢰마저 산산조각 났기 때문이다. 경영진에 대한 문책을 요구하는 여론이 들끓었기에, 대우그룹을 지원해 살리는 선택지는 존재하지 않았다.

대우그룹의 부도 이후 부채 주도 성장 전략은 사실상 폐기되었다. 고금리의 부채가 지닌 위험을 체감한 기업들은 '수익성'을 챙기는 방향으로 돌아섰다. 기업들이 보유한 자산 대비 부채 비율은 1997년 396.3%에서 2000년 210.6% 그리고 2005년에는 100.9%까지 내려갔다. 대신 기업들의 투자도 얼어붙었다. 최소한의 돈으로 최대의 효율을 추구하는 경영 흐름이 자리를 잡으며 만성적인 고용 부진 현상이 일반화되었다. 물론 실업률 자체는 다시 떨어졌지만, 한국의 고용률은 1997년 수준을 회복하지 못하고 있다.[152] 고용률이란 15~64세 생산 가능 인구 중에서 취업자의 비중을 뜻하는데, 이 비율이 낮다는 것은 일자리가 충분하지 않다는 뜻으로 볼 수 있다.

그림 1.12 **1963~2014년 고용률**

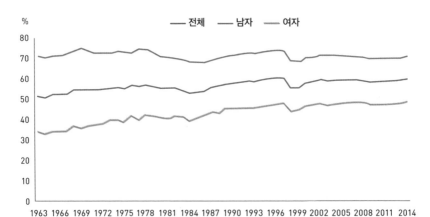

출처: 통계청 〈경제활동인구조사〉, KOSIS 국가통계포털(kosis.kr)
생산 가능 인구는 15세 이상 인구 기준, 경제 활동 인구는 구직 활동 1주일 기준

고용률의 하락에는 외환 위기 이후의 경제 구조 변화 외에도 정보 통신 혁명이 1998년부터 본격화된 것도 영향을 미쳤다. 컴퓨터와 핸드폰 그리고 인터넷으로 대표되는 강력한 기술 혁신 속에서 몇몇 직업이 시대의 흐름 속으로 몰락했기 때문이다.[153] 가장 대표적인 예가 타이프라이터와 식자공 같은 이들이다. 90년대 중반까지만 해도 수많은 이들이 이 업무에 종사하고 있었지만, 워드 프로세서와 전자 출판 프로그램의 보급은 관련 일자리를 대부분 없애고 말았다. 교육 수준이 높고 유연한 태도를 가진 이들은 금방 일자리를 찾을 수 있겠지만, 외환 위기 이후의 불황에서 그 기회는 그렇게 많지 않았다.

결국 우리 경제는 외환 위기 이후 새로운 성장 궤도를 걸어가게 된 셈이다. 예전에는 경제 성장이 즉각 고용 증가로 연결되었지만, 1997년 이후에는 성장과 고용 사이의 연관성이 서서히 약화되었다. 이 문제를 해결하기 위해서는 세심한 정책 시행이 필요했지만, 단기에 성과를 내고 싶은 마음에 새로운 위기를 유발하는 최악의 선택을 내리고 말았으니, 바로 2001년의 카드 발급 규제 완화였다. 이 문제를 다음 편에서 자세히 살펴보기로 하자.

요약 및 교훈

1998년 여름부터 한국 경제는 두 가지의 호조건을 맞이했다. 대규모 무역 흑자를 기록하며 IMF의 개혁 프로그램이 완화되었고, 미 연준이 LTCM 사태로 인한 금융 시장의 혼란에 대응해 금리를 인하한 것이다. 이 덕분에 1998년 한국은 400억 달러에 가까운 무역 흑자를 기록했고, 반도체를 중심으로 한 전자 제품의 수출이 크게 늘어나기 시작했다. 그러나 미국 등 선진국으로의 수출 기회를 갖지 못한 기업들의 어려움이 지속된 끝에, 1999년 7월에 대우그룹 사태가 터졌다. 외환 위기가 시작되었음에도 불구하고 부채 주도 성장 전략을 고집하던 대우그룹의 파산은 한국 경제의 방향을 바꾼 전기로 작용했다. 이후 한국의 고용률은 지속적으로 낮은 수준을 유지하는 중이며, 기업들의 투자는 과거에 비해 크게 위축되었기 때문이다. 이 문제를 해결하기 위한 노력 중 하나가 2001년부터 시작된 카드 관련 규제 완화였다. 다음 편에서 이 문제를 자세히 살펴본다.

2002년
카드 대란

내수 주도 성장의 꿈이 무너지다

1998년 여름 이후 한국 경제는 가파른 성장세를 보였지만, 2000년에 다시 큰 역풍을 맞게 된다. 앞에서 살펴본 대우그룹 위기가 첫 번째 역풍이었다면, 두 번째 역풍은 정보 통신 거품이 붕괴된 것을 들 수 있다. 2부에서 더 자세히 다루겠지만, 나스닥에 상장된 미국 첨단 기술 주식들이 고점에 비해 80% 이상 폭락하며 미국 경제의 불황이 시작된 것이 문제였다. 실업난 속에 내수 경기가 얼어붙고, 수출마저 감소세로 돌아서니 한국 경제로서는 또 한 번의 위기가 찾아온 셈이었다.

기술 관련 기업 주가가 폭락한 게 우리 경제에 큰 충격을 준 이유는 미국 특유의 사정 때문이다. 미국의 가계는 퇴직 연금(한국의 IRP나 DC형에 해당)을 통해 대거 주식에 투자하기 때문에 주식 가격이 하락하는 순간 가계 순자산이 큰 폭으로 하락하는 구조이다.[154] 2002년 말 기준으로 퇴직 연금 자산은 3.7조 달러에 달했고, 퇴직 연금에 참여하는 이의 숫자는 8,400만 명에 이르렀다. 따라서 주식 가격의 하락은 즉각적인 소비의 감소로 연결되며, 이는 다시 채찍 효과를 통해 공급 사슬망의 끝에 위치한 나라의 경제로 파급된다.

2000년 한국의 수출은 전년 같은 기간에 비해 19.9% 증가했지만, 2001년에는 12.1%나 감소함에 따라 경기 불황에 대한 공포가 높아졌다. 이때 정부가 선택할 수 있는 방법은 세 가지가 있다. 첫 번째는 재정을 풀어 경기를 부양하는 것이다. 그러나 2001년 GDP 대비 정부의 재정 수지는 3.5%의 흑자를 기록했다. 정부가 거둬들인 세금에서 얼마나 지출했는지 측정하는 재정 수지가 흑자를 기록했다는 것은 정부가 재정 지출을 크게 늘리기보다 긴축적으로 운용했다는 뜻으로 볼 수 있다.

재정 정책이 어렵다면 금리를 충분히 인하하는 것도 경기 부양에 도움이 된다. 실제로 한국은행은 2001년 2월 5.25%였던 정책 금리를 5.00%로 인하하고, 2001년 7월부터 3달 연속 0.25%를 인하해 연말에는 4.00%가 되었다. 그러나 이 정도의 금리 인하로 경기를 살릴 수 있느냐에 대해서는 의문이 제기될 수 있다. 왜냐하면 같은 기간 미국의 정책 금리는 6.50%에서 1.75%까지 인하되었기 때문이다. 즉 미국 등 선진국의 금리 인하 속도에 비해 한국의 금리 인하 속도나 강도는 턱없이 모자랐다.

이런 상황에서 마지막으로 선택된 것은 바로 규제 완화였다. 규제 완화란 금융 기관이나 기업을 대상으로 업무 영역을 규정하거나 신규 사업의 진출을 가로막던 것을 풀어주는 일을 뜻한다. 당시 김대중 정부가 선택한 수단이 바로 규제 완화, 그것도 카드에 대한 규제를 완화하는 것이었다. 그 단초는 1999년 하반기였다. 대우그룹 사태로 금융 시장의 불안이 재현되는 듯하자 정부는 연말 정산에서 급여의 10% 이상을 신용 카드로 결제하면 소득을 공제해 주는 제도를 도입했다.[155] 더 나아가 1999년 5월에 여신 전문 금융업법(카드와 리스 등의 금융업에 관한 법률)에 대한 시행 규칙을 바꿔 월 70만 원이던 현금 서비스의 이용 한도를 폐지하기에 이르렀다.[156]

1999년까지만 해도 신용 카드의 발급은 매우 힘들었다. 소득이 일정 수준을 넘거나 자기 소유의 자동차와 부동산을 가진 고객을 대상으로 신중하게 발급되었다. 그러나 정부의 규제가 풀리고 카드사들의 경쟁이 촉발되면서 2002년 한 해 동안 발행된 신용 카드 수가 2억 장에 이를 정도로 폭발적인 성장세를 보였다. 특히 신용 카드 발급 수뿐만 아니라 카드 이용 금액도 1999년에 약 90조 원에서 2001년에는 443조 원으로 부풀어 올랐다.

2001년까지는 선순환이 이뤄졌다. 민간 소비가 1999년에 12.0% 성장한 데 이어 2000년과 2001년 각각 9.3%와 5.8% 성장하며 수출 부진의 충격을 상쇄해 주었다. 카드사들이 발행한 채권, 즉 카드채의 이자는 연 10% 안팎인 데 비해 카드사 현금 서비스와 카드론의 금리는 연 20% 안팎에 달했기에, 2001년 7개 카드사는 총 2조 5,000억 원의 순이익을 남겼다.[157] 그러나 이는 신규 발급 카드의 급격한 증가가 빚은 착시 현상이었다.

당시 카드사들은 신규 고객을 유치하기 위해 경품을 제공하거나 백화점 물품을 구매하는 경우 이용액의 일정 부분을 상품권으로 주는 일이 일상적이었다. 이런 식으로 공격적인 마케팅이 이뤄졌던 이유는 이른바 '규모의 경제'를 갖추는 카드사가 최종 승자가 될 것이라는 기대 때문이었다. 신용 카드업은 가맹점 및 인프라 확보 등 초기 투자 비용이 많이 드는 특성이 있기에, 신용 카드사가 안정적인 경영을 하기 위해서는 일정 수 이상의 회원 확보가 필수적이다.[158] 이런 이유로 해서 사업 초기 신용 카드사들은 회원 확보를 위해 열띤 경쟁을 벌인다. 그리고 이 경쟁을 더욱 부추긴 것이 정부의 신용 카드업에 대한 규제 완화였던 것이다.

그러나 카드 회원의 가입이 한계에 도달하는 가운데 일부 자영업자를 중심으로 '카드 돌려막기'가 시작되며 문제가 촉발되었다. 카드 돌려막기란 특정 카드사에서 빌린 돈의 이자를 다른 카드사 현금 서비스로 막는 상황을 뜻한다. 2003년 말 조사에 따르면, 2개 이상의 금융 회사에서 대출받았다가 이를 갚지 못해 신용 불량자가 된 사람들이 전체의 71%나 되었다. 카드사들이 회원을 확보하는 데 치중한 나머지 가입 고객의 신용 수준을 제대로 점검하지 못한 것이 문제를 일으키기 시작했던 것이다.

금융 기관이 미래의 손실에 대비해 적립해 두는 돈을 '대손 충당금'이라고 하는데, 이 대손 충당금이 2001년 말에 2.3조 원에서 2002년 말 7.3조 원으로 늘어났다. 이렇게 대손 충당금 적립금이 폭발적으로 늘어난 것은 연체율의 상승 때문이었다. 즉 돈을 빌려 갔는데 이자와 원리금을 제때 상환하지 못하는 사람이 늘어난 것이다. 전업 카드사가 아닌 일반 은행이 발급한 신용 카드의 연체율은 2001년 7.7%에서 2002년에는 8.6%까지 상승했고, 신용 불량자가 186만 명으로 불어나자 정부도 사태의 심각성을 알아차렸다.

2001년 말 뒤늦게 신용 카드 발급기준을 강화하는 한편, 2002년 2월에는 길거리 카드 모집을 금지했으며, 2002년 5월에는 '신용 카드 종합 대책'을 발표하여 신용 카드사의 현금 대출 비중을 전체의 50% 이하로 내리는 등의 규제를 도입했다.[159] 그러나 이 조치는 신용 카드 사태를 더욱 악화하는 결과를 초래했다. 1999년부터 2000년까지 일관되게 신용 카드 관련 규제를 풀어주다가 갑자기 규제를 조이기 시작하니 이에 대한 대비가 되

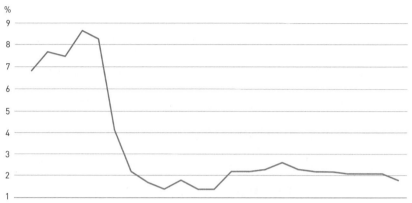

그림 1.13 **1998~2021년 한국 일반 은행의 카드 연체율 추이**

출처: 한국은행, 프리즘투자 자문 작성

어 있지 않았던 고객들이 연쇄적으로 문제를 일으키기 시작한 것이다.

2002년 5월 한국 정부가 전체 카드사 대출에서 현금 서비스가 차지하는 비중을 50% 이하로 축소하도록 지시할 때, 카드사들의 평균적인 현금 서비스 한도는 1,058만 원에 이르렀다. 불과 2년 만에 현금 서비스의 한도가 10배나 늘어난 것이니 제대로 된 신용 분석이 이뤄지기는 어려웠다.[160] 게다가 카드사들은 고객에게 고금리의 현금 서비스를 제공하기 위해 자기 자본의 무려 11.4배에 달하는 부채를 짊어지고 있었다. 물론 현금 서비스로 받는 이자가 연 20% 이상이라는 것을 감안할 때 저금리로 자금을 빌릴 수만 있다면 카드사로서는 충분히 이익이 되는 상황이라고 볼 수 있었다.

그러나 필자가 모 운용사의 투자전략팀장으로 일하던 2003년의 상황은 정반대로 흘러가고 있었다. 당시 한국을 대표하는 생명 보험사가 카드사들이 발행한 채권, 즉 카드채를 대거 매도하는 등 이미 금융 시장에 심각한 신용 경색이 나타났기 때문이다. 어떤 기업이나 금융 기관의 부실 위험이 걷잡을 수 없이 높아진다고 판단될 때 투자자들은 '아무것도 하지 않는' 전략을 쓰게 된다. 이 전략을 쓰면 해당 투자자는 손실을 피할 수 있을지 모르지만, 모든 시장 참가자가 이런 전략을 사용하면 자본 시장에 패닉이 발생하게 된다. 아무도 카드사가 발행한 채권을 사려들지 않으면 채권의 발행이 사실상 불가능해진다. 따라서 카드사들은 고객에게 나간 대출을 회수함으로써 만기가 돌아오는 채권의 원금을 지급하기 위해 노력했고, 일거에 현금 서비스가 멈추는 순간 카드 고객들의 연체가 폭발적으로 높아질 것은 자명했다. 2002년 신용 카드사의 순이익은 4,964억에 이르렀지만, 2003년에는 무려 10조 4,742억의 적자를 기록하며 무너지고 말았다.[161] 카드사별로 보면 LG카드가 5조 4,988억 적자로 전체의 절반 이상을 차지했으며, 그 뒤로 외환카드(1조 4,304억 원)와 우리카드(1조 3,206억 원)의 순서였다.

2003년 3월 17일에 정부는 신용 카드사의 자구 노력을 전제로 자금을 지원하겠다는 '신용 카드사 종합 대책'을 발표했다. 한발 먼저 사태 수습에 나섰던 삼성카드는 삼성생명의 자금 지원을 받음으로써 부도를 모면했고, 외환카드와 우리카드는 독자 생존을 포기하고 모 은행의 사업부로 흡수되었다. 그러나 LG카드는 부실이 너무 심해 자력 회생이 불가능해, 결국 산업은행의 관리를 거쳐 2006년 신한금융그룹으로 매각되기에 이른다.

신용 카드사들의 연쇄적인 도산은 가까스로 막았지만, 경제에 미친 충격은 어떻게 할 방법이 없었다. 2003년 말 기준으로 신용 불량자가 372만 명, 즉 경제 활동 인구 6명 중 한 명이 신용 불량자가 된 셈이다. 이 결과 2003년 민간 소비 증가율은 -0.4%를 기록했고, 2004년에는 단 0.4% 성장을 기록했을 뿐이다. 수출 부진을 내수 경기 부양으로 타개해 보려다 정작 민간 소비를 완전히 죽여버린 결과를 초래했던 셈이다. 고용 부진에 이어 민간 소비까지 붕괴됨에 따라 한국 경제는 수출에 따라 경제의 성장이 좌우되는 구조가 굳어지게 된다.

요약 및 교훈

1999년 여름, 대우그룹 사태를 전후해 강력한 금융 규제 완화가 이뤄졌다. 신용 카드사의 현금 서비스한도를 폐지하는 한편, 신용 카드 소비가 많은 사람에게 연말 정산 혜택을 부여하는 등의 내용을 담은 것이었다. 이후 약 2년에 걸쳐 비약적인 카드 소비의 증가가 출현했다. 그러나 국민 대부분이 카드를 보유하게 되고 일부 자영업자들이 카드 돌려막기에 나서면서 위기의 징후가 나타나기 시작했다. 2001년 말부터 정부가 카드사의 과도한 마케팅에 제동을 걸었지만, 이미 때는 늦어 2003년 말에는 무려 370만 명의 신용 불량자가 양산되는 이른바 카드 대란이 발생하기에 이르렀다. 이후 최근까지 한국 내수 경기는 빙하기를 벗어나지 못하고 있으며 수출이 경제의 모든 것을 설명하는 상황이 심화되었다. 물론 2010년대 중반의 중국 관광객 붐 그리고 2021년의 부동산 열기 같이 일시적인 내수 경기 호황이 출현한 적은 있었다. 그러나 호황이 오래 지속되지 못하고, 이후 더 심한 불황으로 연결되었다는 측면에서 카드 대란의 후유증은 지금도 현재 진행형이라고 볼 수 있다.

2003년
중국 붐

고객에서 경쟁자로

2002년 10월 25일에 SK글로벌에 대한 다방면의 검찰 조사가 시작되었다. 참여연대가 JP모건과 SK증권 주식의 이중 거래와 관련하여 SK글로벌이 SK증권을 부당 지원한 혐의가 있다고 신고했기 때문이다.[162] 검찰 조사 과정에서 SK그룹의 최태원 회장이 자신이 보유 중이던 비상장 주식(워커힐)의 가격을 부풀려 SK C&C가 보유하고 있던 상장 주식(SK주식회사)과 맞교환 함으로써 SK C&C에 손실을 끼쳤다는 사실이 발각되었다. 또한 검찰은 SK글로벌이 과거 수년간에 걸쳐 약 1조 5천억 원의 분식 회계를 저질렀다는 점도 발견했다. 대우그룹에 이어 SK그룹마저 대규모 분식 회계 사건이 발생하며 2003년 한국 경제는 그로기 상태에 빠졌다.[163]

절벽 끝에 매달린 꼴이 된 한국 경제를 구원한 것은 이라크 전쟁과 중국이었다. 2001년 '9.11 테러' 이후 이란과 북한 그리고 이라크를 악의 축으로 지목한 미국의 부시George Walker Bush 행정부는 2003년 이라크를 침공하기에 이른다. 전쟁이 단기간에 끝나며 급등했던 유가가 안정을 되찾음에 따라 한국 경제에도 회복의 기운이 감돌기 시작했다. 유가가 하락하면 물가 상승 압력이 약화되고 중앙은행의 금리 인하가 시작되기 때문이다. 특히 이라크 전쟁의 승전 분위기가 조성된 데다 금리 인하까지 가세하자 폭발적으로 소비 증가가 나타났다. 한국은 선진국을 대상으로 수출하는 산업(반도체, 자동차 등)을 대거 보유한 나라이기에, 선진국 소비 회복은 바로 수출 증가로 연결된다.

여기에 한 가지 호재가 발생했으니, 바로 중국 경제의 가파른 성장이었다. 2001년 세계무역기구WTO, World Trade Organization 가입 이후 중국의 수출 주도 성장이 시작되자 조선과 화학 등 이른바 중화학 공업의 대중 수출이 늘어나기 시작했다. 중국의 세계무역기구 가입은 중국의 시장 개방이 본궤도에 오른 것을 의미하는 것일 뿐만 아니라 우호적인 조건에서 중국 제품이 해외 시장을 공략할 수 있게 된 신호탄으로 볼 수 있다.[164]

중국 경제 성장이 한국 경제에 미친 영향은 복합적이다. 당장은 한국산 배와 기계, 원재료에 대한 수요가 증가하니 이른바 '중국 붐'을 만끽할 수 있었다. 2002~2008년의 연평균 대중 수출 증가율이 26.6%에 달하고, 누적 무역 흑자가 1,173.2억 달러

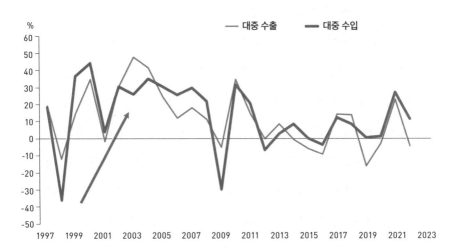

그림 1.14 **1997~2022년 대중 수출과 수입 증가율 추이**

출처: 한국은행, 프리즘 투자자문 작성

에 달할 정도였으니 말이다. 이런 강력한 성장이 가능했던 것은 90년대부터 한국 기업들이 중국에 적극적으로 진출해 생산 기지를 만든 것 그리고 2000년대 초반의 불황에서 선진국 경제가 회복된 덕을 동시에 누렸기 때문이다.

2000년대 초중반의 대중 수출 붐은 외환 위기와 카드 대란의 충격을 씻기에 충분한 것이었고, 2006년에는 1인당 국민소득 2만 달러의 벽을 돌파할 수 있었다. 그러나 중국의 발흥은 우리 경제에 긍정적인 영향만 미치지 않았다. 왜냐하면 중국이 가

대한민국 돈의 역사

공 조립형 경제 구조에 마냥 머물러 있지는 않았기 때문이다. 가공 조립형 경제 구조는 수출의 대부분을 외국계 기업이 담당하고 생산직 근로자는 중국인으로 구성되는 형태의 산업을 뜻한다. 1990년대 한국의 섬유 및 신발, 의류 산업이 중국에 대거 진출했던 것을 떠올려 보면 된다. 한국의 설비를 뜯어서 중국의 해안 지역에 공장을 새로 설치하고 월 50달러도 되지 않는 임금을 지불하는 근로자들을 모아서 만든 물건을 미국이나 유럽에 수출하는 식이다. 참고로 1993년 중국의 평균 연봉은 3,371위안으로, 달러로 환산하면 583달러 남짓했다. 월 50달러에도 미치지 못하는 월급을 주어도 수많은 사람이 일하겠다고 연안 지역 공장으로 몰려들던 시절이었다.

그러나 중국은 여기에 머물러 있지 않았다. 중국 정부는 70년대 한국 정부의 전략을 철저하게 벤치마킹했다. 수출을 주도한 기업들에 저금리 혜택을 몰아주고, 더 높은 기술을 제공하는 해외 기업을 우대하는 전략을 펼쳤다. 당장 한국의 반도체 기업만 하더라도 중국 시안이나 정저우 같은 대도시에 거대한 규모의 공장을 가동 중이다.[165] 그뿐만 아니라 한국의 중화학 공업 육성 정책에 비교되는 '제조업 2025' 같은 산업 정책을 적극 시행함으로써 산업의 고도화를 위해 어마어마한 정책 자금을 투입하는 중이다.[166]

중국 정부가 다급하게 중화학 공업 및 정보 통신 산업을 육성한 이유는 임금과 토지 등 중국의 생산 요소 가격이 급등하기 시작했기 때문이다. 기본적으로 중국은 '자유롭지 않은' 나라이기에 국민들의 소득이 꾸준히 증가하지 않을 때는 정치적인 불안정에 시달릴 수밖에 없다. 따라서 경제 성장이 이뤄진 것 이상의 수준으로 임금이 상승했다. 1993년에는 근로자 평균 연봉이 583달러였지만, 2000년에는 1,127달러 수준에 올라서고, 2017년에는 1만 176달러, 2021년에는 1만 6,562달러에 이른 것이 이를 방증한다. 임금뿐만 아니라 토지 가격도 급등해, 2021년 베이징과 상하이 등 이른바 1선 도시의 토지 가격은 제곱미터 당 1만 1,300위안 이상으로 올라섰다. 원화로 환산하면 평당 대략 6백만 원 이상의 가격으로 택지가 공급되는 셈이다. 실제로 중국 남부 광저우시에 파견 나간 옛 직장 동료의 말에 따르면, 30평대 아파트 가격이 한국 돈으로 10억 원을 넘어선 게 이미 5년 전의 일이라고 하니 얼마나 중국 부동산 가격이 급등했는지 알 수 있을 것이다.[167]

이상과 같은 여러 요인이 겹쳐 중국의 수출 증가가 한국의 대중 수출 급증으로 연결되던 좋은 시절은 2010년을 전후해 마무리되었다.[168] 2010년 이후 세계 수출 시장 점유율 면에서 자동차와 반도체 등 일부 품목을 제외하고는 한국의 우위를 발견하기 힘들기 때문이다. 2010년 조선 산업 기준으로 세계 수출 시장 점유율을 살펴보면 중국이 23.6%, 한국이 27.4%를 기록하고 있다. 이후 한국과 중국은 엎치락뒤치락하며 치열한 선두 경쟁을 벌이는 중이며, 한국이 완전히 중국의 추격을 따돌렸다고 보기는 힘든 상황이다. 정확하게 말해 고부가 가치·친환경 선박 부분에서는 한국의 우위가 확고하지만, 물량 면에서는 중국이 종종 1위를 차지하는 구간이 있다.[169]

물론 중국이 이대로 쭉 경쟁력을 강화해 한국 경제를 완전히 뛰어넘을 것이라고 단언하기는 어렵다. 왜냐하면 명령-지시 경제는 급격한 전환의 시기에 무너지는 경우가 많기 때문이다. 즉 중국 같은 명령-지시 경제에서는 기업들이 정부가 정한 방향으로 함께 달려 나가기에, 겉보기에는 효율이 뛰어난 것처럼 보인다. 그러나 중국 정부가 다른 경쟁 국가와 기업보다 미래를 예측하는 힘이 더 뛰어나다고 볼 근거가 있을까?

이 문제를 가장 잘 보여준 사례가 2020년부터 2022년까지 이어진 '제로 코로나 정책'이었다. 아파트에 코로나 환자가 한 명 나오면 그 아파트 단지 전체를 봉쇄하고 아파트 현관을 철창으로 막아버리는 식의 막무가내 정책이 3년간 이어졌다. 그러나 2022년 말 코로나가 다시 걷잡을 수 없이 확산되자 국민들은 제로 코로나 정책에 대한 신뢰를 잃어버리고 강력한 저항에 나섰다.[170] 그러자 중국 정부는 제로 코로나 정책을 마침내 포기하고 '위드 코로나' 정책 시행에 나섬으로써 국민들의 반발을 어느 정도 진정시킬 수 있었다.

이 사례에서 보듯 정부가 어떤 방향으로 지시하고 모든 역량을 집중시키는 전략이 꼭 성공한다는 보장은 없다. 이에 대해서는 주식 시장을 다루는 2부에서 더 자세히 다루도록 하겠다.

요약 및 교훈

2001년 중국의 WTO 가입 이후 한국 경제는 약 10년 가까운 시간 동안 큰 호황을 경험했다. 중국의 부품 및 원자재 그리고 각종 기계 장비에 대한 수요가 폭발적으로 늘어났기 때문이다. 이 덕분에 카드 대란과 SK주식회사의 분식 회계 사태를 이겨낼 수 있었다. 그러나 대중 수출 붐이 끝없이 이어질 수는 없었다. 중국의 인건비와 토지 가격이 급등하면서 과거처럼 가공 조립에 치중하는 방식으로는 성장세를 이어 나갈 수 없었기 때문이다. 따라서 70년대 한국처럼 중화학 공업 및 정보 통신 산업 육성에 거대한 자본이 투입되었다. 이 과정에서 많은 부분 중국이 한국의 기술 수준을 따라잡았고, LCD 디스플레이처럼 아예 압도적인 경쟁력을 확보한 산업도 생겨났다. 그러나 중국의 미래가 그렇게 밝아 보이지는 않는다. 무엇보다 생산 요소 가격의 급등세가 지속되는 데다, 명령-지시 체제가 지니는 문제가 점점 더 부각되고 있기 때문이다. 따라서 지금은 한국이 어떻게 대응하느냐에 따라 얼마든지 중국을 따돌릴 기회를 갖고 있는 시기로 판단된다.

2008년
글로벌 금융 위기

위기는 기회!

2008년 가을에 리먼브라더스가 파산하고 이후 세계 최대의 생명 보험사인 아메리칸인터내셔널그룹AIG, American International Group과 세계 최대의 상업 은행 씨티그룹Citigroup에 대규모 공적 자금이 투입된 사건, 즉 글로벌 금융 위기는 한국 경제에도 큰 영향을 미쳤다. 2008년 가을 리먼브라더스의 파산으로부터 시작된 연쇄적인 금융 위기는 전형적인 은행 위기라는 특성을 지닌다. 다만 개인 고객들이 이 회사의 창구에 가서 자신의 예금을 돌려 달라고 줄을 선 것이 아니라 거래 금융 기관들이 자금을 인출했다는 차이가 있을 뿐이다.[171]

리먼브라더스는 채권 시장의 큰손으로 군림하면서 이른바 '서브프라임 대출'을 가장 많이 가지고 있었다. 서브프라임 대출은 주택 담보 대출 심사를 통과하지 못한 사람들을 위한 대출을 의미한다. 신용도가 낮은 사람들은 장기간에 걸친 대출 이자를 내기 어렵기에, 이들을 위한 대출 상품은 존재하지 않았다.

그러나 2000년대에 접어들어 저금리 환경이 지속되고 주택 가격의 상승이 지속되자 이른바 '2-28 모기지'라고 불리는 신종 상품이 신용도가 낮은 고객을 대상으로 대거 팔리기 시작했다.[172] 즉 2년 동안은 '무이자' 혜택을 부과하고, 3년 차부터 원금과 밀린 이자를 갚는 상품을 내놓은 것이다. 이 상품이 본격적으로 팔리기 시작한 것이 2004년부터의 일이라는 점을 감안하면, 왜 2006년 이후 갑자기 미국 부동산 시장이 폭락했는지 짐작할 수 있을 것이다. 이 상품에 가입한 사람들은 대부분 2년 안에 차익을 실현할 생각을 가지고 있었기에 일거에 매물이 집중되는 흐름을 띄게 된 것이다.

그러나 주택 가격의 하락이 연쇄적인 금융 위기를 일으킬 수 있다고 생각하는 사람은 소수에 불과했다. 미 연준을 비롯한 수많은 시장의 참가자들은 "주택 가격에 거품이란 있을 수 없다."라고 생각했었기 때문이다. 왜냐하면 주택은 매우 중요한 자산이기에 매매가 대단히 신중하게 이루어지므로 버블이 존재할 수 없다는 것이다.[173] 그러나 이런 기대와 달리, '2-28 모기지' 같은 상품에 가입해 부동산을 단기 매매하기로 결심한 사람들에게 신중한 판단을 기대하기는 어려웠다.

결국 2008년 초부터 문제가 생기기 시작했다. 3월에는 투자

은행 베어스턴스Bear Stearns가 문제를 일으켰고, 여름에는 리먼브라더스가 보유한 서브프라임 상품이 큰 손실을 입었다는 소문이 들리기 시작했다. 그런데 문제는 리먼브라더스가 보유한 서브프라임 관련 상품이 얼마나 되는지에 대한 정보가 불확실했기에, 이 회사를 아무도 인수하려 들지 않았다는 것이다. 결국 9월 15일에 리먼브라더스가 파산한 이후 심각한 금융 위기가 발생했다. 누구도 믿을 수 없는 상황에서 금융 기관에 맡겨진 자금이 인출되기 시작했고, 이는 연쇄적인 자산 가격의 폭락을 유발했다. 왜냐하면 '리먼브라더스 다음 차례'가 되기 싫은 금융 기관들이 가격을 불문하고서라도 보유한 자산을 팔아서 현금을 마련하길 원했기 때문이다. 제일 먼저 부동산 관련 상품에서 자금이 빠져나갔고, 그다음은 주식, 마지막에는 정부가 발행한 국채마저 대규모 매도 대상이 되었다.

주택 가격이 하락하고 금융 기관이 연쇄적인 어려움에 처하자 금융 시장에서 경제로 본격적인 악순환이 시작되었다. 가장 첫 번째 충격은 주택 가격 하락이 가한 '자산 효과'였다. 자산 효과는 보유한 자산의 가격 변동이 소비 심리에 영향을 미치는 것을 뜻한다. 회사에서 나눠준 자사주의 가격이 갑자기 10배 오른다면? 퇴사하는 사람들이 늘어날 것이며, 회사에 남은 사람들은 늘어난 부를 활용해 차를 바꾸거나 해외여행을 다니는 등 그간 실행하지 못했던 다양한 소비 계획을 실행에 옮길 것이다. 반대로 보유한 주식이나 집값이 폭락하면 예전처럼 여행을 가거나 스마트폰을 신형으로 바꾸는 일이 어려워진다.

금융 기관과 건설사를 중심으로 대량 해고가 시작된 것도 경제에 부정적 영향을 미칠 가능성이 높다. 정부의 공적 자금은 공짜가 아니다. 정부의 지원을 받은 대신 보너스나 월급이 삭감될 가능성이 높아지며 핵심 인력이 아니라고 평가받은 사람들은 당장 짐을 싸야 할지 모른다. 그뿐만 아니라 미래 전망이 밝은 사업 프로젝트를 가진 기업들도 투자 계획을 철회할 가능성이 높다. 금융 기관들이 구조 조정을 단행할 때는 대출 심사 문턱이 높아질 가능성이 높으며 또 이자율도 이전보다 더 높은 수준을 유지할 가능성이 높기 때문이다. 기업의 투자 계획 축소는 막 대학을 졸업한 이들에게는 재앙과 같은 소식이 아닐 수 없다. 기존에 고용했던 사람들을 해고하려는 마당에 신입 사원을 고용하려는 기업들은 많지 않을 것이기 때문이다.

이런 식으로 연쇄적인 악순환이 발생할 때 가장 큰 타격을 받는 곳이 바로 내수 시장이 작은 수출 공업국들이다. 한국이나 대만 같은 나라는 내수 시장으로 감당할 수 없는 거대한 생산 능력을 보유하고 있기에 수출 이외에는 활로가 없다. 특히 정보 통신 산업의 비중이 큰 나라들일수록 불황의 충격이 더 커진다. 정보 통신 산업은 생산성의 향상 속도가 매우 가파른 분야이기에 해마다 신제품이 출시되고 구형 제품의 가격이 인하하는 특성을 지니기 때문이다.

세계 최고의 브랜드 파워를 가진 애플조차 1년 혹은 2년 전에 출시된 구형 제품을 싸게 파는 상황을 고려해 보면 금방 이해되리라 생각된다. 따라서 팔리지 않고 창고에 묵혀 둔 제품들은 자칫하면 처분 불가능한 쓰레기가 될 수 있기에 기업들은 재고가 쌓이는 순간 가격 할인에 돌입한다. 반면 소비자들은 "조금만 더 기다리면 값싸게 물건을 살 수 있을 것"이라는 희망을 가지고 구입을 더 늦출 가능성이 높기에 한국이나 대만 그리고 중국 같은 수출 공업국의 고통은 더 커진다. 2008년 한 해 동안 13.6%가 늘어났던 한국 수출이 2009년에 13.9%나 줄어든 데에는 이런 배경이 있었던 셈이다.

그러나 2000년 정보 통신 거품의 붕괴, 2008년 글로벌 금융위기 모두 한국 경제에는 큰 기회이기도 했다. 위기가 기회로 작용했던 가장 큰 이유는 한국 기업들이 불황에도 핵심 기술을 향상하려는 노력을 중단하지 않았다는 점이다. 대부분의 기업은 불황이 닥치면 제일 먼저 '쓸모없다고 판단하는' 부문을 정리한다. 수익성이 부진하거나 아직 제품 개발로 연결되기에는 시간이 걸리는 사업부가 일차적인 정리 대상이 되곤 한다.

대한민국 돈의 역사

반면 한국은 다르다. 세계적인 미디어 기업 블룸버그Bloomberg
가 매년 선정하는 세계 혁신 국가 랭킹에서 1등을 차지할 정도
로 적극적인 연구 개발R&D, Research and development 투자를 지속하
고 있기 때문이다.[174] 연구 개발 투자는 당장 수익을 거두는 데에
는 도움이 되지 않지만, 미래의 성과를 개선시킬 가능성을 높인
다. 한국의 경우 2000년 정보 통신 거품이 붕괴될 때는 경제협력
개발기구OECD, Organization for Economic Cooperation and Development 가입
국가들 중 평균 수준의 연구 개발 지출을 기록했지만, 2008년에
는 4등 수준으로 올라갔고, 2020년에는 2위에 이르렀다(2020년

그림 1.15 **2000~2020년 OECD 가입 국가의 GDP대비 연구 개발비 비중**

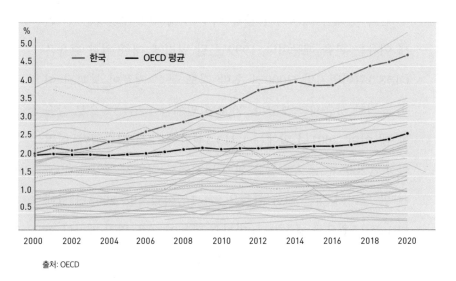

출처: OECD

세계 1위는 이스라엘).

물론 연구 개발 투자가 성과를 내는지에 대해 논란이 있는 것은 분명하다. 100%에 가까운 성공 확률을 가진 연구 프로젝트만 진행하니 쓸모없는 성과만 양산한다는 지적은 새겨들을 가치가 있다고 본다. 그런데 한국의 연구 개발 투자에 대한 지나친 폄하역시 올바른 태도는 아닌 것으로 보인다. 세계적인 과학 저널 네이처Nature는 국제 유력 학술지 82개에 발표된 논문을 바탕으로세계 연구 기관의 순위를 매기는 데, 이를 네이처 지수라고 부른다. 2022년(2021년 12월 1일부터 2022년 11월 30일 기준) 한국은 세계 7위에 올랐는데, 2019년 세계 9위였던 것을 감안할 때 지속적인 향상이 이뤄지고 있음을 알 수 있다.[175]

한국 경제가 세계적인 불황 이후 경쟁력이 개선되는 두 번째 이유는 환율 때문이다. 1999년 말 달러에 대한 원화 환율은 1,138.0원이었지만, 2000년 초반 정보 통신 거품이 붕괴된 이후 급격한 상승세를 보였다. 2000년 말에는 1,264.5원으로 상승한 데 이어, 2001년 말에는 1,313.5원까지 수직 상승했다. 이런 현상은 2008년 글로벌 금융 위기 당시에도 다르지 않았다. 2007년 말 달러에 대한 원화 환율은 936.1원이었지만, 2008년 말에는 1,259.5원으로 급등했다. 이처럼 환율이 금융 위기 때마다 상승하는 이유는 1997년 외환 위기에서 찾을 수 있다. 당시 한국에 투자했던 외국인 투자자들은 환율 상승과 주식 가격 폭락으로 큰 고통을 겪었기에, 이때부터 한국 원화 자산을 '불황에 약한 위험자산'으로 간주하게 된 것이다. 즉 불황이 닥칠 때마다 한국에서 해외로 달러가 빠져나가기에 환율이 급등하는 것이다. 물론 수출이 잘 안되면서 무역 수지가 악화되는 것도 환율 상승 요인으로 작용한다.

이런 까닭에 한국 경제는 세계 경기의 하강이 마무리된 다음 비약적인 성장을 기록한다. 경쟁자들이 연구 프로젝트를 접고 심지어 개발 인력을 해고할 때도 적극적인 투자에 나서기 때문이다. 더 나아가 달러에 대한 원화 환율마저 급등함으로써 수출 기업의 경쟁력이 개선된 것도 영향을 미쳤다. 이 결과 한국의 세계 수출 시장 점유율이 꾸준히 상승했으며 이제는 일본을 추월할 가능성마저 제기되고 있다.

그림 1.16 **1970~2021년 한국과 일본의 세계 수출 시장 점유율 변화**

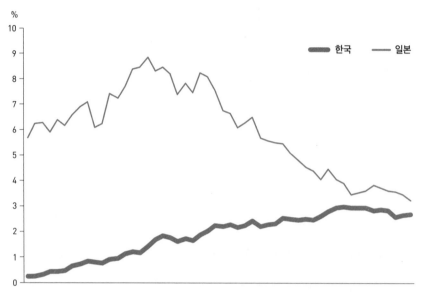

출처: 세계은행, 프리즘 투자자문 작성

요약 및 교훈

시장 경제는 끊임없이 호황과 불황을 반복한다. 2000년 정보 통신 거품의 붕괴 그리고 2008년 글로벌 금융 위기가 대표적인 사례일 것이다. 세계적인 불황이 닥치면 한국이나 대만처럼 내수 시장이 작은 수출 공업 국가들은 큰 곤경에 처한다. 내수 시장으로는 도저히 소화하기 어려운 막대한 생산 설비를 보유하고 있는 데다, 수출 제품 대부분이 경기에 민감한 전자 제품 및 자동차 등으로 구성되어 있기 때문이다. 따라서 한국 등 동아시아 국가는 글로벌 경기의 변화에 따라 수출이 급증하고 급감하는 사이클을 피하기 어렵다. 그러나 한국은 세계적인 경제 위기가 발생할 때마다 도약했음을 잊어서는 안 된다. 불황에 더 공격적으로 연구 개발 투자를 단행하는 데다, 달러에 대한 원화 환율도 급등하기 때문이다. 즉 남들이 투자 안 할 때 더 열심히 투자하고 체력을 길러 경기가 회복될 때 세계 시장 점유율을 매번 올렸던 과거의 경험도 인정할 필요가 있을 것이다.

2010년 이후의
저물가 현상

FTA와 생산성 혁신 그리고 글로벌 경기 침체

2010년 이후 한국 경제에 나타난 가장 큰 특징을 꼽으라면 저물가·저금리 현상이 고착화된 것을 들 수 있다. 물론 2022년 러시아-우크라이나 전쟁을 계기로 물가가 급등했지만, 아직까지는 일시적인 현상이라는 견해가 지배적인 것 같다.[176]

한국 전쟁 이후 만성적인 인플레이션에 시달리던 한국이 저물가 상황을 경험하게 된 이유는 어디에 있을까? 가장 직접적인 이유는 2000년대 중후반부터 연이어 자유 무역 협정FTA, Free trade agreement을 체결하며 내수 시장이 개방된 것을 들 수 있다. 시장 개방이 물가 안정을 유발하는 가장 대표적인 사례가 스마트폰 시장이다. 애플의 아이폰이 2007년에 개발된 이후에도 상당 기간 한국에서 여러 이유로 출시되지 않았다. 그러나 2009년에 KT와 손을 잡고 아이폰이 국내에 상륙한 이후 삼성전자와 LG전자 등 국내 메이커도 신제품을 출시하는 과정에서 격렬한 경쟁

그림 1.17 **2010~2022년 한국 휴대 전화 가격 변화**

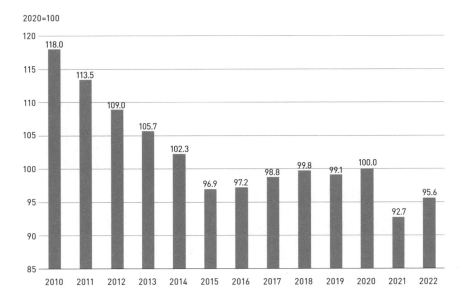

2020=100

출처: 통계청, 프리즘 투자자문 작성

이 촉발되었다.[177] 이후 한국 시장에서 스마트폰은 성능이 매년
향상되었음에도 가격이 계속 내려갔다. 통계청이 발표한 소비
자 물가 기준(2020=100)으로 보면, 휴대 전화 가격은 2010년에
118.0에서 2022년에 95.6으로 거의 20% 떨어진 것을 발견할 수
있다.

물론 아이폰 사례에는 한 가지 더 중요한 요인이 개입되어 있
다. 그것은 다름 아닌 생산성의 향상이다. 애플이 만든 스마트폰

시장에 뛰어든 기업들은 소비자들의 높은 기대 수준에 부응하기 위해 디자인부터 긱종 새로운 기능을 추가하기에 여념이 없었다. 이는 반도체와 디스플레이 그리고 이차 전지 등 연관 산업의 연쇄적인 생산성 향상을 촉발했다. 더 가벼우면서도 성능이 좋은 제품을 개발하는 경쟁 속에서 연구 개발 투자가 촉진되었던 것이다. 생산성이란 투입된 노동 시간당 산출물의 양이 어떻게 움직이는지 측정한 것이니 생산성이 개선되면 제품 가격의 인상 압력이 약화되는 것은 당연한 일이다.

여기에 2008년 글로벌 금융 위기 이후 세계 경제의 성장 탄력이 둔화된 것도 인플레이션 압력을 약화시킨 요인으로 작용했다. 수요가 위축될 때 인플레이션 압력이 약화되는 이유를 설명하기 위해 경제를 자동차 회사에 비유해 보자. 1997년에 현대·기아자동차그룹이 국내에 마지막 공장을 지을 때의 생산 능력은 185만 대였지만, 2022년에는 319만 대를 생산했다.[178] 신규 공장을 짓지 않았는데도 생산 능력이 거의 두 배 늘어날 수 있었던 것은 이전보다 더 성능이 뛰어난 공작 기계를 도입한 데다, 근로자들의 숙련 수준이 향상된 탓이 컸을 것이다. 문제는 이런 식으로 생산 능력이 늘어나는데 수요가 부진할 때 발생한다. 금리 인상 등으로 수요가 위축되고 수입차 인기가 높아지며 경쟁이 치열해질 때는 재고가 쌓인다. 인건비와 이자 비용은 매일 나가는 데 차가 팔리지 않으면 기업의 선택은 정해져 있다. 제일 먼저 재고 차량 가격을 깎아 주고, 그래도 공급 과잉 문제가 해결되지 않으면 비정규직 근로자를 해고하는 식으로 대응할 것이다.

자동차 회사의 생산 능력은 국민 경제 입장에서 보면 잠재 국내 총생산(잠재 GDP)이라고 볼 수 있다. 잠재 GDP라는 용어 그대로, 현재 존재하는 설비와 인력 수준에서 달성 가능한 GDP 수준이라는 이야기다. 생산 능력을 밑도는 주문이 있을 때 기업들이 가격 인하 및 근로 시간 단축을 선택하듯 경제도 비슷한 일이 벌어진다. 실제 GDP 수준이 잠재 GDP 수준을 오랫동안 밑돌면 경제 내 물가 수준이 떨어지고 노동 시장도 침체된다. 이런 관계를 지표로 만든 것을 아웃풋 갭Output gap이라고 한다. 아웃풋 갭은 실제 GDP와 잠재 GDP의 차이를 수치화한 것이다. 아웃풋 갭이 플러스를 기록하면 경기가 과열된 것으로 볼 수 있으며 인플레이션 압력도 높아지는 게 일반적이다. 문제는 2010년 이후 한국 경제는 단 한 번도 아웃풋 갭이 플러스를 기록한 적이 없다는 데에 있다.

한국 기업이 생산성 향상에 열정을 쏟으며 '숨만 쉬어도 생산 능력이 늘어난' 결과 인플레이션 압력이 약화되었는데, 이에 더해 카드 대란 이후 내수 경기가 만성적인 침체의 늪에 빠져들며 수출에 대한 의존도가 높아졌다는 점도 가세했다. 문제는

2008년 글로벌 금융 위기 이후 미국은 물론 세계 주요국들의 성장률이 둔화된 데 있었다. 2010년과 2012년에 연이은 재정 위기를 겪으면서 유럽 경제가 저성장의 늪에 빠져든 데다, 중국마저 2010년대 중반부터 성장률이 급락한 것도 한국 수출의 부진을 가져왔다. 물론 2010년이나 2017년처럼 수출이 일시적으로 회복된 시기가 없었던 것은 아니지만, 2001~2010년에 수출이 평균적으로 10.6% 늘어난 것에 비해 2011~2020년의 수출은 연평균 3.5% 성장에 그쳤다. 결국 2010년 이후의 저물가·저금리 현

그림 1.18 **1990~2022년 아웃풋 갭과 소비자 물가 상승률 추이**

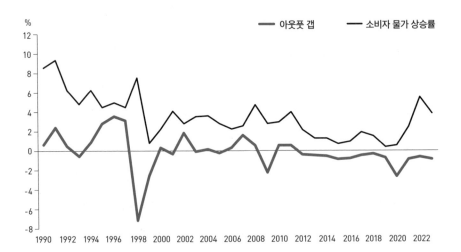

출처: IMF, 프리즘 투자자문 작성

대한민국 돈의 역사

상은 정보 통신 혁명과 시장 개방에 따른 경쟁 격화 그리고 불경기가 만들어 낸 합작품이었던 셈이다.

이 대목에서 "앞으로도 이 추세가 지속되는가?"라고 묻는 독자들이 많으리라 생각된다. 필자는 앞으로도 저물가 구조가 지속될 가능성이 높은 것으로 보는데, 가장 직접적인 이유는 인구 고령화 흐름이 가속화된 데 있다. 2020년부터 한국의 총인구는 감소세로 돌아섰으며, 2022년에는 그 속도가 더욱 빨라지는 모습을 보인다.[179] 0.78명까지 내려간 합계 출산율의 반등 가능성이 높기는 하지만 인구 감소 흐름을 되돌리기에는 역부족일 것이라는 관측이 우세하다. 따라서 앞으로 한국 경제는 인구 감소 및 노령화 흐름의 영향을 크게 받을 가능성이 높으며, 이는 우리 경제 전반에 강력한 디플레이션 압력을 가할 것으로 예상된다.

디플레이션은 장기간에 걸쳐 물가 상승률이 마이너스 수준에 머무는 현상을 뜻한다. 1990년 이후 일본 경제처럼 제로 인플레이션을 경험하는 것도 디플레이션의 범주 안에 포함된다고 볼 수 있다. 고령화가 경제 전반의 물가 상승 압력을 낮추는 이유는 수요 부진 때문이다. 절대 인구의 감소 뿐만 아니라 한국 노인들의 노후 대비가 제대로 되어 있지 않다는 점도 문제다. 2020년 기준으로 66세 이상 은퇴 연령층의 상대적 빈곤율이 40.4%로 OECD 가입국 가운데 제일 높다.[180] 상대적 빈곤율이란 중위 소득의 50%를 밑도는 빈곤 인구의 비중을 뜻한다. 이에 비추어 볼 때 노인들이 얼마나 생계의 어려움을 겪는지 알 수 있다. 물론 부유한 노인도 늘어나겠지만, 노인의 압도적인 다수는 빈곤에 허덕일 가능성이 높다는 점을 잊어서는 안 된다.

노령화에 못지않게 중요한 물가 안정 요인은 한국의 생산성 향상 노력이 지속될 가능성이 높다는 점이다. 2022년 삼성전자의 사업 보고서 Ⅱ부 6장을 보면, 연구 개발비가 24.9조 원으로 전체 매출액의 8.2%에 이르는 것을 발견할 수 있다. 몇몇 연구자들은 늘 "삼성전자가 망할 것"이라고 주장하지만, 열정적인 연구 개발 활동을 지속하는 기업이 쉽게 무너지지는 않을 것이라 믿는다.

물론 2018년 이후 미중 무역 분쟁이 심화되는 가운데 경제 블록화의 움직임이 강화되는 것은 인플레이션 압력을 높일 요인임에 분명하다. 2018년 이전에는 가장 값싸게 생산할 수 있는 곳에서 제품을 생산하는 식으로 다국적 기업들이 움직였지만, 앞으로는 달라질 가능성이 높다.

예를 들어 2022년에 미국 바이든 정부가 통과시킨 인플레이션 감축법IRA, Inflation reduction act은 전기차 부품의 국적은 물론 조립 장소 등의 조건을 만족시키는 경우에만 대당 7,500달러의 보조금을 지급하는 내용을 담고 있다.[181] 전기차 생산 공급망을 장

표 1.4 2021~2023년 삼성전자 연구 개발 비용 추이

(단위: 백만 원, %)

과목		제54기	제53기	제52기
연구 개발 비용 총계		24,929,171	22,596,487	21,229,200
정부 보조금		△ 9,973	△ 1,053	△ 8,228
연구 개발 비용 계		24,929,198	22,595,434	22,220,972
회계 처리	개발비 자산화(무형 자산)	-	△ 193,708	△ 109,482
	연구 개발비(비용)	24,919,198	22,401,726	21,111,490
연구 개발비 / 매출액 비율 [연구 개발 비용 총계 ÷ 당기 매출액 × 100]		8.2%	8.1%	9.0%

[△는 부(-)의 값임]

* 연결 누계 기준
* 비율은 정부 보조금(국고 보조금)을 차감하기 전의 연구 개발 비용 지출 총액을 기준으로 산정

출처: 삼성전자(2023)

악하고 있는 중국을 견제하기 위한 목적을 명백하게 내보인 이 법 덕분에 미국은 약 520억 달러의 추가적인 투자 유치에 성공할 것으로 보인다. 그러나 미국에 배터리 및 각종 소재 공장을 설립한 기업들의 생산 비용은 강력한 환경 규제와 높은 인건비로 인해 크게 상승할 가능성이 높다. 따라서 앞으로 시장 개방의 효과, 즉 해외의 저렴한 상품 수입이 가져올 인플레이션 압력 저하 효과는 기대하기 힘들 전망이다.

이상의 내용을 종합하면, 앞으로 한국 경제는 약한 수준의 인플레이션을 경험할 가능성이 높은 것 같다. 지속적인 기술혁신

노력과 인구 고령화의 압력이 디플레이션 위험을 높이지만, 미중 무역 분쟁이 촉발한 인플레이션 위험이 이에 맞서는 모습으로 나타날 것이기 때문이다. 물론 우리가 '혁신의 문화'를 얼마나 효과적으로 유지하고 성장시키느냐에 따라 미래는 얼마든지 달라질 수 있는 만큼, 이 부분에 대한 노력을 게을리하지 않아야 할 것이다.

요약 및 교훈

2010년 이후 한국 경제는 역사상 가장 물가가 안정된 시기를 누렸다. FTA 체결에 따른 시장 개방과 지속적인 생산성 향상 노력 그리고 세계 경기의 둔화가 저물가 구조를 만든 주역으로 손꼽힌다. 그러나 2022년 발생한 러시아-우크라이나 전쟁 이후 강력한 인플레이션이 발생하면서 앞으로도 저물가 현상이 지속될 것인지 논란이 제기된다. 필자의 입장은 한국 경제가 당면한 강력한 인구 고령화의 압박을 감안할 때 앞으로도 여전히 저물가 기조가 이어진다는 것이다. 물론 미국과 중국의 갈등이 점차 확대되는 가운데 이전처럼 해외에서 값싼 공산품과 농산물이 무제한으로 공급되기는 어려워졌다는 점을 감안해야 할 것이다. 그러나 삼성전자를 비롯한 한국의 거대 수출 기업들이 지속적으로 혁신을 추구하는 만큼, 지난 10년만큼은 아니더라도 물가가 지속적으로 불안한 모습을 보이기는 쉽지 않을 것이다.

2011년
저축 은행 사태

규제 완화 이후에는 위기가 찾아온다!

2011년 여름은 필자에게 잊지 못할 기억을 남겼다. 비가 쏟아지는 와중에도 사람들이 집 앞 저축 은행 창구에 줄을 서서 예금을 인출하려 드는 광경을 목격했기 때문이다. 2010년 말부터 시작된 이른바 '저축 은행 사태'는 금융 기관에 대한 신뢰를 바닥에서부터 흔들어 놓았을 뿐만 아니라, 10만 명이 넘는 피해자를 남겼고, 예금보험공사도 27조 원의 자금을 투입해 단 13조 원만 회수하는 등 정부 재정에도 큰 손실을 입혔다.[182]

저축 은행은 어떻게 생겼고, 어떤 과정을 거쳐서 위기를 일으켰을까?

저축 은행의 출발은 1972년 8.3 사채 동결 조치의 후속 정책에 기인한다. 박정희 정부는 기업과 가계가 사채에 의지하는 것이 문제의 근원이라고 생각해 민간 자금을 제도권 안으로 유도할 목적으로 '상호 신용 금고법'을 시행했다. 또한 가급적 많은 상호 신용 금고의 설립을 촉진하기 위해 '이자 제한법' 적용을 배제하는 혜택을 제공하는 대신, 친숙한 지역 소상공인에게 금융 서비스를 제공하라는 취지에서 '단일 점포 유지'와 '소액 대출만 취급' 같은 족쇄를 채웠다.[183]

그러나 2002년 카드 대란 이후 상호 신용 금고에 대한 규제가 대거 풀리게 된다. 2005년에 상호 신용 금고가 아닌 '상호 저축 은행'이라는 이름을 쓰도록 허용함으로써 더 많은 소비자를 유치할 수 있게 도와준 것이다. 2005년 12월에는 자기 자본 비율이 7%이거나 일정 기간 내에 7%를 달성할 것으로 예상되는 저축 은행에 한하여 다른 저축 은행의 주식을 매입할 수 있게 허용했다.[184] 자기 자본 비율은 금융 기관의 자기 자본(자본금과 이익 잉여금 등)과 대출의 비율을 뜻한다. 예를 들어 100조 원의 돈을 대출해 준 금융 기관의 자기 자본이 10조 원이라면 자기 자본 비율은 10%로 계산될 수 있다. 자기 자본 비율이 7%라는 규정은 100조 원을 대출해 주려면 자기 자본의 규모를 7조 원 이상으로 맞추어야 하는 것으로 해석할 수 있다. 게다가 2006년부터는 이른바 '8·8 클럽(자기 자본 비율이 8%를 넘고 고정 이하 여신 비율이 8% 미만인 저축 은행)'에 속한 50여 개의 저축 은행에 80억 원 이상의 대규모 단일 대출을 허용해 주었다.[185]

당시 정부가 저축 은행에 대한 규제를 크게 완화한 데에는 두 가지 배경이 있었다. 첫 번째는 노무현 정부가 서울과 부산을 '동북아 금융 허브'로 만들겠다는 계획하에 각종 규제를 완화하는 중이었기 때문이다.[186] 홍콩이나 싱가포르 같은 동아시아의 금융 허브를 대체할 도시를 만든다는 야심 찬 계획으로 '자본 시장법'을 통과시키는 한편, 외환 및 금융 규제는 물론 금융 감독을 개혁하는 것을 골자로 하고 있다.[187] 저축 은행 규제를 푼 두 번째 요인은 카드 대란의 후유증이 3년이 지나도록 해소되지 않은 데 있다. 2003년에 마이너스 성장을 기록한 데 이어, 2004년에 제로 성장이 이어지는 등 민간 소비가 극도로 부진한 데다, 카드 대란 이후 현금 서비스 및 카드론을 축소하며 발생한 신용 경색 현상을 해소할 목적으로 저축 은행 관련 규제를 푼 것이다.

이러한 조치는 저축 은행에 날개를 달아준 것이나 다름없었다. 특히 저축 은행은 시중 은행과 달리 개인 대주주가 존재하기에 성장의 과실이 고스란히 대주주 일가의 몫으로 돌아가는 구조였다. 반대로 경영이 부실해지면 대주주들은 주식 지분을 포기하면 그뿐이다. 즉 이익은 대주주가 누리지만, 손실은 전 국민이 부담하는 구조이다. 2006년에 '8·8클럽' 제도가 도입될 때, 이 위험을 어떻게 해소할 것인지 대비가 이뤄졌으면 2010년에 저축 은행 사태가 일어나지 않았으리라는 아쉬움이 남는다.

2000년대 후반에 저축 은행들은 '프로젝트 파이낸싱PF, Project

financing' 대출을 크게 늘렸다. 프로젝트 파이낸싱은 회사나 개인이 아닌 각각의 프로젝트 단위로 자금을 조달하는 것을 뜻한다. 대표적으로 서울 신사동에서 경기도 광교를 잇는 신분당선 건설 사례가 있다. 정부는 토지를 빌려주거나 인허가를 해줄 것이고, 시행사는 초기 자본이 많이 필요해도 이후 장기간 수입이 기대될 것이라며 투자자를 모집하고, 저축 은행은 이 프로젝트에 고금리로 돈을 빌려주는 식으로 참여한다.

물론 프로젝트의 추진 과정에서 예상 못 한 돌발 변수가 발생할 수도 있고, 아예 사업 환경이 바뀌어 돈을 벌 가능성이 사라지면 프로젝트 파이낸싱 대출은 재앙으로 바뀌고 만다. 이 위험 때문에 프로젝트 파이낸싱 대출을 해준 저축 은행들은 10% 혹은 그 이상에 이르는 고금리를 요구했다. 그리고 2008년 글로벌 금융 위기가 터지기 전까지 건설 경기가 더할 나위 없이 좋았기에, 저축 은행의 프로젝트 파이낸싱 투자 규모는 2005년 말 6.3조 원에서 2008년 말 11.5조 원으로 불어났다.[188]

이 덕에 저축 은행의 경영 상태도 호전되어 2008년 6월 기준 연간 순이익이 3,782억 원에 이르렀다. 그러나 2008년 가을에 글로벌 금융 위기가 벌어지면서 이후 흐름이 바뀌었다. 부동산 경기가 악화되면서 프로젝트 파이낸싱의 연체율, 다시 말해 빌린 돈의 이자나 원금을 제때 지급하지 못하는 일이 급증한 것이다. 2005년 말 9.1%였던 프로젝트 파이낸싱 연체율은 2010년 3월 말에 무려 13.7%로 뛰어올랐다.

특히 감독 당국이 91개 저축 은행의 프로젝트 파이낸싱을 조사한 결과 31.3%에 해당하는 사업장이 '악화 우려'로 보고될 정도로 사태가 심각한 것으로 나타났다. 정부는 2010년 9월 30일에 사업 자금의 20% 이상을 자기 자본으로 조달 가능한 시행사에만 프로젝트 파이낸싱 대출이 가능하도록 규제했다.[189] 더 나아가 프로젝트 파이낸싱 대출을 해줄 때 사업 계획의 타당성을 심사하는 내부 기준을 만드는 한편 50억 이상의 대출에 대해서는 외부 전문가의 자문을 거치도록 규정했다. 그러나 이미 때는 늦었다. 연쇄적인 저축 은행 뱅크런이 벌어지기 시작했기 때문이다.[190]

뱅크런은 고객들이 앞다퉈 예금을 인출하는 사태를 뜻한다. 은행들은 고객의 예금을 받아, 이를 프로젝트 파이낸싱 혹은 기업 대출 등으로 운용한다. 이 과정에서 발생하는 금리 차액이 은행 수익의 원천이 됨은 물론이다. 그런데 일거에 고객들이 예금을 인출하면 은행이 가진 현금이 고갈되어 지급 불능 상태에 빠질 수밖에 없다.

이런 문제를 해결하기 위해 1인당 5,000만 원까지 예금을 보호하는 예금 보호 제도가 마련되어 있었지만, 저축 은행이 제공

그림 1.19 **2011년 2월 부산2저축은행 남천동 지점에서 시민들이 건물을 둘러싼 채 예금 인출 차례를 기다리고 있다**

출처: "끝이 보이지 않는 예금인출 행렬", ⓒ뉴시스

하는 고금리 상품에 매력을 느낀 고객 중 상당수는 예금 보험 한도 이상의 돈을 넣었기에 피해가 발생한 것이다. 특히 후순위 채권을 은행 예금으로 알고 투자한 사람들도 상당수 있었다. 은행이나 기업이 파산할 때 다른 채권자들이 돈을 다 가져간 다음에야 자신이 투자한 몫을 돌려받을 수 있는 후순위 채권은 예금 보험 대상에서 제외되었기에 피해를 더욱 키웠다.

결국 2011년 1월 14일 서울의 삼화상호저축은행이 부실 금융 기관으로 결정된 것을 시작으로 저축 은행 시태의 막이 올랐다.[191] 2월 17일에는 부산상호저축은행과 대전상호저축은행이 영업 정지 대상이 되었다.[192] 국내 최대인 부산저축은행그룹에서 불붙은 뱅크런은 다른 90여 개의 저축 은행으로 전염병처럼 번졌다. 2010년 말 76조 원에 달했던 예금이 2012년까지 32조 원이나 빠져나갔고, 이 과정에서 24개의 저축 은행이 문을 닫았다. 예금보험공사는 2011년 이후 약 27조 원에 이르는 공적 자금을 투입해 31개 저축 은행을 정리했지만, 10만 명의 피해자들은 구제받을 수 없었다.

저축 은행 사태는 직접적인 피해뿐만 아니라, 경제에 미친 후유증도 컸다. 가장 대표적인 사례가 2013년에 발생한 동양그룹 사태가 될 것이다. 동양그룹 사태란 2013년 10월에 동양그룹의 주요 계열사인 동양, 동양레저, 동양인터내셔널, 동양네트웍스, 동양시멘트가 잇달아 법정 관리를 신청하면서 기업 어음과 회사채를 보유한 4만여 명이 1조 7,000억 원 규모의 피해를 입은 사건이다. 이 사건 뒤에는 동양그룹의 경영 환경 악화가 자리 잡고 있지만, 다른 한편으로는 저축 은행 사태로 금융 시장이 꽁꽁 얼어붙지 않았다면 그토록 고금리 부채에 허덕이지 않았을 것이라는 아쉬움도 있다.[193]

2002년에 발생했던 카드 대란과 2010년에 벌어진 저축 은행 사태는 여러 면에서 판박이다. 정부가 금융 규제를 완화한 이후 공격적인 마케팅 및 사업 확장이 발생하고, 이게 경기 여건이 악화되면서 부실로 전이되는 전형적인 흐름을 보였기 때문이다. 앞으로 다시는 이런 일이 없기를 바라는 마음이 간절하다.

요약 및 교훈

외환 위기 이후 한국 경제는 주기적인 '소형 금융 위기'를 겪었다. 2002년의 카드 대란 그리고 2010년의 저축 은행 사태가 대표적인 사례가 될 것이다. 이런 일들이 계속 반복되는 이유는 조급증 때문이다. 어떤 문제가 발생할 때 이를 정공법으로 해결하기보다 손쉬운 해결책을 찾는 과정에서 위기가 점점 더 커지는 것이다. 1999년 대우그룹 사태 이후 카드 규제가 완화되고, 카드 대란 이후에 저축 은행에 대한 규제가 완화된 것이 대표적인 사례다. 모든 금융 규제 완화가 위기를 일으키는 것은 아니지만, 규제 완화가 개입되지 않은 금융 위기를 찾기 힘든 게 현실인 것 같다. 부디 앞으로는 이런 일들이 반복되지 않기를 바라는 마음이 간절하다.

공산주의 체제를 벗어난 나라는 어떤 성장 경로를 거치나

1990년을 전후해 동유럽의 수많은 나라가 공산주의 체제를 벗어나 시장 경제 체제로 바뀌었다. 이 나라들은 이후 어떤 과정을 밟았을까? 이 문제를 중부 유럽의 인접한 두 나라, 오스트리아와 체코슬로바키아 사례를 통해 살펴보자.

1948년에 오스트리아는 미국 등 연합국의 주도로 시장 경제 체제를 구축하게 되었지만, 체코슬로바키아는 강제적으로 공산주의 진영에 편성되었다. 1989년 체코슬로바키아의 1인당 국민 소득은 1만 2,066달러에 불과했던 반면, 오스트리아는 2만 2,514 달러의 국민 소득을 자랑하고 있었다. 그런데 1990년에 공산주의 체제가 붕괴되자 체코슬로바키아는 일시적인 혼란 이후 오스트리아와의 격차를 순식간에 좁히기 시작했다.

혁신을 추구하는 이들에게 보상해 주지 않는 공산주의 체제를 벗어난 후, 새로운 아이디어를 가진 기업가들이 시장에 자유롭게 진입할 수 있는 시장 경제로 바뀌면서 경제의 성장이 촉진된 것이다. 더 나아가 비효율적인 명령-지시 경제가 사라지며 시장의 가격 기능이 원자재와 노동 그리고 자본 같은 경제 내 생산 자원을 배분해 주게 된 것도 큰 변화를 가져온 요인으로 지목된다.

그림 1.20 1948년 이후 오스트리아와 체코슬로바키아의 1인당 GDP(PPP, 2011년 불변 가격)

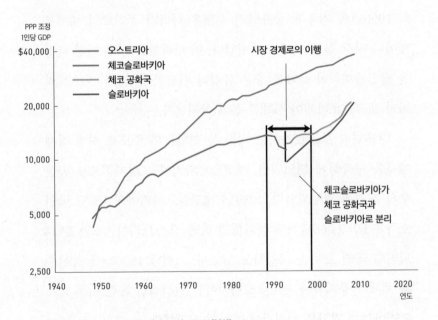

출처: Daron Acemoglu , David Laibson , John A. List(2019)

저축이 늘면 왜
경상 수지가 개선되는가?

'1999년 대우그룹 사태 – 부채 주도 성장의 종장' 부분에서 IMF의 고금리 정책이 저축을 확대하고 다시 무역 수지를 개선한다고 지적한 바 있다. 이 부분을 간단한 식을 통해 살펴보자.

국내 총생산(GDP)은 크게 보아 소비(C)와 투자(I) 그리고 무역 수지(TB)로 구성된다. 물론 여기에 정부 지출이 포함되지만, 정부의 지출도 크게 보면 소비 및 투자의 영역에 포함될 수 있으니 큰 문제는 없으리라 생각된다. 이상의 내용을 식으로 표시하면 아래와 같다.

$$GDP = C + I + TB$$

위 식에서 소비(C)를 좌항으로 옮기면 아래와 같이 다시 쓸 수 있다.

$$GDP - C = I + TB$$

그런데 국내 총생산(GDP)에서 소비(C)를 뺀 것이 저축(S)이니 아래와 같이 다시 쓸 수 있다.

$S = I + TB$

위 식에서 투자(I)를 좌항으로 옮기면 아래와 같이 바뀐다.

$S - I = TB$

이 식이 나타내는 바는 명확하다. 저축(S)이 늘어나는 시기에 무역 수지(TB)가 늘어난다는 것이다. 이것으로 IMF의 고금리 정책이 대규모 무역 흑자를 일으킨 이유를 이해할 수 있으리라 생각된다. 이런 관계 때문에 어떤 나라가 다른 나라에 진 빚을 갚지 못해 파산 상태에 빠질 때 공통적으로 '고금리+재정 긴축' 처방을 내리게 된다.

부록 Ⅲ

목돈을 꿈꾼 한국인들,
개인 자산 관리의 역사

일본에서 건너온 단어인 재테크는 우리말로 '목돈 불리기' 혹은 '개인 자산 관리' 정도로 해석될 것 같다. 재테크라는 말이 유행한 것은 2000년대부터의 일이지만, 실은 우리 조상들도 꽤 오래전부터 재테크를 했다. 조선 시대는 양반이 소작농을 부리면서 과거 공부에 집중하던 시기라고 생각하기 쉽지만, 임진왜란과 병자호란 이후에는 상황이 달랐다.

임진왜란 이전에는 모내기가 일반화되지 않았으며 노비를 활용한 대농장 경영이 일반적이었다. 15세기 전반에 편찬된 책 《농사직설》에는 수경법과 건경법 그리고 묘종법 등 세 가지 벼농사 기법을 소개한다.[194] 이 가운데 앞의 두 가지가 직파법으로 땅을 일군 후 물을 가둔 논이나 밭에 볍씨를 뿌리는 식의 농법을 뜻한다. 반면 묘종법이 현재의 모내기인데, 매우 위험한 농법이라며 '특수한 상황'에서만 활용하라고 적혀 있다. 왜냐하면 모내기가 한창일 때 가뭄이 드는 순간 수확량이 거의 제로로 떨어질 가능성이 높았기 때문이다. 수경법이나 건경법은 가뭄에 강한 대신 어마어마한 노동력이 필요하다. 봄부터 가을까지 잡초와의 전쟁을 벌인다고 생각하면 된다. 따라서 마름 혹은 수노비의 감독하에 횡대로 늘어서서 잡초를 제거하는 일, 즉 김매기를 주기적으로 반복해야 했다. 임진왜란 이전에 한반도 전체 인구의 약 40% 이상이 노비였을 것으로 추정되는 이유가 '일천즉천' 같은 가혹한 제도에만 있는 게 아니라는 뜻이다.[195] 막대한 단순노동이 필요한 환경에서 노비 수요가 그만큼 높았을 것으로 볼 수 있다.[196]

그러나 조선 후기에는 전혀 다른 상황이 펼쳐졌다. 임진왜란 이후 세금 수입이 급격히 줄어든 정책 당국이 적극적으로 개간을 장려한 것이 터닝 포인트로 작용했다.[197] 지방의 양반을 중심으로 계곡과 늪지대에 저수지를 만드는 한편, 산등성이를 계단처럼 깎아 평지 구간을 만든 이른바 '다랑논'을 만들어 모내기하는 게 일반적인 상황이 되었다.[198] 실제로 한국의 촌락이 언제 만들어졌는지 조사해 보면 17세기 이후에 계곡을 따라 촌락이 만들어진 것을 발견할 수 있다.[199] 좁은 골짜기 여기저기에 흩어진 논을 경작할 때 노비를 부리는 것은 배보다 배꼽이 더 큰 격이라 하겠다. 왜냐하면 깊은 골짜기에서 일하던 노비가 도망치기도 쉬울 뿐만 아니라, 노비의 노동력을 효과적으로 투입하는 게 쉽지 않았기 때문이다. 따라서 조선 후기에는 많은 노비를 부려 경작하는 대농장이 쇠퇴하는 반면, 작게 분할된 논을 한 가족이 경작하는 '소농 사회'가 펼쳐지게 된다.

모내기 덕분에 김매기 부담이 줄어들면서 절대적인 노동 시간이 감소한 것도 사회의 변화를 가져온 요인이었다. 모내기 및 수확철처럼 노동력이 집중적으로 투입되는 시기 이외에는 담배나 인삼 그리고 면화 같은 상품 작물을 키우고 가공하는 게 더 이득이 되었다. 즉 조선 후기부터 초보적인 수준의 시장 경제가 등장했다고 볼 수 있다. 상평통보와 같은 금속 화폐가 조선 후기에 본격적으로 유통된 이유가 여기에 있다. 물론 노비가 해방되고 상품 작물을 재배하기 시작한 것만으로 '자산 축적'이 본격화된 것은 아니다. 이에 못지않게 중요한 생각의 변화가 필요했으니, 바로 재산권 혹은 소유권이다.

조선 전기만 해도 '왕토사상'이 지배적이었다. 즉 모든 토지는 국가의 것이며 현재 소유한 토지는 국왕으로부터 빌린 것이라는 생각이다.[200] 그러나 계곡에서 흘러내린 물을 저수지에 가두고 산의 중턱을 개간해 논을 만들기 위해서는 이 땅이 '자신의 것'이라는 보장이 필요하다. 많은 시간을 들여 개간한 땅이 다른 이의 것이라면 무엇으로도 만회할 수 없는 손실을 입을 것이기 때문이다. 따라서 조선 후기에는 대부분 '자기 땅'에 대한 인식이 확립되었고 토지가 자유롭게 매매되었다. 물론 한계는 뚜렷했다. 조선 말기에 외국인 선교사의 상당수가 지방관과 아전이 힘없는 농민들에게 자의적으로 과도한 세금을 부과한다고 지적한 것이 대표적인 사례일 것이다. 따라서 조선 후기 자영농들의 최대 목표는 공명첩을 사들이거나 족보를 조작하는 등 다양한 방법을 동원해 양반이 되는 것이었다. 한국의 족보를 연구한 이들이 한결같이 17세기 후반 이후 족보 편찬이 본격적으로 이뤄졌다고 지적하는 것만 봐도 알 수 있다.[201] 따라서 재산권이 확립되어 있지 않은 사회에서는 신분을 상승하는 것이 최고의 재테크 수단이라 볼 수 있다.

일제의 식민 통치가 시작되면서 재테크 환경이 미세하게 나아졌다. 조선총독부가 1910~1918년까지 2,040만 엔이라는 거금을 투입해 토지 조사 사업을 시행하며 가장 중요한 자산인 토지의 소유주가 누군지를 확정한 것이 결정적인 계기로 작용했다.[202] 참고로 조선총독부의 1년 세출이 5,000만 엔 정도였는데, 당시 극장 일등석 입장료가 1엔이었음을 활용해 계산하면 2,040만 엔의 현재 가치는 대략 4,080억 원 내외로 볼 수 있다. 토지 조사 사업에서 누락되어 분쟁이 벌어진 토지는 전체 토지의 0.05%에 불과한 것으로 드러나 조선 후기에 이미 기본적인 토지 소유가 확립되어 있었음을 발견할 수 있다.[203] 그러나 실질적인 면에서도 재산권 보호가 이뤄졌는지는 의문이다.

이 문제를 축구 심판 문제를 통해 살펴보겠다. 예전에는 축구 심판이 뇌물을 받거나 감독이나 선수와 친분이 있다는 이유로 편파적인 판정을 내리더라도 이를 바로잡을 방법이 없었다. 사실 이 문제는 비단 축구에만 국한되지 않는다. 최근 미국 메이저리그 정규시즌 스트라이크 판정 통계를 활용한 논문에 따르면, 볼카운트와 선수의 인종 등에 따라 심각한 판정 오류가 발생한다는 사실이 밝혀졌다.[204] 결국 야구와 축구에 비디오 판독이 도입되면서 더욱 흥미진진한 승부가 속출하기 시작했다. 2022년 월드컵에서 한국이 크리스티아누 호날두가 이끄는 포르투갈을 격파하는 등 충격적인 업셋에 성공한 이유도 심판 판정이 이전보다 공정해진 덕분이라는 생각이 든다.[205] 일제 강점기 때 조선 사람은 편파 판정이 속출하는 축구 경기의 피해자 입장이었다.

물론 조선 사람이 편파 판정으로 얼마나 악영향을 받았는지 측정하기는 쉽지 않다. 이 문제를 해결하기 위해 학자들이 주목하는 통계가 바로 비례 사망 지수PMI, Proportional mortality indicator이다. 비례 사망 지수란 전체 사망자에서 50세 이상 노인이 차지하는 비율을 측정한 것이다.[206] 50세 이상 노인의 비율이 높다는 것은 그만큼 '천수'를 누린 사람들이 많다는 것을 뜻하며, 반대로 50세에도 미치지 못하는 젊은이의 사망이 잦다는 것은 사회가 그만큼 불안정하다는 뜻으로 볼 수 있다. 1910~1937년 조선인 사망자 중 50세 이상이 차지하는 비중은 26~29%에 그친 반면, 한반도에 살던 일본인의 50세 이상 사망자 비율은 33~38% 수준을 기록했다. 즉 사람들의 사망 원인에서도 지속적인 차별이 존재했던 셈이다.

조선 사람이 느낀 차별은 보건 환경에만 국한되지 않는다. 1950년대 한국 주요 대기업의 기원을 살펴보면, 전체 89개 기업 중에서 단 8개만이 조선 사람이 설립한 것으로 나타난다.[207] 또한 각 기업의 기술자에서 조선 사람들이 차지하는 비중도 대부분 5~10% 내외에 불과했었다. 이렇듯 조선인 기업가와 기술자의 활동이 위축된 것은 사업에 성공하더라도 수익을 일본인들에게 빼앗길 수 있다는 공포가 있었던 데다, 일본 정부의 정책 방향 등 핵심적인 정보에 대한 접근이 어려워 사업을 시작할 때 많은 비용을 지불해야 했기 때문이다.

따라서 일제 강점기의 재테크는 양극단을 오고 갔다. 첫 번째 방법은 열심히 저축한 돈을 은이나 금으로 바꿔 방구들 밑에 묻어두는 것이며, 다른 하나는 곗돈을 붓는 것이다. "왜 은행 예금이 우선순위가 아니냐?"라고 묻는 경우가 많을 텐데, 일제 강점기에는 믿을 만한 화폐가 존재하지 않았다. 1909년 조선총독부는 조선은행을 설립하여 중앙은행 업무를 담당하게 했지만, 조선은행이 발행한 화폐인 조선은행권은 일본은행이 발행한 일본은행권과 구분되었다. 이런 식으로 화폐를 구분한 이유에 대해 조선은행의 설립을 주도한 아라이 겐타로는 "조선의 경제 상태가 안정되지도 않았고 만주와 국경을 마주하고 있어 유사시에 경제 상태의 동요를 면치 못합니다. 여기에 일본은행권을 유통시키면 (일본 경제 전체에) 동요를 주지 않을까 걱정됩니다."라고 밝힌 바 있다.[208] 조선총독부의 상황 인식이 이러한데, 조선 사람들이 종이 화폐에 대해 신뢰를 갖기는 쉽지 않았다.

더 나아가 1931년 만주 침략부터 시작된 15년에 걸친 전쟁으로 인플레이션이 발생한 것도 지폐 및 은행 예금에 대한 신뢰를 약화시킨 요인으로 작용했다. 특히 1936년의 이른바 '2.26 사건'으로 일본의 대장 대신(한국의 기획재정부 장관) 다카하시 고레키요가 육군 청년 장교의 총에 쓰러진 것은 종이 화폐에 대한 신뢰를 결정적으로 떨어뜨렸다. 고레키요가 극단적인 청년 장교 집단에 미움을 산 이유는 바로 '긴축 정책'을 줄기차게 주장했기 때문이다.[209] 1929년에 미국에서 대공황이 발생한 이후 일본 경제도 큰 충격을 받은 것은 마찬가지였지만, 다카하시 장관이 재정 지출을 늘리는 한편 금리를 신속하게 인하한 덕분에 경기가 가파르게 회복될 수 있었다. 그러나 다카하시 장관은 1931년 경기가 회복되자 군사비 지출을 줄이는 한편 금리를 인상해야 한다고 주장함으로써 군부 강경파의 증오를 산 것이다. 결국 '2.26 사건'으로 다카하시 장관이 사망한 후 일본의 지폐 가치는 나락으로 떨어진다. 만주 침략에 이어 중일 전쟁까지 시작되면서 군비가 끝없이 늘어났고, 부족한 재원을 화폐 발행으로 해결했기 때문이다. 따라서 식민지 조선 사람들은 금은 등 귀금속을 모으거나, 아니면 곗돈을 붓는 데 주력했다.

여기서 '계'는 오래전부터 알고 지내 신뢰가 끈끈한 사람들끼리 서로 돈을 모아 융통한 것을 뜻한다. 구성원들이 일정 금액을 주기적으로 납부하는 데, 한 번 납부할 때마다 모인 곗돈을 정해진 순번에 따라 지급받는 방식이다. 순번이 빠른 사람은 빨리 목돈을 받게 되지만, 이후 계속 이자를 더해 납부해야 한다. 반대로 순번이 늦은 사람은 앞서 곗돈을 받은 사람들이 이자를 보탠 금액을 수령하게 되니 자신이 냈던 돈보다 훨씬 더 많은 금액을 수령한다. 그러나 계는 매우 위험했다. 왜냐하면 먼저 곗돈을 수령한 사람들이 이후에도 돈을 납부한다는 보장이 없기 때문이다. 그러다 보니 매우 높은 이자율을 부담했다. 일제 강점기의 정확한 사채 이자를 알 방법은 없다. 대신 박정희 정부가 단행했던 사채 동결 조치로 민간에서 서로 돈을 빌려주는 사람들이 부담한 이자율이 드러났는데, 연간 40% 전후인 것으로 나타났다.[210] 이렇게 계의 이자율이 높은 이유는 '불확실성' 때문이다. 즉 경제학의 용어로 위험 프리미엄이라고 부른다. 언제 돈을 떼일지 모르니, 높은 금리를 부과함으로써 조금이라도 수익을 확보하려는 것이다.

상황이 이렇다 보니 목돈을 마련하는 일은 예나 지금이나 어렵다. 은행에 예금하는 것은 물가 상승의 위험을 피할 길이 없고, 곗돈은 언제 떼일지 모른다는 불안감에 노출되었기 때문이다. 이 영향으로 한국 경제는 1990년대 중반까지 만성적인 자금 부족을 겪었다. 이때 박정희 정부가 낸 아이디어는 바로 주식 시장을 부양하는 것이었다. 국민이 은행에 예금하기를 기피한다면 다른 투자의 대안을 만들어 주자는 의도이다. 1973년 박정희 정부는 110개에 이르는 공개 대상 기업을 선정하고, '기업 공개 촉진법'을 제정하기에 이르렀다.[211]

쉽게 말해 삼성전자나 롯데칠성 같은 우량 기업을 주식 시장에 상장시킴으로써 국민들이 우량 기업에 투자할 기회를 마련해 주고 기업들은 낮은 비용으로 자금을 조달할 수 있게 하자는 것이다. 그러나 한 번도 주식에 투자한 적 없는 이들이 대거 유입되면 많은 시행착오가 발생한다. 주식의 가치를 결정짓는 요인이 무엇인지도 모르고, 대주주들이 지금 어떤 목적을 가지고 주식을 발행하는지 모르는 이들이 수익을 누리기는 쉽지 않은 일이기 때문이다. 특히 1973년 삼환기업의 중동 진출을 계기로 빚어진 강력한 건설주의 상승은 주식 시장을 투기판으로 만들었다. 1975년 1월 초 건설 업종 지수는 7.65포인트였지만, 1978년 6월 24일에는 409.91포인트까지 뛰어올랐다.[212] 그러나 아무리 중동 건설 수주가 증가한다고 해도 주가가 3년 만에 50배 뛰어오르는 것은 너무 과도하다. 1976년을 고비로 시장 금리가 급등하고, 부실기업이 주식 시장의 붐을 타고 대거 상장한 직후 파산하는 일까지 벌어지며, 1980년 초 건설주 지수는 100포인트까지 폭락하고 말았다.[213]

사태가 이렇게 되자 가계의 주된 목돈 마련 대상은 다시 계로 회귀할 수밖에 없었다. 특히 1960년대 후반 경부고속도로 착공을 계기로 서울 등 대도시로의 인구 집중이 심화되며 1967년과 1968년에 전국의 실질 토지 가격이 25.3%와 40.8% 상승한 것이 계의 전성시대를 불렀다. 2021년 '벼락거지'라는 말이 유행했는데, 60년대 후반 무주택 서민의 마음이 이와 비슷했으리라 생각된다. 그러나 주택 가격의 급등에도 불구하고 은행에서 돈을 빌리는 것은 불가능했다. 왜냐하면 은행 등 제도권 금융 기관에 유입된 돈이 너무 적어서 극히 일부의 수출 대기업만 대출을 받을 수 있었기 때문이다. 수출이 잘되면 온 국민이 다 잘살게 될 터이니 기업의 투자를 촉진해야 한다는 주장이 수용된 셈이다.

그러나 최근에는 계를 찾아보기가 쉽지 않다. 국어사전에서나 '곗돈 탄 날' 같은 단어를 발견할 수 있을 뿐이다. 참고로 '곗돈 탄 날'은 행운이 크게 따르는 날이라는 뜻으로, 얼마나 계가 위험한 재테크 수단이었는지 보여주는 흔적이라 할 수 있다. 계를 대신한 것은 은행 예금이다. 1997년 외환 위기 이후 기업의 투자가 위축되는 가운데 시중 금리가 25%까지 치솟자 금융 기관의 자금이 남아돌기 시작했던 것이다. 은행들은 남아도는 돈을 가계에 대출하기 시작했고, 이때부터 한국 부동산 시장은 은행 대출과 밀접한 연관을 맺게 된다. 정부가 이자율을 내려 대출이 늘어나면 주택 가격이 상승하고, 반대로 이자율을 인상하면 대출이 위축되며 집값도 빠지는 것이다. 2022년부터 시작된 주택 가격 폭락 사태 뒤에 이자율의 상승이 있었음은 굳이 경제학을 전공하지 않더라도 이해할 수 있으리라 본다.

한국인의 목돈 마련 역사 뒤에는 몇 가지 분기점이 존재하는 것을 확인할 수 있다. 부동산이나 예금 등 중요한 자산에 대한 소유권이 명실상부하게 제공되며 금융 기관에 대한 신뢰가 조금씩 높아졌지만, 1978년 건설주 버블 붕괴 및 2021년의 주가 폭락을 거치면서 아직까지는 주식이 목돈 형성의 주력이 되지 못한 것 같다. 물론 소액 주주의 권리를 보장하고 주식 시장의 급등락 현상이 진정된다면 주식이 은행 예금의 자리를 대체할 수 있으리라 생각하지만, 아직은 '기대'에 그치는 게 현실인 것 같다.

2부

HISTORY OF KOREAN MONEY

주식 시장의 흐름을 바꾼 11대 사건

1962년
증권 파동

시작하자마자 닫혀 버린 부자의 꿈

중국 경제가 1978년부터 연 9% 이상의 높은 수치를 기록하며 성장하는 중이지만, 중국 주식에 투자해서 큰돈을 벌었다는 사람을 만나기는 쉽지 않다. 당장 독자 여러분도 중국 주식 투자 제안을 받으면 "거기를 왜 투자하나." 혹은 "투자 위험이 높지 않나?"라는 답변을 할 것이다. 여러 가지 이유가 있겠지만, 적어도 2022년 중국 증시가 경험한 역사적인 폭락이 그러한 인식에 기름을 부었을 것이다. 지난 2022년 10월 초 홍콩에 상장된 중국 주식(H주) 가격이 순자산 가치의 절반 수준에서 거래되었는데, 이는 기업이 보유한 자산에서 부채를 빼고 남은 돈의 절반 가격에서 거래되었다는 뜻이다.[1] 기업의 파산 위험이 높아질 때나 이 정도 주가를 보이는데, 중국에 대체 무슨 일이 벌어졌을까?

경제 성과가 나쁘지 않은 데도 중국 주식 가격이 순자산 가치의 절반 수준으로 폭락한 이유는 결국 '성과의 과실을 어떻게 배

분할 것인가'를 둘러싼 갈등 때문이었다. 중국 정부가 2021년부터 강력하게 추진한 이른바 '공동부유' 정책으로, 몇몇 정보 통신 기업들이 상장을 포기하고 사업에 어려움을 겪으며 글로벌 투자자들의 중국 증시 이탈이 본격화되었던 것이다.[2] 즉 '정치' 영역에서 발생한 문제가 주식 시장의 발목을 잡은 셈이다.

그런데 이런 투자의 위험은 한국도 마찬가지였다. 1961년 쿠데타 이후 정권을 잡은 박정희 정부도 '경제 성장' 달성을 겉으로 내세웠지만, 재산권 보호에 대해서는 별다른 관심이 없었기

그림 2.1 2002~2022년 홍콩 H주의 PBR 추이

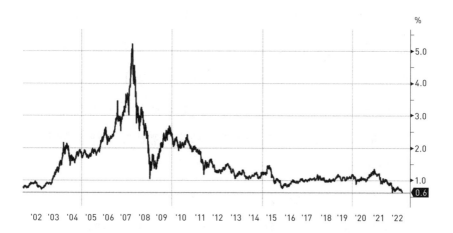

출처: Bloomberg
PBR: 주가 순자산 배율, 304p 참고

때문이다. 특히 1963년으로 예정된 민정 이양, 즉 대통령 선거를 통해 군사 정부가 국민의 심판을 받겠다고 약속했기에 가장 중요한 것은 선거에서의 승리였다. 하지만 군인들에게 선거를 치를 정도로 충분한 돈이 있을 리가 없다. 이때 누군가가 "선거 자금을 아무 탈 없이 만들어 드리겠다."라며 접근한다면? 아마 거절하기 어려웠을 것이다. 그 사람이 바로 일흥증권의 윤응상 사장이었다.[3]

윤응상 사장은 황해도 해주 출신으로 1939년에 일본 주오대학교 법학과를 졸업하고, 해방 후 동양통신사 전무와 한국비료 사장 등을 역임했는데, 그가 증권계에 발을 디딘 것은 1958년에 경희증권의 고문을 맡으면서부터였다. 그는 1961년 쿠데타 발생 이후 금융 시장의 전면에 나섰다.[4] 군사 정권과 손잡고 한국전력 주식을 매점매석해 큰 성공을 거둔 그는 1962년부터 대한증권거래소 주식을 작전의 목표로 삼았다. 윤응상이 타겟으로 삼은 대한증권거래소 주식의 시세는 한 달 만에 20전에서 90전으로 크게 올라 증권 시장은 그야말로 광란과 흥분의 도가니 속에서 들끓었다.

문제는 당시 거래소가 이 정도의 폭발적인 거래량을 뒷받침할 만한 자본력과 시스템을 갖추지 못한 상태였다는 데에 있다. 거래 시스템의 확충을 위해 서둘러 증자를 결정했지만, 새로운 주식이 일반에 공모될 것이라는 기대가 높아지며, 1962년 4월 말에는 주가가 60환까지 상승했다. 연초 대한증권거래소 주식이 90전이었음을 감안하면 4개월 만에 60배 이상 급등한 셈이다. 특히 1962년 한 해 동안의 총거래량은 992억 원에 달했는데, 이는 1961년의 14억 원에 비해 71배나 늘어난 것이었다. (1962년 6월의 화폐 개혁으로 10환이 1원으로 바뀐 것을 감안한 액수)

그러나 산이 높으면 골도 깊은 법. 1962년 5월 초부터 대한증권거래소 주식이 폭락세로 돌아섰다.[5] 윤응상의 일흥증권은 통일증권, 동명증권과 함께 대한증권거래소 지분의 과반을 확보한 매점 세력이었다. 하지만 '현금이 바닥났다'라는 첩보를 입수한 경쟁사들이 연일 맹공(=공매도)을 퍼붓자 견디지 못하고 무너진 것이다. 공매도 세력의 매물을 받고 또 받던 세 증권사는 결국 5월 31일에 결제 대금 580억 환 가운데 무려 352억 환을 마련하지 못해 매도 세력에 무릎을 꿇고 말았고, 대한증권거래소 주식은 7월 13일에 고점 대비 1/30 수준으로 폭락하고 말았다.[6]

최근 언론에 자주 등장하는 증권 용어인 공매도를 간단한 예를 통해 이해해 보자. 1만 원에 거래되는 주식 A가 내재 가치에 비해 비싸다고 판단한 투자자가 어떤 기업이나 금융 기관으로부터 주식을 1만 주 빌릴 수 있다면, 그는 이를 주식 시장에서 매도함으로써 주식 가격의 하락을 유도하려 들 것이다. 만일 A 주식

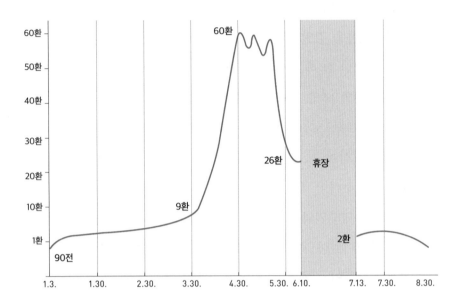

그림 2.2 증권 파동 전후의 대한증권거래소 주식 가격 동향(1962년)

▶ 대증주 액면가는 50전(화폐 개혁 이후 5전)임.

▶ 1962년 6월 1일은 수도 결제 불이행으로 거래 중단됨.

▶ 1962년 6월 10일부터 7월 13일까지 화폐 개혁으로 장기 휴장됨.

▶ 주가는 보통 거래 가격 기준이며 6월 10일 이후는 화폐 개혁 이전 주가 단위를 사용함.

가격이 내리면 그는 큰 이익을 보게 된다. A 주식 가격이 5,000
원까지 내려간다면, 시장에서 다시 1만 주를 매입(5,000만 원)해
빌렸던 주식을 상환함으로써 5,000만 원을 벌어들일 수 있기 때
문이다. 반대로 A 주식이 그의 매도 공세에도 불구하고 2만 원으
로 상승한다면, 그는 1억 원에 달하는 손실을 입게 된다. 왜냐하

면 시장에서 주당 2만 원으로 1만 주를 매입해 주식을 빌려준 기업(및 금융 기관)에 이를 상환해야 하기 때문이다.[7]

1962년 5월의 증권 파동 이후 주식 시장은 깊은 침체의 늪에 빠져들고 말았다. 왜냐하면 주식 가격이 왜 급등하는지도 모르고 유상 증자(신주를 발행하여 돈이나 현물을 받아 자본금을 늘리는 일)에 참여했던 수많은 이들이 심각한 손실을 본 데다, 1963년에 진행된 특별 조사단의 수사 결과가 너무나 실망스러웠기 때문이었다. 김재춘 중앙정보부장이 이끄는 특별 조사단의 발표에 따르면, 1962년에 이뤄진 중앙정보부 강성원 조사실 행정관(소령)과 윤응상 일흥증권 사장 간의 만남에서 정부 주도의 작전이 시작되었다. 당시 '투자의 귀재'로 불리던 윤 사장은 "농협중앙회 소유 한국전력 주식을 빌려주면, 이를 크게 불려주겠다."라는 취지의 말로 증시 문외한이었던 중앙정보부를 꼬드겼다. 이후 한국전력 주가를 끌어올린 뒤 팔아서 폭리를 취했고, 이 돈으로 다시 대한증권거래소 주식을 매점매석해 폭리를 취하려다 실패했다는 것이 특별 조사단이 파악한 증권 파동의 실체였다.[8]

특별 조사단의 발표 이후 윤응상, 강성원 등 14명이 구속되고 검찰로부터 징역 7년 등의 구형을 받았으나, 그 후 군법 회의에서 '의혹의 원인이 없다'며 전원 무죄를 선고받았다.[9] 즉 증권 파동으로 손실을 본 국민들은 넘쳐나지만, 사태를 만든 이들은 아무 죄가 없다는 결론이 내려진 셈이다. 윤응상을 비롯한 증권 파동의 주범들은 이후 일상으로 복귀했으며, 윤응상은 1997년에 83세로 세상을 떠났다.

증권 파동을 겪은 후 국민들은 "주식 시장은 못 믿을 곳"이라는 생각을 갖게 되었고, 이후 10년 동안 한국 주식 시장은 개점 휴업 상태가 되었다. 특히 주식 시장에 상장해 자금을 조달하려는 기업들도 자취를 감춰 1971년 상장 기업의 숫자는 단 50개에 불과할 정도였다.[10]

요약 및 교훈

주식 시장이 꾸준히 성장하기 위해서는 재산권에 대한 보장이 필요하다. 정부 혹은 권력의 핵심부가 마음대로 주식을 국유화하거나 작전 세력과 결탁해 대중의 자산을 갈취하는 상황에서는 주식에 투자할 마음을 가지는 사람들이 줄어들 것이기 때문이다. 1962년에 발생했던 증권 파동은 한국 증시의 싹을 자른 사건이었으며, 이후 오랫동안 주식 시장이 국민들의 외면을 받게 된 것은 어쩌면 당연한 일이었다고 볼 수 있다.

1974년
강제 상장 조치

재벌 총수?!

해외에서 한국의 경제 용어를 한국말 그대로 받아쓰는 단어가 몇 있는데, 그중에 Chaebol(재벌)이 가장 유명하다. 인터넷 백과사전 위키에서 이 단어를 입력하면 약 30페이지에 달하는 장문의 설명이 뒤를 잇는다. 외국인과 이야기를 나눠보면 항상 나오는 질문이 재벌이 무엇이고 또 어떻게 시작되었느냐는 것이다.

한국의 재벌이 만들어진 것은 언제부터이며, 어떻게 만들어진 걸까? 한국 재벌이 소수의 지분(통상 전체 주식의 3% 내외)을 가지고 경영권을 휘두르게 된 기원을 따지면 첫 번째는 적산 매각으로 우량한 기업을 싼값으로 손에 넣은 것을 들 수 있을 것이며, 다음으로는 1973년부터 시작된 강제 상장에서 찾을 수 있다.[11]

1972년 박정희 정부는 8.3 조치를 통해 사채를 전면 동결하는 초유의 결정을 내렸다. 기업에 빌려준 사채를 3년간 동결하는 한편, 40~50%이던 실세 금리보다 크게 낮은 16.2%의 이자를 지급한다는 것이 주된 내용이었다.[12] 그런데 더 문제가 된 것은 신고된 사채의 1/3에 해당하는 1,137억 원이 기업주가 자기 기업에 빌려준 사채라는 점이었다. 기업 경영에는 관심이 없고 회삿돈을 빼돌려 사채놀이를 하는 기업인들이 있다는 소문이 사실로 판명된 것이다.[13]

국민들은 분노했고, 이들 악덕 기업인을 단죄하라는 여론이 들끓었다. 특히 박정희 대통령은 국가적 견지에서 정부가 정책적으로 지원해 준 기업의 경영자까지 위장 사채업자에 포함된 것을 보고 50년대 한국 재계 순위 2위까지 올랐던 대기업 삼호방직의 정재호 대표를 비롯한 14명의 기업인을 횡령과 배임 등의 혐의로 고발하기에 이르렀다. 더 나아가 정부가 사채 동결이라는 비상조치로 기업의 경영난을 해소해주었으니 기업이 더 이상 사주 개인의 것이 아니라며, 기업을 주식 시장에 상장하라고 지시했다.

당시 증권거래소는 투자자 보호를 명분으로 상장 공모가를 결정할 때 액면가(통상 500원으로, 2022년 물가로 환산하면 9,135원)를 넘지 않도록 규제하고 있었다.[14] 더 나아가 '대주주 지분율 51% 이하' 등의 요건을 맞추기 위해 헐값에 대주주의 지분을 팔아야 했다. 그뿐만 아니라 상장사는 액면가의 10% 이상을 배당하도록 의무화해 놓았기에, 배당에 대한 부담도 컸다. 이런 상황에서 기업들이 정부의 요구에 순순히 응할 리가 없다. 제일제당(1973년 상장)과 롯데칠성음료(1973년 상장) 등 소수의 기업만 정부의 상장 요구에 응했을 뿐이었다.

기업들의 비협조적 태도에 분노한 박정희 정부는 1973년 3월에 '제1차 기업 공개 심의회'를 개최하여 110개에 달하는 공개 대상 기업을 선정하고 재무제표 등 기업 공개에 적합한지 여부를 판단할 수 있는 자료를 요구하기에 이르렀다. 이미 1973년 1월에는 '기업 공개 촉진법'이 제정되었는데, 기업 공개 대상 기업을 정부가 직접 선정해 공개를 요구하고, 이에 불응할 경우 강력한 규제를 가하는 것을 주된 내용으로 하고 있었다.

이 시기(1973년) 한국 증시는 1차 석유 위기에도 불구하고 강력한 상승세를 지속하고 있었다. 1972년의 사채 동결 덕분에 기업들이 연간 1,000억 원 이상에 이르는 이자 지출을 줄일 수 있었기에 종합 주가 지수KOSPI, Korea composite stock price index는 1971년 22.41포인트에서, 1973년에는 71.63포인트까지 3배 이상 상승한 상태였다.[15] 특히 주가 수익 배율PER, Price earning ratio이 16배까지 상승하는 등 주식 가격도 유례없는 고평가 국면에 진입했기에 기업이 상장함으로써 자금을 조달하기에는 문제가 없는 상

대한민국 돈의 역사

그림 2.3 **1962~1980년 KOSPI 평균 주가와 PER**

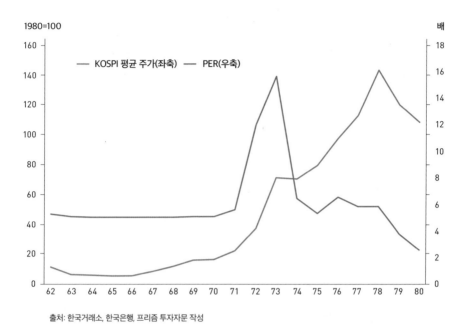

출처: 한국거래소, 한국은행, 프리즘 투자자문 작성

태었다.

PER은 주식 가격과 기업 이익의 관계를 나타낸 지표다. 10억 원의 주식 가치를 지닌 기업이 연간 1억 원의 이익을 낸다면, 이 기업의 PER은 10배가 된다. PER을 결정짓는 요인은 크게 보아 두 가지다. 하나는 금리로, 금리가 높을 때는 투자자들이 주식을 매수하지 않을 것이며 기업의 실적도 낮아질 가능성이 높다. 두 번째는 기업의 미래 전망이 밝아질 때 PER도 높아진다. 지금은 실적이 좋지 않지만, 내년이나 내후년으로 갈수록 실적이 좋아진다면 지금 PER이 좀 높더라도 살려는 사람들이 넘쳐날 것이기 때문이다.[16]

1971년에 5배 수준이던 한국 증시의 PER이 1973년에 16배가 되었다는 것은 결국 이자율 하락과 미래 전망의 개선 덕분이라고 볼 수 있다. 그리고 이처럼 미래 전망이 밝아지고 주식 가격이 과거보다 높은 평가를 받을 때 기업들은 상장을 결정한다. 그럼에도 불구하고 1973년까지 상장 기업의 숫자가 크게 늘지 않은 것은 결국 "싼값에 상장시키기 싫다."라는 생각을 경영자들이 품었기 때문이라고 볼 수 있다.

여전히 기업들의 상장이 지지부진하자 박정희 대통령은 1974년에 공개 대상 기업을 지정하여 기업 공개를 강력히 촉구하는 이른바 '5.29 특별 조치'를 내리기에 이르렀다. 당시 하영기 한국은행 부총재는 "지금까지 기업이 망해도 기업인은 망하지 않는다는 것이 통념처럼 되어 왔다. 그런 무책임한 사고방식은 이제 버릴 때다. 기업이 망하면 기업주도 망하는 게 당연하다. 기업도 자립·자조·협동하는 새마을 정신을 가지라는 것이 이번 기업 공개 촉구의 진의일 것이다."라고 말했다.[17]

주식회사는 간단히 말해 자신이 지분을 보유한 만큼 책임을

지는 제도다. 큰 사업을 하기 위해서는 많은 돈이 필요하지만, 회사가 설립되는 초기에는 은행 등 금융 기관이 돈을 빌려주지 않으려 들 것이다. 따라서 여윳돈과 기술 그리고 관리의 노하우를 가진 사람들이 나눠서 자본금을 만들고 사업을 시작하게 된 것이 바로 '주식회사'다. 주식회사가 만들어진 이유는 두 가지 장점이 있기 때문이다. 첫 번째 장점은 오랫동안 사업을 영위할 수 있다는 것이며, 두 번째 장점은 여러 사람이 돈을 모아 투자하기에 기업이 파산하더라도 그 손실이 보유한 지분에 그친다는 점이다.[18]

즉 기업의 주주는 회사가 잘못되더라도 자기 지분만 포기하면 끝이다. 그런데 하영기 부총재는 기업의 경영진과 기업을 하나로 취급하고 기업이 잘못되면 기업주도 망하는 게 당연하다고 역설했다. 사채 동결로 이득을 보았으니 보유한 주식을 시장에 싸게 내놓음으로써 국민들의 불만을 해소하라는 이야기다.

결국 거듭되는 정부의 압력에 굴복해 한국의 주요 대기업들이 1974년부터 대거 상장하게 된다. 1971년에는 상장 기업이 단 50개에 불과했으나, 1974년에는 128개로 불어나고, 1978년에는 무려 356개 기업이 주식 시장에 상장하면서, 한국 주식 시장은 외형적인 면에서는 비약적인 발전을 이루게 된다.[19]

그러나 이로 인해 한국에서는 '재벌 총수' 혹은 '사주'라는 말이 일상화된다. 왜냐하면 하영기 부총재가 지적했듯, 기업의 주인으로서 기업의 흥망성쇠에 책임을 지는 이가 존재하기 때문이다. 총수나 총수 일가는 기업의 경영에 책임을 질 뿐만 아니라, 헐값에 주식을 상장시키는 등의 큰 희생을 겪었기에 당연히 기업의 경영권을 쥐고 중요한 의사 결정을 누리는 존재로 격상된 셈이다. 특히 1976년 12월에 '증권 거래법'이 개정되면서 기업이 안정적으로 경영권을 확보할 수 있게 되어, 경영권을 둘러싼 적대적인 기업 인수 합병M&A, Merger and Acquisitiond을 기대하기는 어렵게 되었다.[20]

이후 한국 주식 시장은 중요한 특성을 한 가지 갖게 된다. 총수와 그 일가는 아주 소수의 지분을 가지고 있음에도 불구하고 무소불위의 경영권을 행사한다. 월급쟁이 최고 경영자를 임명하고 해고하는 것은 물론이고, 이사회에 자신과 뜻을 같이하는 이들을 자유자재로 채워 넣을 수 있다. 반면 소액 주주는 경영 참여가 원천적으로 봉쇄된다. 아무리 IRInvestor relation(증권 투자자들에게 경영 활동과 그에 따른 관련 정보를 제공하는 활동) 담당자에게 전화해도 의견이 상층부로 전달되는 일은 드물고, 주주 총회에서 발언하는 것도 대단히 힘들다. 소송을 통하지 않는 한 기업의 최상층부에 의견을 전달하고 또 압박하는 일은 불가능에 가깝다.

사태가 이렇다 보니 한국 주식 시장은 적어도 '주주 보상'에 관한 한 세계에서 가장 심각한 하위권에 위치하게 된다.[21] 주주 보상이란 순이익에서 배당금 및 자사주 매입·소각이 차지하는 비중을 뜻한다. OECD에 가입한 선진국은 대부분 그 비율이 60% 선에 있지만, 한국은 수십 년째 20% 선을 벗어나지 못하는 중이다.

기업이 성장하고 발전하면 자본금을 투자해 준 이들에게 보답하는 게 당연하다. 그러나 한국의 기업 총수들은 "귀한 주식을 너무 싸게 시장에 내놓았다."라고 판단하기에, 자신의 지분을 매입한 이들에게 좋지 않은 감정을 가지며, 더 나아가 그들을 귀찮은 손님 정도로 취급하는 게 현실인 것 같다. 물론 70년대부터 80년대 초반까지 상장한 기업 총수들은 이런 생각을 가지는 게 어쩌면 당연한 일일지도 모른다. 그러나 80년대 중반 이후 상장 가격에 대한 규제가 풀린 다음에도 주주에 대한 보상은 지속적으로 낮은 수준을 유지하고 있다. 그 이유는 무엇일까? 다음 장에서 살펴보도록 하자.

요약 및 교훈

1972년 사채 동결 조치 이후 한국 주식 시장은 10년 만에 기지개를 켰다. 기업 실적이 개선되며 PER도 16배까지 상승했고, 상장 기업의 숫자도 폭발적으로 늘어나, 외형적으로는 드디어 제대로 된 자본 시장의 육성이 이뤄진 것처럼 보였다. 그러나 외형적인 발전과 논외로 주식 시장의 질적인 측면에서는 많은 문제를 갖게 되었다. 재벌 총수가 경영권을 독점하고, 주주들에 대한 보상은 극도로 제한하는 한국 증시의 고질적인 문제가 이때부터 자라나기 시작했기 때문이다.

1978년
건설주 붐

한국형 '붐-버스트' 사이클이
만들어지다!

1972년부터 시작된 주식 시장의 상승세는 1차 석유 위기에도 꺾이지 않았다. 일본을 비롯한 세계 선진국이 심각한 경제 위기를 겪었음에도 한국 증시가 강세를 보인 가장 직접적인 이유는 바로 '중동 건설 붐' 때문이었다. 1차 석유 위기는 제4차 중동 전쟁을 승리로 이끌 목적으로 사우디아라비아 등 중동 산유국이 감산에 돌입한 사건이다. 당시 배럴당 1달러 내외에서 거래되던 가격이 10달러까지 급등함으로써 세계 경제는 큰 충격을 받았다.

그럼에도 불구하고 1973년에 한국 경제는 14.9%라는 놀라운 성장을 기록했는데, 이는 사채 동결 조치로 기업들의 이자부담이 줄어들며 공격적인 투자가 이뤄졌을 뿐만 아니라, 1973년에 삼환기업부터 시작된 대규모 중동 건설 수주 때문이었다.[22] 이 덕분에 한국 주식 시장, 특히 건설주 주가는 로켓처럼 상승했다. 1975년 1월에 7.65포인트로 시작한 건설 업종 지수는 1978

년 6월 24일에 409.91포인트까지 약 50배 상승했다. 같은 기간 KOSPI는 69.6포인트에서 150.0포인트로 2.2배 남짓 오르는 데 그쳤으니, 건설주가 얼마나 강력한 상승세를 펼쳤는지 알 수 있다.

이 대목에서 한 가지 궁금증이 있다. 1960년대에도 베트남 전쟁이라는 대형 호재가 있었지만, 60년대 후반 한국 증시는 깊은 잠에서 벗어나지 못했다. 특히 1965년 평균 주가는 1964년보다 오히려 낮은 수준에서 형성될 정도였다. 왜 한국 주식 시장은 1973년부터 폭발적으로 상승했는가?

그 답은 버블, 즉 주식 시장의 거품을 유발하는 세 가지 요소가 맞아떨어졌기 때문이다. 산소, 열, 연료의 3요소가 결합할 때 불이 붙듯, 자산 시장의 거품은 시장성과 신용(돈) 그리고 투기라는 3요소의 결합으로 발생한다.[23]

시장성이란 전보다 거래하기가 편해지고 거래 비용도 줄어드는 것을 뜻한다. 1972년 사채 동결 조치 이전에는 투자할 만한 종목도 50개 남짓했고 거래도 활발하지 않았다. 증시를 통한 자금 조달은 1972년 247억 원에 불과했던 것이 1976년에 2,622억 원으로 4년 만에 10배로 급증했다.[24] 반도상사(현 LX인터네셔널), 한국비료(현 롯데정밀화학), 한국화약(현 한화), 현대종합상사, 선경합섬(현 SK케미칼), 농심, 대림산업 등 우리가 일상적으로 접하는 기업들이 이때 상장했다. 물론 주식 시장에 부실기업이 상장되고, 상장된 기업늘이 적자를 낸다면 오히려 시장의 거래는 죽어버릴 것이다. 그러나 당시 상장된 기업들은 강제 상장 조치 때문에 억지로 상장한 우량 기업들이었기에, 투자자들에게는 상장이 호재로 받아들여졌다.

거품을 유발하는 두 번째 요소는 신용(돈)인데, 1972년 사채 동결 이후에는 기업들이 이전보다 싼 값에 자금을 쓸 수 있었다. 특히 사채가 또 동결될 수 있다는 두려움을 가진 자산가들이 여유 자금을 운용할 곳을 찾아 나선 것도 시장에 유동성을 불어넣었다. 1975년 말에 20만 명이던 증권 인구가 불과 반년 만에 40만 명이 되었다. 이는 1965년의 5만 명에 비해 8배로 성장한 것이다.[25] 주식 투자 열기가 급속하게 번진 또 다른 이유는 주식 공모에서 찾을 수 있다. 주식 시장에 새로 상장된 기업이 1973년에 45개에서, 1974년에 19개, 1975년에 63개로 늘어나자 매매 차익을 얻으려는 사람들이 증권 회사 문을 두드렸다. 당시 공모 시장 최고의 인기 주식은 건설주였다. 1977년에 공모 경쟁률이 250대 1에 이른 것도 있었으며, 건설주에 대한 평균 경쟁률은 101.9대 1에 달해 전체 평균(34.6대 1)을 훨씬 상회하였다.[26]

거품의 마지막 요소는 투기 심리인데, 이는 1972년 이전에도 없지 않았다. 주식 시장에 뛰어드는 사람들은 정도의 차이는 있겠지만 대박에 대한 꿈을 품고 있기 때문이다. 그러니 주식 시장에 그토록 많은 풍문과 카더라 통신이 존재하는 것 아니겠는가? 70년대 중반 사람들을 일제히 증권사로 뛰어가게 만든 것은 바로 중동 건설 붐이었다. 해외 건설 첫 진출인 1973년에 1.7억 달러에 불과했던 수주액이 1978년에는 81.4억 달러로 급증했다. 당시 한국의 GDP가 138.9억 달러에 불과했다는 것을 감안하면 얼마나 대박 사건인지 알 수 있을 것이다. 따라서 주식, 특히 그 가운데에서도 건설 회사 주식을 사두는 순간 높은 확률로 돈을 벌 것이라는 강한 확신을 지닌 사람들이 갈수록 불어났다.

그림 2.4 **버블 트라이앵글**

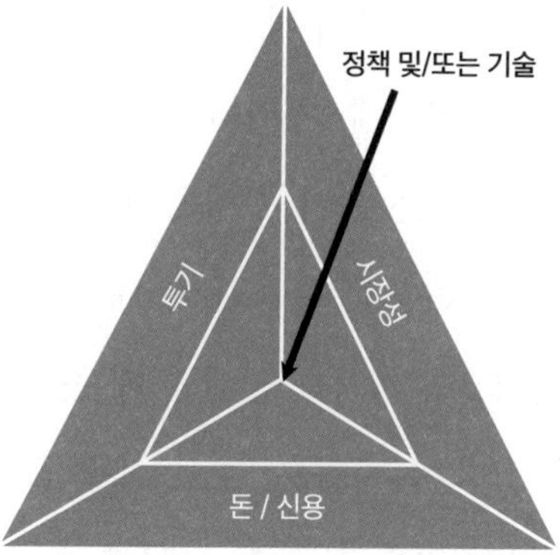

출처: 존 D. 터너 & 윌리엄 퀸(2021)

그러나 버블의 3요소 가운데 하나라도 문제가 생기는 순간 버블은 순식간에 무너진다. 왜냐하면 주가가 이성적으로 설명할 수 없는 높은 수준으로 상승했기에, 큰 손들이 차익을 실현할 기회를 호시탐탐 노릴 것이기 때문이다. 여기서 '큰 손'이란 대규모의 자금을 주식 시장에 투입한 사람들인 사채업자와 기업 총수 등으로 구성되어 있다. 특히 기업 총수는 자기가 경영하고 있는 회사의 상태를 잘 알기에, 주가가 말도 안 되는 수준으로 상승했다 싶을 때는 매도 욕구를 느낀다. 물론 총수들은 경영권을 확보하기 위해 충분한 지분을 갖고자 노력하고, 따라서 주가가 오른다고 항상 보유 주식을 팔지는 않는다. 그러나 자기 회사의 주식을 매입하기 위해 수많은 개미 투자자가 뛰어들 때는 매도에 따른 위험이 높지 않다고 느낄 것이다. 왜냐하면 개미 투자자들은 빨리 돈을 벌고자 주식 투자를 시작했기에 정보력이 떨어지고 분산되어 있어 경영권에 큰 위협이 되지 않기 때문이다.

기업 총수를 비롯한 큰 손이 주식을 매도하는 두 번째 방법은 기업 공개와 유상 증자다. 창업 초기 대주주는 100% 가까운 지분을 확보하고 있으며, 기업을 공개할 때 큰 어려움 없이 보유 지분을 매각할 수 있다. 독자들도 "보호 예수 물량 해제"로 주가가 하락했다는 소식을 경제 신문 등을 통해 종종 접했으리라 짐작되는데, 총수를 비롯한 기업의 내부자들이 보유한 주식이 시

대한민국 돈의 역사

장에 풀린다는 뜻으로 해석할 수 있다.[27] 총수가 자신의 주식을 판다는 것은 결국 '주식 가격이 고평가'되었다는 신호로 볼 수 있다. 물론 상장 직후에 주식을 파는 것도 방법이지만, 유상 증자를 단행하고 자기는 주식 청약에서 빠지는 방식으로 주식을 매각하는 것도 충분히 가능하다. 왜냐하면 시가 총액이 100억 원인 회사의 지분을 50% 가진 기업 총수가 추가로 100억 원의 유상 증자를 단행하고 청약 권리를 포기하면, 그의 지분율은 25%로 떨어지기 때문이다. 자신의 지분율이 떨어지는 대신 유상 증자 납입금 100억 원이 회사 통장으로 입금되었으니, 이 돈을 자기 마음대로 쓸 수 있을 것이다. 따라서 주식 시장에 상장이 봇물을 이루고, 상장한 지 얼마 되지 않은 기업이 유상 증자 결정을 내리는 것은 매우 부정적인 신호로 볼 수 있다.

이때 등장한 고점 신호의 주인공은 정진건설이었다. 정진건설이 1977년 11월에 상장할 때의 자본금은 11억 원에 불과했지만, 1978년 상반기 유상 증자를 통해 20억 원이 되더니, 하반기에 또다시 100% 유상 증자로 40억 원이 되었다. 정진건설만 이런 행태를 보인 것이 아니라 비슷한 시기에 상장된 범화건설도 동일한 수법을 동원했다. 범화건설의 1977년 말 자본금은 4.2억 원이었는데, 1978년 5월의 기업 공개를 앞두고 세 차례에 걸친 유상 증자를 통해 자본금을 2배 이상으로 늘렸으며, 상장 후에는 우선주 6.4억 원을 발행해 자본금을 16억 원까지 늘렸다. 그러나 정진건설은 1979년 3월에 부도가 났고, 범화건설은 상장 6개월 만인 1978년 12월에 부도가 났다. 이 두 회사만 부도가 난 게 아니라 1979년에는 몇 되지 않는 상장 기업 가운데 무려 7개가 부도나는 지경에 이르렀다.[28]

정부의 상장 촉진 정책에 편승해 부실기업들이 대거 상장했고, 부실기업들은 상장하자마자 유상 증자를 단행해 시중 자금을 끌어모은 후 부도를 낸 것이다. 물론 이런 기업의 총수는 처벌을 받겠지만, 죗값을 치른 다음에는 빼돌린 재산으로 평생 떵떵거리며 살 수 있다. 따라서 약간의 위험을 무릅쓰기만 하면 얼마든지 엄청난 재산을 마련할 수 있었던 셈이다. 시장이 이 모양으로 돌아가니 정부도 가만히 있을 수 없었다. 증시가 과열되고 부실기업이 상장되는 일을 막기 위해 규제를 강화하는 한편, 화폐량을 줄이기 시작한 것이다. 경제 성장률이 급등하는 가운데 인플레이션 압력이 높아지고 주식 시장이 투기판으로 변하니 정부도 어쩔 수 없는 선택이었다.

1977년에는 우량 기업이 발행한 3년 만기 회사채 금리가 20.09% 수준이었는데, 1978년에는 21.06%로, 1979년에는 26.69%로 수직 상승했다. 특히 1979년 10월에는 박정희 대통령 시해 사건까지 발생함으로써 주식 시장이 돌이킬 수 없는 수준으로 폭락했다. 1977년 주식 시장의 고점은 178.2포인트였는데, 1980년에는 100포인트로 빠졌고, 건설 업종 지수도 고점 대비 1/4 수준으로 떨어지며 주식 시장은 다시 기나긴 겨울을 맞이하게 된다.

1972년부터 1978년까지 이어진 이른바 '건설주 장세'는 한국 증시에 한 가지 교훈을 남겼다. 정부의 증시 부양 정책과 우량 기업의 상장 그리고 저금리 환경이 만나 강력한 주가 상승이 발생하더라도, 금리가 상승하며 통화 공급이 줄어들고 실적이 뒷받침되지 않는 부실기업이 상장할 때는 조심해야 한다는 것이다. 그러나 당시 이 교훈을 제대로 파악한 이들은 매우 드물었고, 1984년부터 시작된 이른바 '3저 호황' 장세에서 다시 동일한 일이 반복된다. 이에 대해서는 다음 장에 자세히 살펴보도록 하자.

요약 및 교훈

1972년부터 시작해 1978년까지 이어졌던 건설주 장세는 한국 증시의 특성을 적나라하게 보여준다. 부실기업이 대거 상장되며, 금방 부자 될 꿈에 부푼 투자자들이 시장에 유입되고, 큰 손의 주식 매도가 합쳐지며 거품이 순식간에 꺼져버렸다. 특히 주가 상승의 막차를 탔던 이들은 1/4 혹은 그 아래 수준으로 떨어진 주가를 보며 넋을 잃었고, 주식 시장에 대한 불신은 더욱 깊어졌다. 그러나 이로부터 6년 뒤에 시작된 3저 호황 상승이 끝날 때도 1978년 같은 일이 반복되었다는 점에서 더욱 안타까운 경험이 되었다.

1986년
잃어버린 9년을 끝내다

한국형 버블 붕괴 2탄

1980년대 한국 증시는 '잃어버린 9년'을 보냈다. 1979년의 2차 오일 쇼크와 10.26 사건 그리고 12.12 쿠데타까지 발생하면서 주식 시장이 47% 이상 하락했기 때문이다. 1982년에 단행된 극적인 금리 인하의 영향으로 증시가 조금씩 회복되기 시작했지만, 1977년에 기록했던 고점(178.2포인트)을 회복한 것은 1986년의 일이었다.

1984년부터 이른바 '3저 호황'이 시작된 것을 감안하면 주식 시장의 반응은 미적지근했다. 기업의 실적이 폭발적으로 개선되고 금리가 뚝뚝 떨어져도, 주식 시장으로 투자자들이 돌아오지 않았던 것이다. 건설주 붐이 너무 허망하게 무너진 데다, 특히 신규 상장 종목이 연쇄적인 부도 사태를 맞으면서 시장에 대한 신뢰가 바닥을 친 것도 영향을 미쳤다. 특히 더 심각한 문제는 전두환 정부에 대한 투자자들의 믿음이 아예 존재하지 않았던 데 있다. 1980년 동명목재 그리고 1985년 국제상사 해체 과정에서 재산권에 대한 심대한 침해가 발생한 것을 투자자들은 잊지 않았다.[29]

그럼 어떻게 해서 1986년 한국 증시가 다시 사상 최고치를 돌파할 수 있었을까?

그 해답은 민주화에 있었다. 1985년에 치러진 제12대 국회의원 선거에서 야당(신민당과 민주한국당 등)이 예상 밖의 승리를 달성하면서 정부의 재산권 침해가 다소라도 완화될 것이라는 기대가 높아진 것이다. 참고로 여당인 민주정의당의 정당 득표율은 단 35.25%에 그친 반면, 양대 야당 득표율은 무려 48.94%에 달했다. 물론 1978년에 치러진 제10대 국회의원 선거에서 야당이 압승을 거두자, 박정희 정부가 제1 야당 총재인 김영삼 의원을 제명했던 전례가 있기에, 선거 결과를 전두환 정부가 받아들이리라는 보장은 없었다.

그러나 1985년 한미 정상 회담에서 미국 레이건 대통령이 '5공 헌법 수호 지지' 요청을 거부함으로써 1980년과 달라진 모습을 보였다.[30] 실제로 1987년 6월 민주 항쟁 때 한국을 방문한 동아시아태평양담당국 시거Gaston Sigur 차관보는 "현재 한국은 정치적인 문제에 직면해 있으며, 이 문제는 한국인이 스스로 해결해야 한다. 군대가 나서는 것은 결코 도움이 되지 않는다."라고 강조함으로써 민주화에 대한 지지 의사를 표명했다.[31] 또한 1986년 아시안 게임과 1988년 올림픽 개최 등 국민적인 국제 행사가 임박했다는 것도 투자자들의 마음을 돌리는 데 큰 도움을 주었다.

이후로는 다시 '버블의 3요소'가 작용했다. 1984년 국제 유가 폭락 사태 이후 시작된 저물가·저금리 환경이 시장에 강력한 유동성을 불어넣었고, 1985년 9월의 플라자 합의로 엔화가 초강세를 보인 것도 한국 기업들의 실적 개선에 대한 기대감을 높였다. 더 나아가 1984년에 현대건설의 상장을 계기로 한동안 중단되었던 우량 기업의 상장이 재개되는 등 이른바 '시장성'이 개선되기 시작한 것도 주식 시장의 상승을 이끈 요인으로 작용했다.

2023년의 대표적인 우량 기업이 삼성전자라면, 1984년에는 현대건설이었다. 1970년대 박정희 정부는 지속적으로 현대건설의 상장을 요구했지만, 정주영 회장은 액면가 발행의 문제를 거론하면서 계속 상장을 미뤄왔다. 그러나 1983년에 전두환 정부가 '자본 시장 기능 확충 방안(1983.7.18)'을 통해 상장 기업의 시가 발행을 허용함으로써 물꼬가 트였다.[32] 시가 발행은 상장 공모 당시 시장의 수요와 공급에 따라 액면가에 비해 프리미엄을 주고 발행하는 것을 뜻한다. 특히 상장할 때 의무적으로 발행하는 신주 물량도 기존 40%에서 20%로 축소함으로써 대주주의 지분율 하락 부담을 완화해 준 것도 현대건설의 상장을 촉진시킨 배경으로 작용했다. 1984년에 현대건설은 액면가(500원)에 70%의 프리미엄을 적용한 850원에 상장되었으며, 평균 청약 경쟁률은 10.1대 1을 기록했다.

그럼에도 불구하고 다른 우량 기업들의 상장이 촉진되지 않자 1987년 6월에 '자본 시장 발전 기반 확충 방안'이 발표되었다.[33] 기업 공개 및 유상 증자에 대한 세제 혜택을 제공하는 한편, 자산 재평가 요건을 완화하는 등의 내용을 담고 있었다. 이 덕분에 1985년에 단 11건에 불과하던 기업 공개가 1988년에는 112건으로, 1989년에는 135건으로 늘어났다. 특히 금액 면에서도 1985년에는 350.6억 원에 그쳤지만, 1988년에는 1조 494.3억 원 그리고 1989년에는 3조 5,446.5억 원에 이르렀다. 특히 액면가 발행이 아닌 시가 발행 건수도 1985년에는 고작 2건이었지만, 1988년에는 293건으로 늘어났다.

이와 같은 조치는 기업에 좋은 일이었다. 그러나 문제는 1977년 건설주 버블 붕괴 때 겪었던 것처럼 부실기업의 상장 및 유상 증자가 봇물 터지듯 쏟아졌다는 점이다. 특히 문제가 된 것은 자산 재평가 조항의 악용이었다. 이 조항 덕분에 거래소에 처음으로 주식을 상장하고자 하는 기업은 매월 1일을 재평가 기준일로 삼아 자산 재평가를 할 수 있었고, 특히 1987년 1월 1일부터

1988년 12월 31일까지 이미 상장되어 있는 회사도 자산 재평가를 실시할 수 있게 되었다.[34]

기업이 상장 전에 자산 재평가를 하는 이유는 무상 증자를 통해 대주주의 주식 수를 늘리기 위함이었다. 즉 보유한 부동산의 가치를 부풀림으로써 기업의 잉여금을 키우고, 이를 활용해 무상 증자를 단행하는 것이다. 무상 증자란 기업이 잉여금을 활용해 주주의 주식 수를 늘려주는 것으로 기업의 현금 흐름에는 아무런 영향을 미치지 않는다. 대신 기존 주주들은 그냥 보유 주식 수만 늘어날 뿐이다.[35] 즉 같은 기업임에도 대주주가 보유한 주식 수를 크게 늘리는 한편, 프리미엄을 붙여 상장하면 많은 돈을 조달하면서도 대주주의 지분이 크게 줄어들지 않는 마법을 부릴 수 있다.

이 결과 1988년도에 공모를 실시한 112개의 신규 상장 기업 중 율촌화학, 동성화학, 유화, 봉신중기, 신원통상, 동아타이어, 극동전선, 신광기업, 영원무역, 삼립산업, 대선주조, 한성기업, 대덕전자 등이 300% 이상의 무상 증자를 실시하여 자본금을 크게 늘렸다.[36] 1990년에 보도된 한 일간지의 기사가 자산 재평가 이후 무상 증자를 하는 수법으로 대주주들이 얼마나 많은 차익을 벌어들였는지 잘 보여준다.[37]

대농은 공개추진을 앞두고 1989년 12월 말 [중략] 관악 컨트리 클럽까지 포함한 보유 자산에 대해 재평가를 실시한 뒤 1,040억 6,000만여 원의 재평가 차익 가운데 [중략] 223억 3,000만 원을 재원으로 같은 액수만큼 무상 증자를 실시, 증자분을 대주주들에게 넘겨주는 소위 '물타기'를 한 것으로 밝혀졌다. 재평가 차익 중 관악 컨트리클럽의 토지와 건물 평가 차익은 32%인 330억 원에 달했다.

이에 따라 이 회사의 기업 공개가 허용된다면 상장된 뒤 주가가 주간사 회사인 대신증권이 추정한 주당 1만 3,500원에 형성된다고만 가정해도 382만여 주를 무상으로 받은 대주주 박용학 씨(지분율 85.6%)는 모두 516억 원, 63만여 주를 받은 박영일 씨(지분율 14.2%)는 85억 원의 시세 차익을 얻게 된다.

특히 문제가 된 것은 노태우 정부의 국민주 상장 정책이었다. 1988년 2월 16일 재무부는 '국민주 개발·보급을 위한 세부추진 계획'을 통해 "국가가 관리해 오던 공기업의 주식을 매각함으로써 경제 성장 과정에서 축적된 이익을 국민들에게 환원하겠다."라고 선언했다.[38] 1988년 4월 포항제철을 시작으로 이듬해 한국 전력의 기업 공개가 이어졌고, 국민주 보급에 힘입어 주식 거래 인구는 1985년 77만 명에서 1989년 1,901만 명으로 급증했다.

'주식은 사두면 오른다.'라는 믿음이 갈수록 더 많은 투자자를 시장으로 끌어들였고, 시장은 대량으로 쏟아지는 신주 물량까지 모두 소화해냈다. 신바람 난 증권사들은 경쟁적으로 융자 서비스를 내놓으면서 현금의 2~3배까지 주식을 사도록 부추겼다.[39] KOSPI는 1984년 말 142.5포인트에서 1988년 말 907.2포인트까지 상승하며 저점 대비 6배 이상 오르는 기염을 토했다.

그러나 시장의 수요 기반이 한정되어 있는 상태에서 국민주 상장이 가져올 '공급 과잉' 위험은 무시할 수 없는 것이었다. 특히 1970년대 후반처럼 부실 상장 및 증자 문제가 심각하게 부각되고 있었음을 감안하면 더욱 그러하다. 1988년 상장 기업 중에 흥양, 경일화학, 백산전자, 영태전자, 동창제지, 미우, 중원전자, 한국YC전자, 거성산업, 보르네오가구, 동방개발, 한국벨트, 삼호물산, 금하방직 등 14개 사가 부도났다.[40] 그리고 125건의 기업공개가 이뤄진 1989년 상장 기업 중에서는 인성기연, 청화상공, 서진식품, 삼성신약, 우진전기, 대미실업, 제일냉동, 논노, 대도상사, 한일양행, 성화, 아남정밀, 우단, 신한인터내쇼날, 광림전자 등 15개 사가 부도났으며, 심지어 상장 후 3달 만에 부도를 낸 기업(신정제지)도 있을 정도였다.

부실기업 상장 및 공급 과잉 이후 나타난 두 번째 위험 징후는 금리 상승이었다. 1986년에 12.8%이던 회사채 금리가 1988

년에는 14.2%로 그리고 1989년에는 15.2%로 급등했다. 여기에 미국의 통상 압력이 강화되는 가운데 달러에 대한 원화 환율 마저 1986년 881.33원에서 1989년 671.38원까지 떨어짐으로써 기업의 경쟁력도 악화되기 시작했다. 여기에 1987년부터 시작된 강력한 임금 상승이 가세하며 제조업 매출액 영업 이익률은 1986년 7.9%에서 1989년 6.0%로 악화되었다.

수급 불균형과 기업 실적 악화의 파도 속에서 1989년 초를

표 2.1 관리 종목 지정 기업의 상장 연도별 분포 현황

'84년	(2개 사)	건풍제약, 경동산업
'86년	(1개 사)	광덕물산
'87년	(1개 사)	삼양광학
'88년	(14개 사)	홍양, 경일화학, 백산전자, 영태전자, 동창제지, 미우, 중원전자, 한국YC전자, 거성산업, 보르네오가구, 동방 개발, 한국벨트, 삼호물산, 금하방직
'89년	(15개 사)	인성기연, 청화상공, 서진식품, 삼성신약, 우진전기, 대미실업, 제일냉동, 논도, 대도상사, 한일양해, 성화, 아남정밀, 우단, 신한인터내셔날, 광림전자
'90년	(4개 사)	호승, 양우화학, 동성반도체, 우생
'91년	(4개 사)	영원통신, 기온물산, 요업개발, 케니상사
'92년	(1개 사)	신정제지

출처: 이순우(1995)

정점으로 주식 시장이 붕괴되기 시작했다. 정부는 이를 타개하고자 1989년에 '12.12 조치'를 통해 투신사가 주식을 무제한으로 매입하도록 허용하며, 사실상 투신사들에 주식을 사라고 압박을 가했다.[41] 투신사는 개인들로부터 모은 돈으로 주식이나 채권에 대신 투자해 주는 회사를 뜻한다. 그런데 투신사에 한국 주식을 2.7조 원이나 사게 만든 것은 시장 경제의 운영 원리를 정면으로 거스르게 한 일이다. 1990년 9월 18일에는 증권사는 물론 상장 기업이 자금을 내어 증시 안정 기금을 설립해 주식을 매입하도록 만들었다. 하지만 이 모든 시도에도 주가 폭락을 막을 수는 없었다.

요약 및 교훈

1977년에 기록했던 KOSPI 고점을 1986년에 만회할 수 있었지만, 증시의 봄날은 생각보다 짧았다. 1989년 봄에 KOSPI가 1,000포인트를 기록한 직후 주식 시장이 붕괴되었는데, 국민주 상장과 부실기업의 연쇄적인 부도가 시장의 수급 불균형 심화로 연결되었기 때문이다. 특히 1988년부터 시작된 환율의 급락과 금리 상승은 기업의 실적 부담을 악화시켜, 시장의 폭락을 막으려는 정부의 개입에도 불구하고 1992년까지 50% 이상의 주가 폭락을 경험하고 말았다. 1977년 건설주 버블의 붕괴에서 나타난 '한국형 거품 붕괴' 패턴이 1988년부터 다시 나타난 것을 알아차린 투자자가 있다면, 그는 1989년부터 시작된 주가 붕괴가 뜻밖의 사건처럼 느껴지지 않았으리라 생각된다.

1992년
증시 개방

주식 시장의 주도주도 이제 외국인이 결정한다!

1992년은 한국 주식 시장의 역사에서 중요한 두 가지 사건이 벌어진 해였다. 첫 번째 사건은 1989년부터 시작된 주식 시장의 하락세가 멈추었다는 것이며, 다른 하나는 외국인 투자자들이 한국 주식을 매수할 수 있는 길이 열렸다는 점이다. 물론 1980년대부터 코리아 펀드 형태로 외국인의 간접적인 한국 주식 매수가 가능했다. 그러나 투자자들이 직접 한국 주식을 매입하는 것은 불가능했고, 코리아 펀드가 폐쇄형 펀드라는 특성이 있었기에 투자자들의 불편함도 끊임없이 제기되었다. 이에 노태우 정부는 1991년 9월 3일에 주식 시장의 점진적인 개방을 발표하고, 1992년 1월 3일부터 시행하였다.[42]

　　외국인 투자자에 의한 경영권 위협을 막기 위해 정부는 종목별 외국인 한도를 설정했다. 기관이나 개인 투자자 등 외국인 전체 기준으로 상장 기업 지분의 10% 한도 내에서만 투자할 수 있었으며 금융, 항공, 통신 등은 사업의 공익성을 감안해 지분 한도가 8%로 제한되었다. 더 나아가 외국인 1인당 투자 한도는 3% 그리고 공익성이 강한 기업에 대한 한도는 1%로 제약되었다. 매우 타이트한 규제였지만, 외국인 투자자들은 한국 증시의 미래를 낙관하며 개방 첫해부터 대규모 순매수를 기록했다. 1992년 한 해 동안의 순매수 규모는 1.5조 원에 달했고, 1993년에는 4.3조 원까지 확대됨으로써 1992년 여름부터 증시가 본격적인 상승세로 돌아서는 데 결정적인 공을 세웠다.[43]

최근에는 외국인 투자자들이 하루에도 1조 원 이상의 순매수나 순매도를 기록하기에 큰돈이 아닌 것처럼 여겨질 수도 있다. 그러나 당시 주식 시장의 규모가 최근과 비교할 수 없이 작았기에, 1992년 말 외국인 투자자의 지분율은 4.9%까지 상승했으며, 1993년에는 무려 9.8%에 이를 정도로 상승했다. 1991년 9월에 만들어진 한도가 종목당 10%였으니 1993년에 이미 대부분의 우량주 주식 투자 한도가 목에 찬 상황이었다. 이 영향으로 1994년 외국인 투자자들의 순매수 규모가 0.9조 원으로 줄어들자 정부는 1994년 12월 1일부터 1997년 11월까지 총 6차례에 걸쳐 투자 한도를 인상해, 외환 위기 직전에는 26%까지 올렸다.

이상과 같은 외국인 주식 투자 확대는 한국 증시에 두 가지 변화를 가져왔다. 먼저 긍정적인 면을 이야기하자면, 이른바 저

PER 혁명을 빼놓을 수 없다. 한국 증시는 1962년과 1977년 그리고 1986년의 거품을 겪으면서 전형적인 모멘텀Momentum 시장의 특성을 강하게 가지게 되었다. 모멘텀 시장은 한마디로 말해 강력한 상승 에너지가 있는 종목에 수요와 관심이 집중되는 것을 뜻한다. 2020년에 가장 뜨거웠던 BBIG(바이오, 배터리, 인터넷, 게임) 테마를 생각하면 된다. 상승을 주도하며 이슈를 독점하는 기업들만 거래량이 폭발하는 반면, 투자자의 시선을 사로잡을 강한 인상을 주지 못한 대부분 종목은 거래 부진 속에 잊혀 가는 게 현실이다. 이런 탓에 한국 주식 시장에서는 '테마주' 장세가 반복적으로 출현하며, 이 흐름에 신속하게 올라탄 소수는 큰돈을 버는 반면, 뒤늦게 올라타거나 혹은 추세가 이미 꺾였음에도 매도를 미적거린 대다수 투자자는 큰 손실을 입는 경우가 다반사다.

한국 시장이 이런 식으로 흘러가는 가장 직접적인 이유는 세계 최저 수준의 주주 보상 때문이다. 우량 기업들은 1972년 이후의 강제 상장 조치로 어쩔 수 없이 주식 시장에 상장했으며, 특히 액면가로 상장하는 과정에서 발생한 손실을 잊지 않고 있다. 따라서 소액 주주가 기업의 소유권을 일부 보유한 동반자라는 생각을 가질 리 없었기에, 70년대 후반 경제 위기가 찾아오자 배당 수익률이 가파르게 떨어지기 시작했다. 상장 과정에서 우량 기업 대주주의 지분 규모가 줄어들었기에 배당을 지급해 봐야 대주주에게 떨어지는 게 줄어들었기 때문이다. 그런데 문제는 1984년부터 시작된 주식 시장의 상승 국면에서도 한국 기업의 배당 수익률이 오히려 떨어졌다는 점이다. 증시 호황 속에 이뤄진 시가 발행으로 주식 시장에서 넉넉하게 자금을 조달한 후 입을 닦아버린 셈이다.

이런 면에서 1992년의 시장 개방은 큰 의미를 갖는다. 외국인 투자자들은 한국 증시에 저평가된 기업들이 매우 많다는 것을 알고, PER이 낮은 기업을 집중적으로 매수했기 때문이다. 태

그림 2.5 **1980~2000년 상장 기업 배당 수익률과 회사채 금리**

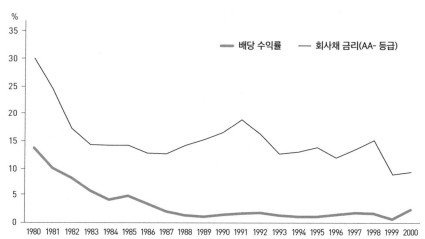

출처: 한국은행, KRX, 프리즘 투자자문 작성

광산업이나 대한화섬 그리고 신영와코루 등 PER이 시상 평균에 비해 크게 낮은 기업들은 외국인 투자자의 집중적인 매수에 힘입어 적게는 5배 많게는 10배 이상 급등했다.[44] 참고로 PER이 낮다는 것은 실적에 비해 주가가 낮은 수준에 있는 것으로 볼 수 있으며, 이는 시장 참가자들이 선호하지 않는 기업이라는 것을 뜻한다.

물론 기업의 미래 수익 전망이 밝지 않아서 PER이 낮게 형성된 기업들이 있을 수 있다. 그러나 태광산업의 경우 신소재 섬유 제품을 만들고 있어 수익성이 높았음에도 저평가되었던 것은 결국 사양 산업에 속한 기업이라는 낙인의 영향이 컸던 것으로 판단된다. 특히 외국인 투자자들의 주식 보유 비중이 높아지는 가운데 기업의 태도가 달라진 것도 저 PER 기업의 주가 상승을 유발한 것으로 볼 수 있다. 실적이 뛰어난 데도 주가가 저평가된 것은 시장에서 소외되어 있었던 탓도 있지만, 주주들이 느끼기에 "기업 실적이 주식 가격과 아무런 상관이 없다."라고 생각하게 한 경영진의 태도 문제에서 기인했을 수도 있다. 따라서 외국인 보유 비중 확대는 기업의 자본 정책을 바꾸고, 이게 다시 재평가로 이어지는 선순환을 가져온 면이 있는 것으로 보인다.[45]

주식 시장 개방이 한국 증시에 미친 두 번째 영향은 해외에서 발생한 충격이 즉각 한국 경제에 반영된 것을 들 수 있다.[46]

대한민국 돈의 역사

1992년 시장 개방 이전에는 해외에서 발생한 경제 충격이 시간을 두고 한국 증시에 반영되었으며, 영향력도 상대적으로 크지 않았다. 가장 대표적인 사례가 1987년 10월 19일에 있었던 블랙 먼데이Black monday다. 미국 다우존스 산업 평균 지수가 하루에 22% 이상 폭락했지만, 10월 20일에 KOSPI는 단 12포인트 하락(-2.4%)에 그쳤다. 이렇게 한국 증시가 해외 충격에 영향을 받지 않았던 이유는 해외 시장과 국내 시장의 매매 주체들이 서로 다른 데에서 찾을 수 있다. 그러나 해외의 플레이어들이 국내 시장에 진입하면서 상황이 달라지기 시작했다.

가장 대표적인 사례가 바로 주도주의 동조성이다. 1992년 시장 개방 직후에는 저 PER 주를 비롯한 저평가 기업들에 대한 관심이 높았지만, 90년대 중반을 지나면서부터 미국 나스닥 시장이 강력한 상승세를 펼치는 가운데 한국 주식 시장에서도 반도체와 통신 그리고 친환경 분야를 중심으로 주도주가 재편되기 시작했다. 필자가 1996년 국책연구소에서 모 증권사로 직장을 옮겼을 때 가장 뜨거운 분야가 바이오 분야와 반도체 그리고 매연을 절감해 주는 장치를 개발한 기업들이었던 기억이 선명하다. 실제로 창업 초기의 성장 국면에 위치한 기업들이 다수를 이루는 코스닥 시장이 출범한 것도 1996년 5월의 일이었다.

그러나 주식 시장 개방이 한국 증시에 긍정적인 영향만 준 것은 아니었다. 1997년 7월에 발생했던 태국의 외환 위기가 한국과 홍콩 등 동아시아로 전이되었던 것도 외국인 투자자들의 대규모 순매도가 큰 영향을 미쳤다. 즉 1992년 시장 개방 이후 한국 증시는 해외 충격에 그대로 노출되는 신세가 되었던 것이다.

물론 국내 요인이 아무런 중요성을 지니지 않는다는 이야기는 아니다. 정부의 산업 정책 그리고 한국은행의 통화 정책은 국내 주식 시장에 큰 영향을 미치는 요인임이 분명하다. 다만 1992년 이전에 비해 국내 요인의 중요성이 크게 떨어졌다는 이야기다. 글로벌 투자자들이 한국을 어떻게 보고 있는지, 더 나아가 세계 경제는 어떤 방향으로 움직이는지 판단하는 게 투자의 성공 여부를 가르는 잣대가 되어버린 것이다. 필자를 비롯한 수많은 한국의 경제 분석가들이 미국 경제 지표와 시장 흐름을 분석하느라 밤잠을 못 이루게 된 것은 모두 1992년에 시작되었다고 볼 수 있으며, 앞으로도 이런 분위기는 크게 변하지 않을 것 같다.

요약 및 교훈

1992년부터 시작된 주식 시장 개방은 한국 증시의 구조를 크게 바꾸어 놓았다. 무엇보다 해외의 주도주 및 주도 테마가 한국에서도 영향력을 발휘하기 시작했으며, 주식 시장도 해외 요인에 민감하게 반응하기 시작했기 때문이다. 필자를 비롯한 수많은 경제 분석가들이 전날 밤 미국에서 발표된 경제 지표를 분석하느라 밤잠을 못 이루게 된 것도 이때의 일이며, 앞으로도 이런 흐름에는 변화가 없을 것 같다.

1996년 신동방의
미도파 M&A 실패

재벌 총수의 경영권이 반석에 오르다

3년에 걸친 국책 연구소 생활을 마치고 1996년에 여의도의 증권사에 처음 출근했을 때 기업의 밸류에이션에 큰 격차가 존재하는 것에 깜짝 놀랐던 기억이 선명하다. 삼성전자나 한국이동통신(현 SK텔레콤) 등 우량주는 매우 높은 PER이나 주가 순자산 배율PBR, Price to book-value ratio을 기록하는 반면, 대다수의 기업들은 주당 순자산 가치BPS, Book value per share에도 미치지 못하는 주가를 형성하고 있었기 때문이다.

PBR은 주당 순자산 가치(BPS) 대비 주가 배율로, 기업이 지금 당장 사업을 접고 남은 돈을 주주들에게 돌려준다고 가정할 때 받을 수 있는 돈과 주가를 비교한 것이다. PBR이 1배를 밑돈다는 것은 계속 사업을 하는 것보다 지금 당장 사업을 접는 게 낫다고 주주들이 평가한 수준이라 볼 수 있다. 물론 주식 가격이 PBR 1배 미만, 아니 0.2배 미만인 기업들도 종종 출현한다.[47] 왜냐하면 시장은 그다지 합리적인 곳이 아니기 때문이다. 미래에 대한 비관론이 팽배할 때는 주가가 적당하다고 생각했던 수준 아래로 내려가는 경우가 종종 발생하며, 더 나아가 기업의 경영자들이 누구인지에 따라서도 얼마든지 주가는 PBR 1배 미만에서 형성될 수 있다.

한국 주식 시장에 상장된 기업의 PBR이 양극단에 분포하는 이유는 1992년 증시 개방 이후 외국인 투자자 비중이 확대된 데 있다. 외국인 투자자들은 미국이나 유럽 등 선진국 증시처럼 기업의 경영 성과를 주주들이 함께 누리기를 원했다.[48] 이에 대해 우량 대기업들은 외국인의 보상 요구에 대해 배당금을 인상하고 자사주를 적극적으로 매입하는 방향으로 대응했다. 참고로 2018~2020년 삼성전자의 주주 보상(배당+자사주 매입)은 39.6조 원에 달했고, 이는 잉여 현금 흐름의 약 50%에 해당하는 것이었다.[49] 잉여 현금 흐름FCF, Free cash flow은 기업이 사업으로 벌어들인 돈에서 세금과 영업 비용 그리고 설비 투자액을 제하고 남은 현금을 뜻한다.[50] 따라서 한국의 우량 수출 대기업들은 대부분 PBR 1배를 넘어설 뿐만 아니라, PER도 10배를 넘어 20배 수준에 형성된 기업이 즐비하다.

그러나 주주에게 보상을 지급할 능력이 없거나 혹은 의사가 없는 기업들은 다른 대안을 찾았다. 바로 자신의 주식 가격을 만

년 저평가 상태로 만듦으로써 외국인 투자자의 이탈을 촉진하는 한편 자녀에게 지분을 상속할 때 낼 세금 부담을 줄이는 것이다. 한국의 상속 및 증여세율은 주요 선진국 중에 일본 다음으로 높은 수준이기에, 상장 기업의 대주주 입장에서는 주가를 낮게 유지함으로써 세금을 절약하는 것에 매력을 느낄 가능성이 높다.[51] 주가를 떨어뜨리고 외국인 주주를 쫓아내기 위해 흔히 사용하는 수법이 무배당, 물적 분할, 자회사 설립을 통한 매출 몰아주기 등이다.

그러나 선진국에서는 의도적으로 주식의 가치를 떨어뜨리는 전략을 실행하는 데 큰 위험이 따른다. 왜냐하면 주가가 순자산 가치에 비해 낮은 기업에 전문적으로 투자하는 행동주의 투자자들이 존재하기 때문이다. 칼 아이칸Carl Celian Icahn 등 유명한 행동주의 투자자들은 대주주와 최고 경영자의 전횡으로 주가가 폭락한 기업을 주된 투자의 목표로 삼는다. 유명한 칼 아이칸 선언의 한 대목을 인용하면 아래와 같다.[52]

지난 몇 년 동안 많은 미국 기업의 청산 가치(=순자산 가치)가 눈에 띄게 상승했지만, 보통주의 시장 가격에는 전혀 반영되지 않았습니다. 그 결과 우리는 지금 제대로 대응하기만 한다면 큰 수익을 낼 수 있는 특별한 상황에 직면해 있습니다. [중략] 자산이 많은 기업의 경영진은 자기 회사 주식이 적으며 회사를 팔 생각이 전혀 없습니다. 그들은 국내외 자본의 공격을 물리칠 생각으로 회사 주위에 '만리장성'을 구축해 자신들의 특권을 철저히 보호합니다. [중략] 우리들은 저평가된 주식을 의미 있게 매입한 후 다음과 같은 방법으로 해당 기업의 운명을 지배해 이익을 얻을 것입니다.

1) 경영진을 설득해 백기사(경영진에게 우호적인 세력)에게 매각하도록 한다.

2) (이 회사를 적대하는 세력을 위해) 대리전을 벌인다.

3) 공개 매수(불특정 다수로부터 주식을 공개적으로 매수하는 일)를 제안한다.

4) 보유 지분을 회사에 매각한다.

이런 전략이 본격화된 것은 80년대 후반의 일이며, 세계적인 사모 펀드 KKR의 나비스코 인수 합병M&A이 역사적인 전환점이 되었다. 여기서 사모 펀드란 소수의 투자자로부터 자금을 조달함으로써 자신의 투자 정보를 일반 대중에게 공개하지 않는 펀드들이다. KKR은 나비스코Nabisco의 경영진이 무능하고 부패해 주가가 저평가되었다고 판단하고 여러 금융 기관의 도움을 얻어 적대적 M&A에 성공했다.

KKR의 나비스코 인수 이후 저평가된 기업의 대주주 혹은 최고 경영자가 제왕처럼 군림하던 시대는 끝났다. 당시 나비스코의 최고 경영자 로스 존슨Frederick Ross Johnson은 자신과 우호적인 세력으로 이사회를 구축해 전횡을 휘두른 것으로 악명을 떨쳤다.[53] 그는 친분 있는 이들로 경영진을 채운 것은 물론이고, 회삿돈으로 고급 아파트를 제공하고, NBA 뉴욕 닉스 경기 때마다 VIP 관람석을 제공하기까지 했다. 더 나아가 자신의 지인이 뉴욕 인근에 골프장을 열자, 고위 간부들 가운데 24명이 이곳의 회원권을 가지기도 했다.[54]

　　이 사건을 계기로 미국 주식 시장에서 PBR 1배 미만의 기업들은 자취를 감추었다. KKR이나 칼라일 같은 거대 사모 펀드들이 PBR이 1보다 낮은 기업들에 M&A를 시도하거나 경쟁사에 지분을 양도하는 등의 방법을 사용함으로써 얼마든지 차익을 얻을 수 있기 때문이다. 그럼에도 불구하고 미국에 PBR 1배 미만의 기업들은 존재하지만, 이는 미래가 정말 불투명한 데다 보유 자산도 처분하기 곤란한 기업들에 국한된다. 보유 자산의 매각이 가능하다 싶을 때는 언제든지 행동주의 펀드들이 이 회사를 인수해 부동산이나 설비 등 돈이 될 만한 자산을 모조리 매각함으로써 이익을 볼 것이기 때문이다.

　　한국에서도 1996년 말에 나비스코 M&A와 유사한 일이 벌어

그림 2.6 을지로 입구 미도파 백화점 본점 전경

출처: "미도파백화점", <위키백과>

졌다. 한국을 대표하는 백화점 미도파의 경영진은 실체를 알 수 없는 세력이 주식을 집중적으로 매입한다는 사실을 발견했다.[55] 이때는 M&A 세력임을 모르고 단순한 시세 차익 목적의 매수인 것으로 판단했다. 그러나 1997년 1월 8일자 각 일간지 경제면에서 '외국 자본의 미도파 주식 대량 매입'이라는 기사가 실린 데이어, 홍콩 계열의 증권사 동방페레그린이 1월 23일에 외국인 투자자들이 의결권을 행사할 수 있다는 견해를 밝히면서 상황은 갑작스럽게 심각해졌다.

미도파를 보유한 대농그룹(1991년 상장 전, 자산 재평가를 활용해 무상 증자했던 바로 그 회사)은 대농중공업 등 계열사를 통해 240만 주를 취득해 지분을 높여 적대적 M&A의 위험에 대비하고자 했다. 그러나 1997년 2월에 성원그룹의 계열사가 미도파의 주식 143만 주(9.67%)를 외국인으로부터 장내 매입함으로써 사태는 새로운 국면에 진입했다.[56] 특히 성원그룹은 미도파 주식을 추가로 매입해 지분율 12% 선을 넘어섰고, 여기에 잠복해 있던 신동방그룹이 미도파 주식을 매입하기 시작해 성원그룹과 신동방 등 적대적 M&A 세력의 지분은 35%를 넘어섰다.

M&A 추진 세력이 압도적인 우위를 보이자 대농그룹측은 미도파의 전환 사채CB, Convertible bond를 발행해 대농그룹의 지분율을 기존 30%에서 40%로 높이려 시도했다. 여기서 전환 사채란 회사채와 주식을 합쳐 놓은 상품으로 일정한 이자를 지급하는 대신 일정한 가격에서 주식으로 전환할 권리를 부여한 상품이다. 예를 들어 10%의 이자를 지급하면서 미도파의 주식을 1만 원에 취득할 수 있는 권리를 부여한 전환 사채는 당시 미도파 주가가 2만 원 이상에서 형성되었으니, 이자를 받기보다 주식으로 전환될 가능성이 높을 것이다.

이런 가격 조건의 전환 사채 발행은 대농그룹에 이익이 되겠지만, 미도파 주식을 보유한 주주들에게는 큰 손해가 될 것이다. 왜냐하면 대농그룹의 지분율이 올라가면 적대적 M&A가 실패로 돌아가 주식 가격의 추가적인 상승을 기대할 수 없을 것이기 때문이다. 따라서 한국투신 등 대부분의 기관 투자자들은 미도파의 전환 사채 발행에 반대했다. 특히 외국인 투자자들이 제기한 소송에서 법원이 '전환 사채 발행 중지 가처분 신청'을 받아들임으로써 대농그룹은 결정적인 위기에 처했다.

이때 전국 경제인 연합회전경련가 나섰다. 전경련 회장단 월례 모임에서 경영 합리화 목적이 아닌 경영권 탈취를 목적으로 하는 적대적 M&A에 대해 직접 개입하겠다고 발표한 것이다.[57] 전경련이 이와 같은 태도를 보인 이유는 1997년 3월 말을 기점으로 '10% 이상 주식 대량 취득 제한'이 사라진다는 점도 영향을 미쳤다. 즉 신동방 등 적대적 M&A 세력이 미도파를 인수하는 데 성공한 다음에는 자신들의 경영권도 위협받을 수 있다는 경계감이 높아졌다. 특히 더 큰 문제는 정부도 적대적 M&A에 대해 부정적인 태도를 보였다는 데에 있다. 3월 13일에 강경식 경제부총리가 중재에 나서자, 한때 4만 5,000원까지 상승했던 미도파 주가는 3만 원 아래까지 폭락했다.

물론 신동방 측은 중재에 강하게 반발했지만, 오래 버티기는 힘들었다. 외국인 투자자를 끌어들여 M&A를 시도했다는 점이 부각되며 신동방에 대한 부정적 여론이 형성된 데다, 정부 및 전경련을 마냥 적대하기는 힘들었기 때문이다. 결국 신동방 측에 가세했던 성원그룹이 자신이 보유한 미도파 지분(12.2%)을 대농 측에 넘김으로써 적대적 M&A는 실패로 끝나고 말았다.[58] 그리고 7개월 뒤 한국을 덮친 외환 위기 파도 속에서 대농그룹과 공격 측에 섰던 신동방그룹이 모두 파산함으로써 적대적 M&A에 대한 부정적 인식이 더욱 확산되고 말았다.[59]

이 사건의 가장 직접적인 피해자는 대농그룹으로 1996년에 이미 2,931억 원의 적자를 기록할 정도로 재무 구조가 안 좋은 상태에서 성원그룹이 보유한 미도파 지분을 인수했기 때문이다.[60] 차라리 미도파를 신동방 측에 경영권 프리미엄을 받고 넘겼으면 외환 위기의 파도를 슬기롭게 넘길 수 있었을 텐데, 경영권을 지키기 위해 총력을 기울이다 결과적으로 그룹 전체가 무너지는 결과에 봉착했던 셈이다.

사실 대농그룹 못지않게 큰 피해자는 주식 시장의 참여자들이다. 신동방 측이 M&A에 성공해 미도파를 구조 조정하고 외환 위기 때 살아남았다면, 주가가 PBR 1배 미만에서 거래되는 상장 기업이 줄어들고 기업들도 적대적인 M&A의 공격 위험에 대비해 주주들에게 충분한 보상을 지급하는 선순환이 출현했을 수도 있다. 그러나 M&A 과정에 참여한 모두가 큰 피해를 입음으로써 이후 2022년 말까지 단 한 건의 적대적 M&A도 성사되지 못하는 지경에 처하게 되었다.

2003년 SK그룹에 대한 소버린Sovereign의 공격, 2015년 제일모직 삼성물산 합병에서의 엘리엇 매니지먼트Elliott Management 등 글로벌 투자자의 반대 표명, 2021년 대한항공 경영권 분쟁 등 수많은 경영권 관련 이벤트에서 항상 패자는 공격 측이었다.[61] 2003년과 2015년에는 외국의 투기 세력이 한국 기업을 사냥한다는 프레임이 짜였고, 이 과정에서 국민연금을 비롯한 대다수 국내 투자자들은 재벌 총수에게 표를 던졌다.[62] 심지어 2021년에는 아예 산업은행이 대한항공 총수 측에 가세함으로써 1997년에 대농 편에 섰던 강경식 경제부총리의 행동을 떠올리게 했다.

따라서 앞으로도 한국 증시의 구조가 하루아침에 바뀌기는 어려울 것 같다. 어떤 역사적 분기점에서 벌어진 사건이 이후의 경로를 바꾸는 것처럼, 1996년 말에 신동방 측의 미도파 M&A 시도가 실패한 이후 한국 증시에서 재벌 총수의 강대한 권력에 도전하려는 이들은 지속적으로 줄어들었고, 투자자의 마음속에 "한국 증시는 저평가되는 게 당연하다."라는 확신을 심어주었기 때문이다. 2023년에도 한국을 대표하는 엔터테인먼트 회사인 SM의 경영권 분쟁에서, 결국 카카오와 손잡은 SM이 승리하면서 적대적 M&A의 실패 사례 리스트가 한줄 더 추가되고 말았다. 따라서 한국 주식시장에서 PBR이 1배 미만으로 떨어진 기업을 '바람직한 투자 대상'이라고 단언하기는 어렵다고 할 수 있을 것 같다.

요약 및 교훈

1996년 말부터 시작된 미도파 경영권 분쟁은 한국 증시의 흐름을 갈라놓은 역사적 사건이었다. 신동방 측은 결정적 승기를 잡았음에도 전경련과 정부의 개입으로 결국 화해할 수밖에 없었고, 이후 발생한 외환 위기 과정에서 경영권 분쟁에 참여한 모든 주체들이 파산하는 결과를 낳았기 때문이다. 이후 '투기 세력에 의한 경영권 위협'이라는 표현이 일상적으로 언론 지상에 등장했고, 재벌 총수의 경영권에 도전하는 국내외 세력은 매번 패배를 맛보아야 했다. 외국인의 지분율이 낮은 기업 총수는 흔들림 없는 경영권을 확보하게 되었으며, 상속세와 증여세를 회피할 목적으로 이뤄지는 물적 분할과 지주사 전환 그리고 전환 사채 발행 등 수많은 방식으로 투자자들의 손실을 강요하게 되었다.

2000년대의
부채 비율 하락

주가가 액면가를 넘었는가?

1997년 외환 위기의 원인을 다루면서 크게 세 가지 요인을 거론한 바 있다. 1995년 말부터 시작된 반도체 가격의 폭락 사태, 1996년 말부터 시작된 종금사의 해외 대출 회수, 1997년 7월의 태국 외환 위기가 그것이다. 특히 후자의 두 가지 요인은 정부 정책으로 어느 정도의 통제가 가능했으리라 생각된다. 그러나 기업의 경쟁력 약화 및 반도체 수출 제품 가격 급락 문제는 한국의 노력만으로 해결하기 어려운 부분이었다.

왜냐하면 당시 한국뿐만 아니라 대만 등 수많은 아시아의 공업국이 다 함께 경기 침체를 맞았기 때문이다. 즉 한국 혼자 노력해서 강력한 불황을 피하기는 힘들었다는 이야기다. 실제로 대만은 1997년에 외환 위기를 겪지 않았지만, 이후 10년 동안 연평균 성장률이 단 2.4%에 불과할 정도로 심각한 저성장을 겪은 바 있다. [63] 반면 한국은 1998년에 -6%의 성장을 겪은 대신,

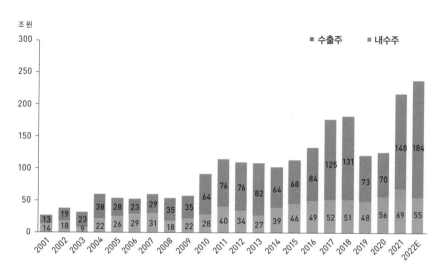

그림 2.7 **2001~2022년 KOSPI200 중 수출주 및 내수주의 영업 이익 추이**

이후 10년 동안 1인당 국민 소득이 연평균 8.3%씩 늘어날 정도
로 빠른 회복세를 보이며 한때 대만의 국민 소득을 역전할 수 있
었다. 가파른 경제 성장이 지속되는 가운데 기업 실적도 크게 개
선되었다. 2001년 KOSPI200 지수에 편입된 수출 기업의 영업
이익은 단 13조 원에 불과했지만, 2010년에는 64조 원으로 불어
난 데 이어, 2021년에는 148조 원에 이르러 20년 만에 10배 이
상 불어났다.

한국 수출 기업 이익의 비약적인 성장은 어떻게 가능했을까?

가장 직접적인 요인은 달러에 대한 원화 환율이 급등한 탓이 겠지만, 1998년부터 시작된 증시 호황 속에 기업들이 대규모 자금을 조달할 수 있었던 것도 결정적인 영향을 미쳤다. 1997년 한국 제조업의 부채 비율, 즉 기업의 자기 자본 대비 부채의 비율은 396.3%에 이르렀지만, 2003년에는 123.4%로 떨어진 것이 이를 방증한다. 단 6년 만에 부채 비율을 1/3 이하 수준으로 내릴 수 있었던 것은 부채 감축 노력에 자기 자본의 급격한 증가가 가세했기 때문이다.

그림 2.8 1988~2006년 KOSPI와 시가 총액 대비 주식 공급 추이

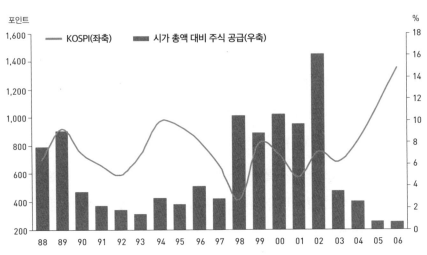

출처: 한국은행, 프리즘 투자자문 작성

대한민국 돈의 역사

기업이 자기 자본을 늘리는 방법은 크게 보아 두 가지이다. 이익을 내고 배당을 감축해 유보금을 늘리는 것이 하나이고, 다른 하나는 다른 이로부터 자본을 유치하는 것이다. 그런데 2000년 초반까지 한국 기업의 이익이 크게 늘지 못했기에 첫 번째 방법은 사용하기 어려웠다. 결국 기업의 자기 자본 증가는 투자자들의 돈, 즉 유상 증자나 전환 사채 발행 덕분이었다. 1998~2002년에 걸쳐 주식 시장 시가 총액의 거의 10%에 이르는 자금 조달(=주식 공급)이 이뤄져 부채 비율을 획기적으로 개선하는 한편, 파산한 기업의 우량 자산을 인수해 경쟁력을 강화할 수 있었다.

주식 시장에서 대규모 자금 조달이 가능했던 것은 나스닥 버블 덕분이었다. 버블의 3요소 중에 강력한 유동성 공급과 새로운 시대의 개막에 대한 기대가 부풀어 오르는 가운데 1995년에 넷스케이프 커뮤니케이션즈Netscape Communications의 상장이 투기의 불꽃을 일으켰다.[64] 넷스케이프 커뮤니케이션즈는 혁신적인 인터넷 브라우저를 개발하는 데 성공했지만, 전혀 수익을 올리지 못하는 상태였다. 그러나 창업자인 앤드리슨Marc Lowell Andreessen과 클라크James H. Clark는 기업 공개가 마케팅의 수단이 될 것이라는 확신을 갖고 이를 밀어붙였다. 결과적으로 보면 경영진의 베팅은 큰 성공을 거두었다. 1995년 8월 19일 상장 당일에 주가가

107% 상승한 데 이어, 연말에는 시가 총액이 67억 달러에 이르렀기 때문이다.

외환 위기 이후 외국인 지분율 한도가 폐지되면서 미국에서 발생한 기술주 투자 붐이 한국에도 상륙했다. 여기에 현대증권 이익치 회장이 설립한 '바이 코리아 펀드'는 한국 특유의 집단 심리와 결합해 강력한 영향을 미쳤다. 아래에 인용된 이익치 회장의 인터뷰는 당시 분위기를 단적으로 보여준다.[65]

우리에게 정말 심각한 문제가 대량 실업 아닙니까? 8~9%대 실업률을 4%대로 끌어내리려면 100만 명에게 일자리를 주어야 합니다. 100만 명, 어렵다고 보세요? 바이 코리아 펀드에 100조 원만 모이면 일거에 해결됩니다. [중략]
3월 안에 펀드 수탁고가 30조 원이 되는 등 정상이 멀지 않았습니다. 물론 이런 결과는 현대그룹의 공신력이 없었다면 어려웠을 겁니다. 아직 몇 가지 질적 지표 면에서 개선할 여지가 있는 것은 사실이지만, 현대증권을 한국의 메릴린치Merrill Lynch 로 만들 것입니다.

바이 코리아 펀드를 비롯한 수많은 펀드로 시중 자금이 몰리면서 경제에 두 가지 선순환이 발생했다. 무엇보다 주가가 액면가 이상으로 상승한 기업들은 유상 증자가 가능해져서 자금난을 해소할 수 있었다. 두 번째 선순환은 기술주 주가의 급등을 계기로 스타트업이 손쉽게 자금을 조달하는 한편, 유능한 인재를 유치할 수 있게 되었다는 점이다. 네이버와 엔씨소프트 그리고 카카오를 비롯한 정보 통신업계 주도 기업 대부분이 90년대 말부터 2000년대 초반에 설립된 것이 이를 방증한다.

그러나 주식 붐의 혜택을 받지 못했던 기업들이 있었으니, 바로 주가가 액면가(통상 5,000원)에 미치지 못한 기업들이었다.[66] 박정희 정부의 상장 촉진 정책을 이야기하면서 액면가 상장의 문제를 이미 다룬 적 있다. 여기서 액면가란 실제 주식 시장에서 거래되는 가격과 상관없이 주식 증서의 표면에 기재되어 있는 가격을 뜻한다. 통상 5,000원인데, 코스닥 시장의 액면가는 500원이 많다. 이는 액면 분할을 통해 한 주를 10개로 쪼갠 것으로 볼 수 있다. 이 제도는 2012년 4월의 상법 개정으로 없어졌지만, 그 이전까지는 경제와 주식 시장에 아주 중요한 영향을 미쳤다.[67]

액면가가 중요한 이유는 주가가 5,000원에 미치지 못하는 경우 유상 증자를 할 수 없다는 점이었다. 기업의 성과가 부진해 주가가 액면가에도 미치지 못한 기업에 투자할 때는 유의할 필요가 있다는 경고의 뜻을 담고 있었지만, 성과 부진 기업이야말로 증자를 통해 자기 자본을 확충할 필요가 있다는 점에서 잘못된 규제라는 지적이 많았다. 물론 주당 가격을 높이기 위해 무상 감자를 단행하는 것도 방법이지만, 채권자들의 의견을 수렴해야 하는 등 복잡한 절차를 밟아야 했다. 여기서 감자는 주식 수를 줄이는 것을 뜻한다. 예를 들어 어떤 회사가 주식이 200만 주 상장되어 있고 주당 4,000원에 거래되어 유상 증자가 불가능할 때, 주식 수를 100만 주로 줄이는 조치(=감자)를 단행하면 주가는 8,000원으로 조정된다. 왜냐하면 기업의 경영 상황은 그대로인데 상장된 주식이 절반으로 줄었으니, 주가는 상승할 것이기 때문이다.

다시 증자 문제로 돌아가서, 주가가 액면가 이하에서 거래되는 기업들이 주주 총회에서 감자를 결의한 후 증자하기까지의 평균적인 기간이 237일이었다고 하니, 액면가 밑에 있다고 해서 자금을 조달하지 못하는 것은 아니다. 그러나 1998~1999년에는 이게 심각한 문제를 일으켰다. 기업들의 자금난이 심각한 수준에 도달했기에 감자 후 유상 증자를 추진하는 과정에서 파산하는 기업들이 속출했던 것이다. 이때 가장 문제가 되었던 곳이 바로 대우그룹이었다. 대우그룹의 주력 계열사 중에 대우증권 등 일부를 제외하고는 대부분이 액면가를 밑돌았기에 유상 증자가 원활하지 않았다.[68]

그럼 왜 대우그룹의 주력 계열사 주가가 액면가를 밑돌았을까?

일단 가장 큰 요인은 재무 구조의 불확실성 때문이겠지만, 90년대 내내 지속적인 증자가 이뤄졌던 것이 발목을 잡았다.[69] 김우중 회장의 주도로 '세계 경영' 전략을 추진하는 과정에서 부족한 자금을 잦은 증자로 조달하다 보니, 90년대에 접어들어 대우그룹 주식에 대한 투자자들의 선호가 약화되었던 것이다. 1996년 필자가 모 증권사 리서치 센터에 입사했을 때 가장 먼저 들었던 조언이 "증자가 잦은 주식은 투자하는 게 아니다."라는 말이었을 정도다.

물론 유상 증자로 조달한 자금을 적절하게 사용한다면 오히려 기업의 가치가 높아진다. 그러나 선진국 재무학자들의 연구에 따르면, 유상 증자 기업들의 주식 가격이 유상 증자를 하지 않은 기업에 비해 부진한 것으로 나타난다.[70] 이런 일이 벌어지는 이유는 기업의 내부자(최고 경영자와 총수)가 기업의 가치에 대해 다른 이들보다 정확한 정보를 가지고 있기에, 주식 가격에 거품이 끼었다고 생각되면 유상 증자를 통해 자금을 조달하는 경향이 있기 때문이다.

대우그룹 파산 뒤에는 유례없는 규모의 분식 회계 그리고 고금리 여건 등이 복합적인 영향을 미쳤다. 그러나 다른 기업들도 이와 비슷한 문제를 겪고 있었다는 점을 감안할 필요가 있다. 대우그룹이 투자자들에게 유망한 투자 대상으로 비쳤다면 결정적인 순간에 자금 부족으로 무너지지는 않았으리라 생각된다. 결국 외환 위기 직후 한국 기업의 생사는 주가가 액면가를 밑도는가 여부에 달려있었던 셈이다. 결정적인 순간에는 기업의 평판이 큰 영향을 미친다는 것을 새삼 느끼게 되며, 독자들도 부디 평판 좋은 기업에 투자하는 습관을 지니기를 바란다.

요약 및 교훈

1998년부터 시작된 강력한 주가 상승은 크게 보아 두 가지 요인 때문에 촉발되었다. 첫 번째는 미국 나스닥 시장의 강세, 두 번째는 저금리 환경 속에서 시작된 '바이 코리아 펀드 붐' 때문이다. 특히 국내 주식 시장으로의 대규모 자금 이동이 기업들의 주가를 밀어 올림으로써 기업들이 자금을 조달하기에 용이한 환경을 가져왔다. 1998년부터 5년간 시가 총액의 10% 이상에 달하는 대규모 자금 조달이 벌어진 것이 이를 방증한다. 그러나 당시 주가가 액면가를 밑도는 기업들은 유상 증자가 어려웠기에 주가 수준이 높은 기업들에만 혜택이 집중된 면이 있었다. 특히 대우그룹은 대부분의 계열사가 액면가를 밑돌았기에 위기를 맞이하게 되었다.

2003~2007년
대세 상승

한국형 버블 붕괴 3탄

2002년 한국 주식 시장은 유례없이 저평가된 상태였다. 주식 가격이 저평가되었는지 아니면 고평가되었는지를 판단하는 데 가장 많이 사용되는 지표는 PBR이다. 주가와 순자산 가치 사이의 관계를 뜻하는 이 지표는 특히 증시의 바닥을 점검하는 데 유용하다. '그림 2.9'에서의 붉은 박스로 표시된 영역이 한국 주식 시장의 PBR이 0.8배 밑으로 내려간 시기인데, 이때 이후에는 주가 반등의 가능성이 높아진 것을 발견할 수 있다.

이런 현상이 반복적으로 나타나는 이유는 크게 두 가지 때문으로 보인다. 첫 번째는 가격에 극단적인 공포가 미리 반영되었다는 점이다. 예를 들어 2016년에 주식 시장이 바닥을 찍고 올라갈 때 서점가에서 가장 유행하던 책들이 바로 '삼성그룹 파산' 가능성을 다룬 책이었다. 명문대 교수부터 미래학자까지 다양한 직업에 종사하는 사람들이 일제히 삼성전자를 비롯한 핵심 기업

그림 2.9 1995~2023년 MSCI 한국 주가 지수의 주당 순자산 가치 대비 배율(PBR) 변화

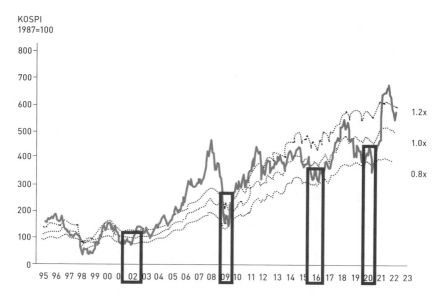

KOSPI
1987=100

출처: Bloomberg, 프리즘 투자자문 작성
MSCI 지수: 모건스탠리캐피탈 인터네셔널에서 만든 주가 지수로 글로벌 펀드의 투자 기준이 되는 지표

들이 경쟁력을 잃어버리며 무너질 것이라고 경고했다.

한국 주식 시장 시가 총액 1위 기업의 파산 가능성이 부각되는데, 순자산 가치 이하로 주가가 하락하는 것은 어쩌면 당연한 일이다. 그러나 이런 극단적인 예언은 빗나갈 가능성이 높다. 왜냐하면 한국 수출 대기업의 이익은 20년 만에 10배 늘어났고, 한국은 세계에서 두 번째로 적극적인 연구 개발 투자를 하는 나라

이기에 끊임없이 생산 효율이 높아지는 중이기 때문이다. 물론 외국인의 대규모 주식 매도로 주가가 폭락할 수는 있지만, 대신 환율 상승이라는 선물도 함께 온다는 점을 잊어서는 안 된다.

수출로 먹고사는 한국 경제 입장에서 외국인 매도에 의한 환율 상승은 곧 기업 경쟁력의 개선으로 연결될 수 있다. 더 나아가 외국인 투자자들이 한국 주식을 마지막 한 주까지 긁어 팔지 않은 다음에야 언젠가는 매수세로 돌아설 가능성이 높다. 특히 환율까지 급등해 달러 표시 주식 가격이 급락하면 이른바 가치 투자자들이 시장의 전면에 나설 가능성이 높아진다.

가치 투자자는 기업의 '내재 가치'에 비해 싼 주식을 찾는 투자자들을 뜻한다. 세계적인 거부 워런 버핏을 필두로 한 가치 투자자들은 기업의 가치가 미래에 벌어들일 이익의 합(=내재 가치)으로 결정된다고 보며, 내재 가치에 비해 현재 주가가 싸게 거래되는 기업은 언젠가 상승할 것이라고 본다.[71] 예를 들어 올해 주당 1,000원 그리고 내년에 주당 2,000원 하는 식으로 꾸준히 이익이 늘어날 잠재력을 보유한 C 기업이 있고, 이 기업의 내재 가치가 3만 원이라고 가정해 보자. 그러나 시장 참가자들이 가치를 파악할 안목이 부족한 탓에 C 기업의 주가가 1만 원 수준에 형성되어 있다면 장기적으로 이 기업의 주가는 내재 가치 수준인 3만 원으로 회귀하게 될 것이라는 게 가치 투자자들의 입장이다.

물론 필자는 가치 투자자들의 주장에 100% 동의하지 않는다. 왜냐하면 한국의 대주주와 기업 총수들은 내재 가치 대비 기업의 주가가 저평가되느냐 여부에 관심 없는 경우가 많기 때문이다. 오히려 가치 투자자들이 자신의 주식을 매수해 5% 선을 넘기는 순간, 이들의 주식 매도를 유발하기 위해 갖은 노력을 기울이는 것을 직접 목격한 적도 있다. 5%를 넘기자마자 대주주가 연락을 취한 이유는 이른바 '5% 룰' 때문이다. 5% 룰은 1996년 말 신동방의 미도파 M&A 시도 같은 적대적인 기업 M&A로부터 경영권을 보호할 목적으로 만든 법이다. 누가 주식을 집중적으로 매입했는지, 더 나아가 어떤 목적으로 보유하는지를 신고하게 만듦으로써 경영권에 대한 방어를 더 쉽게 도와준다.[72]

아무튼 대주주들이 5% 이상의 지분을 신고한 가치 투자자들에게 '주식 매도'를 종용하는 이유는 간단하다. 자신의 경영권에 대한 잠재적인 걸림돌이 될 뿐만 아니라 기업의 가치를 올리는 게 싫기 때문이다. 즉 주가를 장기간 PBR 1배 미만으로 유지함으로써 자녀에게 경영권을 적은 비용으로 상속하길 원하는 것이다. 그러나 외국인 가치 투자자에게 이런 방법이 통하기는 어렵다. 일단 외국인 투자자들이 해외에 거주하기에 연락을 취할 방법이 많지 않은 데다, 글로벌 투자자들의 자금력이 국내 가치 투자자들과 비교할 수 없을 정도로 강대하기 때문이다. 따라서 외국인이 저평가된 기업을 주목하고 매입하기 시작하면 주식 가격이 영향을 받지 않을 수 없다. 물론 적대적 M&A까지는 가지 않지만, 2006년 칼 아이칸의 KT&G 매수처럼 의미 있는 지분을 인수한 후 경영진의 배당 약속을 받는 전략도 충분히 가능할 것이기 때문이다.[73]

따라서 극단적인 공포에 의한 주가 폭락 국면에는 주식을 움켜쥐고 있을 필요가 있다. 특히 2000년대 초반처럼, 기업들의 경쟁력이 기파르게 개선되고 있을 때는 외부 환경이 조금만 좋아져도 시장의 탄력이 크게 강화되곤 하기 때문이다. 이때 한국 시장을 찾아온 호재는 바로 중국의 고성장이었다. 2001년 WTO 가입 이후 중국의 수출이 폭발적으로 늘어나는 가운데 반도체와 기계 그리고 석유화학 제품 등 각종 원자재와 부품에 대한 수요가 급증했던 것이다.

물론 이것만으로 버블이 형성되지는 않는다. 미래에 대한 낙관은 버블이 형성되기 위한 3요소 중의 하나에 불과할 뿐이니까. 이때 버블의 두 번째 요소인 유동성 여건도 중국 덕분에 크게 개선되기 시작했다. 당시 중국은 경제 개발에 몰두하고 있었기에, 성장에 필요한 일부 제품을 제외하고는 수입을 허락하지 않았다.[74] 이 결과 발생한 막대한 무역 흑자는 외환 보유고의 확충으로 연결되었고, 이는 다시 미국이나 유럽 등 선진국 국채의 매수로 이어졌다. 채권 금리도 수요와 공급에 의해 결정되는 것은 다른 상품과 마찬가지다. 채권 매수세가 커지면 커질수록 점점 더 발행 금리가 내려가는 것은 당연한 일이다. 이 덕에 미국이나 유럽을 시작으로 세계적인 저금리 환경이 조성되어 한국도 역사상 유례없는 수준까지 금리가 내려갔다. 한국 기업들이 발행한 차용증, 즉 회사채 금리(AA- 등급 기준)는 2001년 7.1%에서 2004년 4.7%까지 내려갔고, 2006년에도 금리가 5.2%에 그치는 등 저금리 환경이 일상화되었다.

중국으로의 수출 붐에 저금리 환경이 가세한 데 이어, 버블을 유발할 마지막 불꽃이 중국에서 시작되었다. 중국 정부가 2005년부터 기업의 투자 재원 마련 및 비유통 주식 매각을 목적으로 금리를 인하하는 등 강력한 증시 부양 정책을 펼쳤던 것이다. 비유통 주식은 중국증권감독관리위원회CSRC, China Securities Regulatory Commission의 명시적인 승인이 있을 때만 거래가 가능한 주식을 뜻하는데, 2005년에는 전체 상장 주식의 62%에 이르렀다.[75] 따라서 주식 가격을 띄울 수만 있다면 정부와 국영 기업이 보유한 비유통 주식을 손쉽게 처분할 수 있을 터였다. 중국 정부의 증시 부양 정책 효과는 바로 발생했다. 2005년 말 1,000포인트 내외에서 움직이던 상하이 종합 지수SSECI, Shanghai stock exchange composite index가 2007년에 6,000포인트를 돌파하는 강세를 보였던 것이다. 이후 한국과 브라질 등 이른바 신흥국 시장은 화산처럼 폭발하기 시작했다.

모 증권사의 리서치 팀장으로 일하고 있던 2007년 여름에 필자는 상하이와 선전으로 출장을 다녀온 적이 있었다. 현지 증권사와의 협업을 위해 방문한 것이었지만, 협업이 어떻게 진행되었는지는 전혀 기억나지 않는다. 그러나 중국 증시의 뜨거운 열기는 지금도 생생하다. 30도를 훌쩍 뛰어넘는 불볕더위였지만, 증권사 객장에 들어가기 위해 늘어선 행렬은 줄어들 줄 몰랐다. 왜냐하면 줄을 선 상태로 서로 정보를 교환하고 또 자기가 보유한 주식이 얼마나 매력적인지를 침을 튀기며 설명하고 있었기 때문이다.

이상의 묘사를 들은 독자들은 1989년의 한국 상황과 대단히 비슷하다는 것을 느꼈을 것이다. 그리고 1989년 한국 주식 시장과 똑같은 방식으로 중국이 무너지기 시작했다. 중국 심천 시장의 상장 기업 수는 2005년에 500개 내외에 불과했는데, 2007년에는 800개를 넘어서고, 2010년에는 1,200개를 넘어섰다. 이렇게 상장 기업이 폭발적으로 늘어나고 비유통 주식의 매각이 지속되면 아무리 강력한 매수세도 무너질 수밖에 없다. 특히 2007년을 고비로 국제 상품 가격이 급등하면서 강력한 인플레이션이 발생한 것도 시장을 무너뜨린 방아쇠로 작용했다. 인플레이션이 발생하면 시장 금리가 인상되며, 금리의 상승은 주식 시장으로의 자금 유입을 위축시키는 결과를 가져오기 때문이다.

2008년부터 중국 증시가 무너지자 한국 증시도 버틸 수 없었다. 특히 2008년에 미국 부동산 시장의 붕괴가 시작되며 리먼브라더스를 비롯한 거대 금융 기관이 연쇄적으로 파산하자 KOSPI는 다시 1,000포인트 밑으로 내려가는 수모를 겪고 말았다. 중국의 주식 버블이 붕괴되고, 미국의 금융 위기 속에 외국인 투자자들이 한국 주식을 대거 매도한 데다, 국내 투자자들도 매수 의욕을 잃어버렸기에 발생한 일이었다.

그러나 1989년과 달리 한국 주식 시장은 바로 회복될 수 있었다. 다음 장에서 자세히 설명하겠지만, 높아진 기업의 경쟁력과 과거에 비해 줄어든 주식 공급이 강한 반등의 디딤돌 역할을 했다.

요약 및 교훈

2002년을 고비로 한국 주식 시장은 5년에 걸친 대세 상승을 기록했다. 세계적인 저금리 현상과 매력적인 밸류에이션 그리고 중국 주식 버블 때문이었다. 특히 SSECI는 2005년 말 1,000포인트에서 2007년에 6,000포인트까지 상승하는 역사적인 상승세를 펼치며 한국뿐만 아니라 전 세계 신흥국 주식 시장을 뜨겁게 달궜다. 그러나 비유통 주식의 매각이 늘어나고, 신규 상장 기업이 폭발적으로 증가하는 가운데 시장의 수급이 무너지며, SSECI는 2009년에 2,000포인트 선까지 폭락하고 말았다. 중국 증시에서부터 시작된 신흥 시장의 거품은 현재까지도 악영향을 미치는 중이며, 신흥 시장에서는 한국과 대만 정도만 역사적인 고점을 넘어선 상태다.

2009년
기적 같은 주가 상승

한국 증시의 기초 체력은 어떻게 개선되었나?

2008년에 KOSPI가 900포인트 밑으로 내려갔을 때 "한국 주식 시장은 이제 끝났다."라는 탄식을 여의도 곳곳에서 들을 수 있었다. 그러나 2010년 말에는 KOSPI가 2,051포인트를 기록했고, 2011년에는 역사상 최고치를 경신하는 강세를 보였다. 한국 증시는 어떻게 위기를 극복할 수 있었나? 이 의문을 풀어보자.

주식 시장이 2009년부터 가파른 회복세를 보인 첫 번째 원인은 주식 공급의 감소에 있다. 1998년부터 2002년까지 이어진 끝없는 주식 공급 이후 기업의 재무 구조 개선이 마무리된 것이 유상 증자나 신규 상장을 줄인 가장 직접적인 원인이었다. 특히 2000년부터 2003년 초까지 코스닥 지수가 고점 대비 80% 이상 폭락하며 신규 상장 붐이 꺾인 것도 큰 영향을 미쳤다.[76] 주식의 공급은 줄어드는 반면, 소득의 증가로 저축 여력이 커지면서 주식 수요는 늘어났다. 소득이 늘어날 때는 제일 먼저 저축이 늘어나지만, 저축이 늘어날수록 금리가 떨어질 것이기에 시중 자금이 주식 시장에 유입될 가능성이 높아진다.

2009년의 강세장이 출현한 두 번째 원인은 미국 등 선진국 경제의 가파른 회복이었다. 선진국 경기 회복의 계기는 바로 '스트레스 테스트'였다. 의사가 환자를 진찰하여 위중한 상황에 어떻게 대응할 것인지 판단하듯, 금융 기관이 재앙적인 상황(주택 가격의 20% 추가 하락, 실업률 20% 등)에서도 생존할 수 있는지 점검하는 것을 뜻한다. 미국 재무부는 스트레스 테스트를 통과한 금융 기관에 '합격' 도장을 찍어주고 "이 금융 기관은 매우 안전합니다."라고 선언해 주었다. 반대로 이 테스트를 통과하는 데 실패한 금융 기관에는 정부가 대규모 공적 자금을 투입하거나 자구 노력을 시행하도록 요구했다.[77] 스트레스 테스트 이후 기적같은 일이 벌어졌다. 금융 기관 파산 우려가 완화되는 가운데 경기가 빠르게 회복하기 시작한 것이다. 은행에서의 예금 인출이 줄어들자 기업 대출을 회수하려는 움직임도 진정되었고, 이게 다시 시중 자금 사정을 개선시켰던 것이다. 미국 경제는 2009년에 -2.6% 성장했지만, 2010년에는 +2.7%, 2011년에는 +1.5%로 착실하게 개선되었다.

한국 주식 시장이 2007년의 고점을 탈환할 수 있었던 마지막 요인은 경쟁력의 개선이었다. 아무리 해외 여건이 좋아지고 금리가 내려갔더라도 주식 시장에 돈이 들어오기 위해서는 기업 이익이 늘어나야 한다. 그런데 2000년에도 그랬지만, 한국 기업들은 금융 위기가 터진 다음에 항상 이익이 폭발적으로 늘어났다. 2002년부터 시작된 이익 급증 그리고 2009년부터 시작된 역대급 실적이 이를 뒷받침한다. 그리고 이런 현상은 2020년 코로나 팬데믹 이후에도 이어졌고, 앞으로도 계속될 가능성이 높은 것으로 판단된다.

그렇다면 왜 한국 기업 이익은 위기 이후에 늘어날까?

가장 직접적인 이유는 위기가 발생할 때마다 외국인 투자 자금이 유출되며 환율이 상승한 것이지만, 이 외에도 한 가지 요인이 더 있다. 그것은 바로 생산성의 지속적인 향상이다. 생산성은 투입된 노동 시간당 산출물의 양을 측정한 것이다. 생산성이 지속적으로 늘어난다는 것은 생산의 효율이 개선되는 것을 의미한다. 특히 추가적인 교육이나 자본 장비의 투입 만으로 설명할 수 없는 생산성의 향상을 총요소 생산성Multi-factor Productivity 이라고 부른다.[78] 총요소 생산성이 향상되기 위해서는 혁신적인 기술의 도입이나 새로운 협업 등 다양한 방식이 동원된다.

이렇게 해서 달성된 총요소 생산성의 향상은 기업의 경쟁력 개선에 직접적인 효과를 발휘한다. 추가적인 비용이 투입되지 않았는데 생산 효율이 개선되었으니 생산성 개선 분이 고스란히 비용 절감으로 연결될 가능성이 높다. 비용 절감을 달성한 기업은 제품 가격을 인하할 여지가 생길 것이며, 이게 아니라면 근로자들에게 더 많은 보상을 제공함으로써 더욱 생산성의 향상을 촉진할 수 있다. 물론 한국 기업은 이 두 가지 전략을 병행하고 있다. 삼성전자를 비롯한 대기업 근로자들의 평균 연봉은 1억 원을 돌파한 지 오래되었고, 한국 제품의 시장 점유율은 꾸준히 상승하고 있기 때문이다.[79]

지속적으로 생산성이 향상된다는 이야기를 들은 독자들 중에

그림 2.10 **국가별 총요소 생산성 증가율(가로축)과 2005년 이후의 주가 상승률(세로축)**

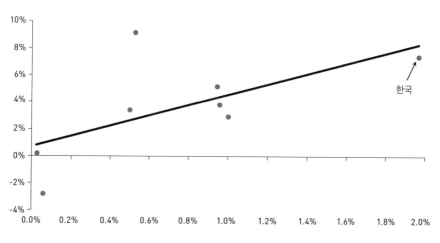

출처: OECD, Bloomberg, 프리즘 투자자문 작성

일부는 "그게 왜 위기 이후에 기업 실적이 개선되는 원인인가?" 라고 질문할 것이다. 맞는 이야기다. 당연히 생산성의 향상을 위한 투자는 항상 이뤄져야 한다. 하지만 현실은 그렇지 않다. 왜냐하면 주가의 흐름에 민감한 선진국 기업들은 경기가 나빠질 때 즉각 비용 통제에 들어가는 경향이 있기 때문이다. 2022년에 주식 시장이 폭락하자마자 메타Meta나 넷플릭스Neflix 그리고 아마존Amazon 같은 거대 정보 통신 기업들이 대규모 해고를 단행했던 게 대표적이다. 주주들이 주가의 흐름에 민감하고, 주가를 기업 경영의 판단 잣대로 사용하다 보니 벌어진 현상이다. 따라서 주가가 폭락하는 순간 경영자들은 '어떤 조치라도 취해야 하는' 압박을 느끼게 된다. 물론 해고 이전에 주가를 부양할 목적으로 자사주를 매입 소각하는 게 일반적이지만, 이래도 주가가 반등하지 못하면 결국 당장 이익을 내지 못하는 사업 부문에 대한 구조 조정을 단행하는 게 일반적이다.

이런 현상이 나타난 것은 1980년대에 적대적 M&A 붐과 함께 시작된 새로운 흐름인 스톡옵션Stock option 지급에 기인한 면이 크다.[80]

기업들은 경영진에 대한 급여 체계를 고정된 월급이 아니라 경영진이 투자자로서 참여하여 보상받는 방식으로 변화시켰다. 1998년에 S&P 500대 기업 중 144개를 대상으로 이뤄진 조사에 따르면, 경영자의 스톡옵션이 총 공개 주식의 6.2%에 달했다. 스톡옵션 실행 가격 이상으로 주가가 오르면 엄청난 부를 얻을 수 있기에 경영진이 주가를 올리기 위해 무슨 짓이든 가리지 않도록 하는 유인을 만들어 냈다.

위 사례에서 말하는 '무슨 짓'이 바로 대규모 정리 해고다. 물론 해고된 근로자들과 함께 노하우가 사라지고, 현직에 남아 있는 근로자들은 "다음은 내 차례일 것"이라는 공포를 가지고 일하게 될 것이지만, 일단 주가가 반등하기만 하면 아무 상관이 없다는 태도가 일상화되었다.

반면 한국은 불황이 온다고 해서 대규모 정리 해고가 단행되는 일은 드물다. 1997년 외환 위기 이후에는 일시적으로 정리 해고가 단행되었지만, 이후 기업 파산 같은 극단적인 상황을 제외하고는 정리 해고 소식을 접하기 힘들다. 반면 한국 기업들은 호황 때 주식 시장에서 조달한 자금을 활용해 불황에도 지속적인 투자를 단행한다. 잠깐만 시간을 내어 검색 창에서 '2022년 삼성전자 투자'라고 검색해보면 필자의 말이 무슨 뜻인지 알 수 있을 것이다. 주식 시장이 급격히 침체되는 중임에도 수십조 원에 이르는 투자가 단행되었음을 금방 발견할 테니 말이다.

한국 기업들이 이런 패턴을 보이는 이유는 총수가 바로 '오너십'을 가지고 있기 때문이다. 오너십은 기업에 대한 지배력 및 통제력을 뜻하는 동시에 "이 회사는 내 것"이라는 마음을 가지고 장기적인 프로젝트에 뚝심을 가지고 투자한다는 것을 의미한다. 70년대 중반 이후 거의 20년에 걸친 삼성그룹의 반도체 투자와 현대자동차그룹의 끊임없는 신차 출시 같은 것이 대표적인 사례가 될 것이다.

이를 경영학계에서는 '기업가 정신entrepreneurship'이라는 말로 설명한다. 기업을 설립해 성공을 거두었다고 만족하는 게 아니라 더 큰 목표를 향해 지속적으로 향상을 추구하고 투자를 지속하는 것을 뜻한다고 볼 수 있다.[81] 한국 기업 총수가 주식 시장 참가자들에게 애증의 존재인 이유가 여기에 있다. 이병철 회장이나 정주영 회장 같은 불세출의 경영자들은 엄청난 성과를 거두기는 했지만, 주주들에 대한 보상 면에서는 짜디짠 모습을 보였으니 말이다.

결국, 한국이 위기 이후 레벨업하는 이유는 한국 특유의 총수 경영 때문이라고도 볼 수 있다. 불황이 닥치는 순간 수급 불균형이 발생하면서 화끈하게 주가가 하락하는 대신, 회복 국면에서는 누구보다 더 탄력적인 모습을 보이는 것은 결국 총수가 결단을 내려 불황에 투자를 지속했기 때문이라고 볼 수 있다. 따라서 한국 주식 시장에서는 '대세 상승' 같은 허황된 기대를 버리고 경기의 변화에 발맞춰 유연한 투자를 하는 게 바람직하다고 본다. 즉 1998년이나 2008년 그리고 2021년처럼 주가가 PBR 0.8배 수준을 밑돌 때, 한국 기업의 경쟁력을 믿고 우량 수출주를 저가 매수하는 것이다.

요약 및 교훈

2008년 글로벌 금융 위기 이후 세계 경제는 오랜 기간 고통받았다. 2009~2018년 세계 경제 성장률은 단 3.4%로, 금융 위기 이전 10년 동안(4.2%)에 비해 거의 0.8%포인트 낮아졌기 때문이다. 즉 경기 회복이 신속하게 이뤄지기는 했지만, 성장 잠재력의 훼손이라는 대가를 기록해야 했다. 그러나 한국 주식 시장은 이런 경제 환경에 굴하지 않고, 2011년 봄에는 KOSPI 최고점 기록을 갈아치웠다. 한국 증시가 다른 나라보다 빠르게 전고점에 도달할 수 있었던 데에는 세계 경기의 빠른 회복뿐만 아니라 '불황에 투자하는' 한국 기업들의 도전 정신도 큰 영향을 미쳤다. 금융 위기 이후 최악의 불황이 닥쳤음에도 연구 개발 투자를 멈추지 않고 근로자들을 대량으로 해고하지 않았기에, 호황이 시작되는 순간 누구보다 빨리 품질 좋은 제품을 대량으로 공급할 수 있었다. 물론 단호한 결단 뒤에는 총수 경영 그리고 소액 주주에 대한 짜디짠 주주 보상이 자리 잡은 것 또한 사실이다.

2010년 이후의
테마주 장세

성장 산업 진출하면 상한가?

이번 상에서는 테마주 이야기를 다루고자 한다. 테마주는 시장의 이목을 집중시키는 급등주를 가리킨다. 예를 들어 1999년의 새롬기술(035610)이나 골드뱅크(상장폐지) 같은 인터넷 기업 또는 2000년대 중반의 현대중공업(329180)과 OCI(010060) 등 중공업 및 태양광 주식들이 테마주로 들어갈 수 있을 것이다. 그런데 2010년대 이후의 테마주가 이전의 시장 주도주와 차이를 보이는 것은 바로 '차화정'이나 'BBIG' 같은 별명이 붙는다는 점이다.

처음에는 일부 투자자들 사이에서 불리는 애칭이었지만, 그게 필자까지 알 정도로 확산되면, 그 자체의 생명력이 생긴 것이다. 이런 종류의 주식에 대해 노벨경제학상 수상자 로버트 J. 실러Robert James Shiller 교수는 '내러티브'라는 용어를 사용한다. 내러티브는 한번 들으면 사람들의 머리에 오랫동안 자리 잡는 재미

있으면서도 그럴듯한 이야기를 가리킨다.[82] 누구나 한 번쯤 '밤새도록 선풍기를 켜고 자면 목숨을 잃는다.'라는 괴담을 들어본 적 있을 것이다. 어린 시절, 그 더운 대구의 여름밤에 선풍기를 켜지 않고 땀을 뻘뻘 흘리며 잤던 기억이 선명하다.

과거의 내러티브는 전염 속도가 빠르지 않은 대신 아주 강한 생명력을 특징으로 하고 있었다. 지역마다 입에서 입으로 내려오던 이야기나 전래 동화를 생각하면 좋을 것이다.[83] 그러나 90년대 말을 고비로 인터넷이 급격히 보급되고, 2010년대에 스마트폰까지 등장하며 내러티브의 확산 속도는 급격히 빨라졌다. 2020년에 세계 주식 시장을 뜨겁게 달군 밈 주식Meme stocks의 탄생은 어쩌면 오래전에 예고되었던 셈이다. 밈 주식은 온라인상에서 입소문을 탄 개인 투자자들의 시선을 집중시킨 주식을 가리킨다.[84]

밈 주식의 원조는 게임스톱Gamestop(GME)이었다. 게임스톱은 비디오 게임 전문 체인점으로 엑스박스Xbox나 플레이스테이션Playstation 같은 콘솔 게임기와 게임 소프트웨어를 판매하고 있었다. 그러나 인터넷을 통해 게임을 구입하는 게 일반화되며 매출이 조금씩 감소하고 있었던 데다, 2020년에 발생한 코로나 팬데믹으로 사회적 거리 두기가 시행되며 큰 타격을 받아, 2020년 8월에는 주가가 8달러까지 떨어졌다. 이때 미국의 헤지 펀드인 시트론리서치Citron Research와 멜빈캐피털Melvin Capital이 '게임스톱의 미래는 없다.'라며 공매도 공격을 가하기 시작했다.[85] 공매도란 기존 주주들에게 주식을 빌려서 내다 팔아 주가 하락 시 차익을 챙기는 전략이다. 게임스톱의 실적이 급격히 하락하는 중이었으니 헤지 펀드의 공매도 공격은 성공 가능성이 매우 높아 보였다.

이때 미국의 온라인 커뮤니티 레딧reddit의 주식 토론방 '월스트리트베츠WallStreetBets'를 중심으로 투자자들이 집결했다. 이들은 헤지 펀드의 공매도로 개미 투자자들이 지금껏 피해를 입었다며, 일치 단결해 현물 주식은 물론 콜 옵션을 대거 매수하는 데 나섰다.[86] 여기에 테슬라Tesla의 최고 경영자 일론 머스크Elon

그림 2.11 2018~2023년 게임스톱의 주가 흐름

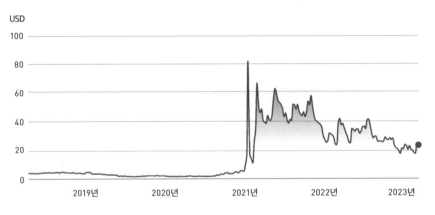

출처: Google 금융

대한민국 돈의 역사

Musk가 소셜 미디어를 통해 공개적으로 게임스톱 투자자들을 응원하는 일까지 벌어지면서, 결국 헤지 펀드는 막대한 피해를 입고 공매도 포지션을 청산하기에 이르렀다. 이후 게임스톱에 이어 영화관 체인 AMC시어터스AMC Theatres(AMC)도 밈 주식으로 부각되면서 급등하기 시작했다.[87] 그러나 2년여의 세월이 지난 지금 밈 주식의 성과를 살펴보면 게임스톱이나 AMC시어터스 모두 최고가에서 1/5 혹은 1/10 수준으로 떨어진 것을 발견할 수 있다. 이렇게 처참한 성과를 거둔 이유는 실적 부진 때문이다. 게임스톱은 2019년부터 적자 행진을 지속하는 중이며, AMC시어터스도 2019년부터 시작된 적자 행진이 끝날 줄 모르고 있다.

이런 흐름은 한국의 테마주도 마찬가지다. 2010년대 초반에 한국 증시를 주름잡았던 테마주로 '차화정' 혹은 '자문사 7공주'가 있었다. 그들의 대표로 꼽히던 태양광 업체 OCI(010060)의 사례를 통해 한국 테마주의 드라마틱한 생애를 살펴보자. 태양광 산업 주식 가격이 급등한 것은 2008년에 이명박 정부가 '저탄소 녹색 성장'을 국가 비전으로 설정한 데 이어, 2010년 1월에 '저탄소 녹색 성장 기본법'을 제정하는 등 미래 성장 전망이 밝아졌기 때문이었다.[88] 여기에 증권사들이 판매한 '자문사 연계형 랩'의 인기가 가세했다.[89] 단번에 수조 원의 자금이 이 상품에 유입되며 OCI의 주가는 2012년에 65만 원의 벽을 뚫기에 이르렀다. 그러나 영원할 것 같은 상승세는 이후 '잃어버린 10년'으로 이어지고 말았다. 2009년에 6,580억 원의 영업 이익을 기록하던 우량 기업이 2019년에는 1,806억 원에 달하는 적자로 돌아섰기 때문이었다.

실적이 급격하게 악화된 이유는 산업의 성장 속도보다 설비의 공급 확대 속도가 더 빨라진 데 있다.[90] 세계 각지의 태양광 발전 용량은 2009년 22기바이트에서 2014년에는 43기가바이트로 5년 만에 거의 2배로 늘어났지만, 중국 태양광 기업들이 대규모 투자를 단행함으로써 전 세계 폴리실리콘 생산 용량은 2010년 20.8만 톤에서 2015년에는 40.8만 톤으로 늘어난 데 이어, 2022년에는 98.3만 톤이 되었다.[91] 더 나아가 세계 톱 태양광 업체의 생산 용량을 살펴보면, 론지Longi가 13만 톤, 다코뉴에너지Daqo New Energy가 10.5만 톤, 신특에너지Xinte Energy가 10만 톤, GCL뉴에너지홀딩스GCL New Energy Holdings가 9만 톤, 바커케미주식회사Wacker Chemie AG가 8만 톤을 차지하는 등 중국 기업이 압도적인 점유율을 기록하고 있음을 발견할 수 있다.

이 사례가 보여주는 교훈은 너무나 분명하다. 미래 전망이 대단히 밝은 산업 그리고 주가가 로켓처럼 올라가는 산업일수록 공급 과잉의 위험에 노출된다는 것이다. 특히 문제가 되는 것은 이 산업에 없던 기업들의 진입이다. 필자가 국민연금에서 근무하던 시절에 상장사들이 '화장품 산업 진출'을 선언하자마자 주가가 급등하는 것에 경악했던 적이 있다. 엔터테인먼트 업계 강자가 갑자기 마스크 팩을 만들기 시작하고, 바이오 신약 개발에 힘쓰던 회사가 갑자기 피부 주름 개선에 효과 있는 수분 크림을 만들기 시작하는 게 왜 주가 상승의 기폭제가 되는지 전혀 이해

그림 2.12 **2009~2023년 OCI 주가 흐름**

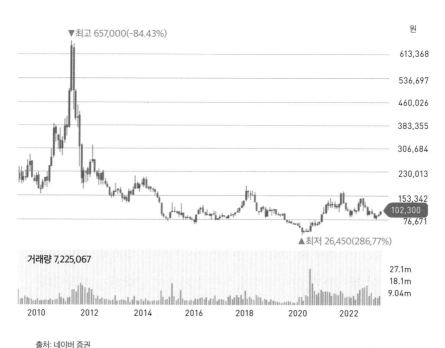

출처: 네이버 증권

할 수 없었기 때문이다.[92]

신규 사업에 진출하는 기업이 늘어날수록 해당 산업의 공급 과잉 가능성이 커지며 태양광 업계처럼 고통받을 가능성이 높아질 것이다. 더 나아가 투자자들의 자제심이 무너졌다는 신호로도 볼 수 있다. 화장품을 비롯한 주요 산업에는 이미 진입한 플레이어들이 존재하며 다양한 방식으로 해자를 만들어 놓았다. 강력한 브랜드 파워를 형성했을 수도 있고, 아니면 대규모 생산 설비를 마련해 규모의 경제를 달성할 수도 있다. 그런데 막 시장에 진입한 기업이 기존의 강자를 이겨낼 수 있을까? 설령 운이 따른다 해도 그때까지 얼마나 많은 자금이 투입될 것인지에 대한 고민이 필요하지 않을까?

따라서 '성장 산업 진출'이라는 발표 하나만으로 주가가 급등하는 것은 이 테마에 거품이 끼었다는 신호로 볼 수 있다. 2021년 하반기의 NFT 테마, 즉 대체 불가능한 토큰Non-Fungible Token 관련 주식의 급등도 비슷한 양상을 보였다.[93] 블록체인을 활용해 디지털 콘텐츠에 별도의 고윳값을 부여해 세상에 단 하나밖에 없는 '무언가'를 만들어 낸다는 아이디어는 멋있었지만, 경쟁자들이 뛰어들기 시작하자 순식간에 가격이 급락하기 시작했다. 예를 들어 기아가 2022년 3월에 출시한 NFT 작품은 자사 디자이너가 직접 디자인하고 구매자에게 신차 체험 기회를 주는데도

점당 가격을 40만 원대로 낮게 책정했다.[94]

　필자가 아무리 역사적인 테마주의 흥망성쇠를 이야기한들 앞으로도 테마주는 계속 만들어질 것이다. 사람들의 귀에 착 달라붙는 신기한 이름(태조이방원? BBIG?)을 만들어 낼 사람들이 넘쳐나는 데다, 미래 전망이 밝아 끝없이 상승할 것처럼 생각되는 기업의 리스트는 관점에 따라 얼마든지 새로 만들어 낼 수 있을 것이기 때문이다. 대신 '자문사 7공주' 혹은 'NFT 장세'가 준 교훈을 잊지 않았으면 하는 바람이다. 모든 경쟁자가 일제히 공급 확대에 나서고, 신규 진입자가 나날이 늘어날 때는 테마주에서 언제든지 내릴 준비를 해야 한다.

요약 및 교훈

시장을 지배하는 테마에 투자할 때는 항상 '신규 진입자'의 유입 여부에 신경을 써야 한다. 세계적인 주식 투자의 고수 워런 버핏조차 항공 산업에 투자할 때 이 문제를 간과했다가 다음과 같이 술회할 정도로 큰 고통을 겪은 바 있다.[95]

기업의 성장 그 자체는 가치를 알려주지 않습니다. 물론 성장은 흔히 가치에 긍정적 영향을 미치며, 때로는 가치에서 절대적 비중을 차지하기도 합니다. 그러나 이런 효과는 전혀 확실하지 않습니다. 예를 들어 투자자들은 미국의 국내 항공사에 계속 돈을 쏟아부었지만, 쓸모없는 성장만 했습니다. [중략] 성장은 늘어나는 이익을 높은 수익률로 재투자할 때에만 투자자들에게 이익이 됩니다. 다시 말해 성장에 1달러를 투자했을 때 창출되는 장기 시장 가치가 1달러를 넘어서야 합니다. 수익률이 낮으면서 계속 자금이 필요한 사업이라면 성장은 투자자들에게 손해를 끼칩니다.

태양광이나 화장품 그리고 최근 시장을 달구고 있는 각종 테마는 미래 성장 가능성이 매우 높다. 대신 새로운 경쟁자가 이 산업에 진입하기 쉽기에 치열한 경쟁이 펼쳐지는 과정에서 공급 과잉 및 가격파괴가 벌어질 수 있음을 잊지 말자.

2020년
코로나 팬데믹

수출이 줄어들어도 주가는 오른다?

2020년 봄에 발생한 코로나 팬데믹 이후 한국 수출이 지리멸렬한 모습을 보였지만, 한국 주식 시장은 3월을 바닥으로 상승하기 시작해 2021년 6월에는 대망의 KOSPI 3,300포인트를 넘어섰다('그림 2.13'의 붉은 박스 부분). 우리 경제가 글로벌 경기에 대단히 민감하며, 특히 상장 기업의 상당수가 수출 기업이라는 점을 감안하면 이해할 수 없는 일이 출현했던 셈이다.

2020년 코로나 상승세를 촉발한 결정적 계기는 유례를 찾기 힘든 저금리 현상이었다. 코로나 확산을 억제하기 위해 취해진 사회적 거리 두기 정책으로 성장률이 급락하자, 미국 등 주요 선진국 중앙은행이 정책 금리를 제로 수준까지 내리고 심지어 양적 완화QE, Quantitative Easing까지 단행함으로써, 대부분 나라의 금리는 역사상 최저 수준까지 내려갔다. 당장 한국만 해도 기준 금리가 0.5%까지 떨어졌고, 정부가 발행한 10년 만기 국고채 금리

대한민국 돈의 역사

그림 2.13 2001~2023년 KOSPI와 수출액 추이

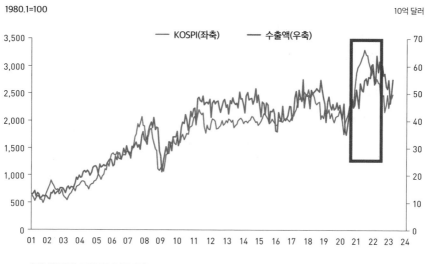

출처: 한국은행, 프리즘 투자자문 작성

조차 1.0% 수준까지 떨어질 정도였으니 말이다.

양적 완화는 중앙은행이 은행 등 금융 기관이 보유한 증권을 매입해 주는 것을 뜻한다. 정책 금리를 제로 수준으로 인하할 뿐만 아니라 정부가 발행한 국채는 물론 부동산 대출 증권까지 대거 매수하니, 이전보다 훨씬 낮은 금리로 채권을 발행할 수 있어 정부 재정이 건전해지는 것은 물론 부동산 담보 대출을 받은 이들까지 모두 이익을 볼 수 있었다.[96] 양적 완화의 영향은 시장 금리를 직접적으로 떨어뜨렸을 뿐만 아니라 앞으로도 상당 기간 제로 금리 정책이 유지될 것이라는 신호를 금융 시장의 참가자들에게 확신시키는 데까지 이어졌다.[97]

양적 완화를 단행할 정도로 중앙은행의 경기 부양 의지가 강하다는 것을 확인하자 제일 먼저 주식 시장, 그 가운데에서도 성장주Growth Stock가 반응하기 시작했다. 미래 성장 가능성이 높은 대신 재무 구조가 상대적으로 부실한 성장주들은 저금리 여건에서 빛을 발하는 경향이 있다. 쿠팡이나 테슬라 같은 성장주들은 당장의 이익에 대해서는 별로 관심이 없고, 대규모 적자가 지속되는 한이 있더라도 성장 시장을 선점해 독점적인 지위를 누리겠다는 야망을 품고 있다. 따라서 이들의 재무 구조는 매우 부실해서 테슬라 같은 경우에는 신용 평가 기관으로부터 부적격 등급Junk bond을 받기도 했다.[98]

그렇지만 저금리 환경에서는 신용도가 낮은 기업도 회사채 발행에 성공할 수 있다. 2017년 8월에 테슬라는 매년 5.3%의 이자를 지급하는 조건으로 회사채(2025년 만기)를 발행하는 데 성공했다. 이 돈이 없었더라면 2018년에 테슬라가 심각한 현금 부족을 겪었을 것이라는 관측이 많다.[99] 지금이야 상상하기 힘들지만, 2018년에는 테슬라의 CEO 일론 머스크가 매일 밤 공장에서 잠을 잘 정도로 생산 차질을 만회하기 위해 모든 자원을 집중하

고 있었다.[100]

저금리 환경에서 성장주가 강세를 보이는 또 다른 이유는 금리 하락으로 경제 성장이 촉진될 것이라는 기대가 높아지는 것을 들 수 있다. 정부의 강력한 경기 부양 정책은 매출 부진에 시달리던 성장 기업들에 가뭄의 단비 같은 영향을 미칠 가능성이 높다. 2020년 이후 전기차와 바이오, 배터리, 인터넷, 게임 등 이른바 BBIG 기업의 주식 가격이 급등한 것은 경기 회복은 물론 이 분야에 대한 육성 정책 기대가 반영된 면이 크다고 볼 수 있다.

물론 성장주가 반사 이익을 누린 면도 있다. 성장주의 경쟁자인 가치주Value Stock는 현재 보유한 자산의 가치가 높은 기업들이라고 볼 수 있는데, 사회적 거리 두기가 강화되는 과정에서 보유한 자산(건물이나 토지)의 유용성이 떨어진 데다, 다수의 근로자를 제대로 활용하지 못할 것이라는 우려가 집중되었다. 줌Zoom을 비롯한 다양한 화상 회의 프로그램 덕분에 재택근무로 인한 생산성의 저하가 크지 않을 것이라는 주장은 전통 산업에 적용하기가 어려워 보였다. 시멘트를 만들고 철근을 생산하는 데 재택 중인 근로자를 활용할 수는 없지 않은가. 따라서 코로나 쇼크 이후 저성장 국면에서 가치주의 인기는 바닥으로 떨어질 수밖에 없었다. 특히 가치주의 상당수를 차지하는 은행들이 정책 당국의 요구로 배당을 삭감해야 하는 상황에 처했던 것도 가치주에 대한 투자자들의 선호를 떨어뜨리는 계기로 작용했다(은행의 배당 삭감 결정이 내려진 배경은 2부의 〈부록 Ⅲ〉에서 자세히 다룬다).[101]

끝없이 지속될 것 같았던 성장주의 상대적인 강세는 2021년 가을 종막을 고했다. 러시아의 우크라이나 침공 가능성이 부각되는 가운데 원유를 비롯한 각종 원자재 가격이 급등한 데다, 미국을 비롯한 전 세계 주택 가격이 급등한 것이 문제가 되었다. 연준을 비롯한 중앙은행들은 물가 안정을 주요 목표로 삼고 있

그림 2.14 **2001~2023년 세계 성장주/가치주 상대 강도와 미국 금채 금리 추이**

출처: 한국은행, 프리즘 투자자문 작성

기에 인플레이션 압력이 높아지면 금리 인상 가능성이 높아진다. 특히 주택 가격이 급등한 것은 글로벌 금융 위기의 트라우마를 떠올리게 만드는 사태였다. 2000년대 중반에 발생했던 주택 시장 버블에 제대로 대응하지 못한 것이 연쇄적인 금융 위기를 일으킨 주범이라는 생각이 공감대를 얻고 있었던 것이다.[102]

급격한 금리 인상뿐만 아니라 한국 증시의 오래된 고질병, 즉 엄청난 물량의 주식 공급이 쏟아진 것도 증시를 무너뜨린 요인으로 작용했다. 2020년 7월에 SK바이오팜, 9월에 카카오게임즈 그리고 10월에 빅히트마저 시장에 등장하며 금융 시장에는 신규 상장IPO, Initial public offering 투자 열풍이 불었다. 공모주 청약에 성공하기만 하면, 이른바 '따상'은 기본이라고 판단한 이들이 몰렸던 것이다.[103] 그러나 1987년의 건설주 장세와 1989년의 3저 호황 상승장이 그랬듯, 공모주 붐은 주식 시장의 수급 불균형을 심화시켰다.

공모주 청약의 성공 확률을 높이기 위해서는 주관 증권사 계좌에 최대한 많은 돈을 넣어 놓아야 했기에 기존에 보유하던 주식의 매각을 부추겼다. 더 나아가 공모 시장 열풍 속에 IPO 종목의 가격이 이미 상장된 기업에 비해 높게 형성된 것도 문제를 일으켰다. 한국 주식 시장 혼자만 존재하면 모를까, 신흥국 시장의 다른 나라에 비해 PER이나 PBR이 높아지면 글로벌 투자자들은 한국에 투자할 이유가 없어진다. 마지막으로 IPO 주식은 상장 초기만 급등했을 뿐, 내부자 주식의 매도 금지 기간이 해제되는 시기(이하 '보호 예수 해제')에 주가가 하락세로 돌아선 경우가 많았다는 것도 시장의 수급을 악화시킨 요인이었다.[104]

필자도 신생 기업에서 일하고 있기에 마지막 문제에 대해서는 조금 부연해서 설명하고자 한다. 수년 혹은 십수 년 동안의 노력 끝에 의미 있는 매출을 일으키고 상장에 성공한 창업자는 두 가지 선택에 직면한다. 상장 시점에 차익을 실현하거나, 아니면 자신의 보유 지분을 팔지 않고 IPO를 통해 조달한 돈으로 공격적인 투자를 단행할 수 있다. 그러나 대다수 기업 창업자들은 보호 예수가 풀린 이후 보유 주식 상당 부분을 매도하는데, 이 원인을 창업자의 탐욕 탓으로 돌리기만은 어렵다. 왜냐하면 주식 시장의 여건이 좋아 창업자가 생각한 적정 가치보다 더 높은 가격에 거래된다면, 이를 매도하는 게 당연하기 때문이다. 더 나아가 보호 예수가 풀린 후 주가가 하락하면, 이를 다시 사들여 자신의 지분율을 높이는 게 더 나은 선택이 될 수도 있다. 따라서 IPO 기업의 주식 가격은 상장 후 대부분 최고치를 기록하고, 이후 장기간 부진한 모습을 보이는 게 일반적이다. 이 사실이 궁금하다면 2004년 7월에 상장한 LG디스플레이와 2007년 6월에 상장한 삼성카드의 주가가 장기간 어떤 모습을 보였는지 확인해 보기를 바란다.

결국 2020년 코로나 팬데믹 이후 한국 증시가 급등락한 이유는 국내외 요인이 섞여 있는 셈이다. 한국 경제가 해외 수요에 크게 의지하는 데다, 국내 금융 시장이 개방된 것 그리고 개인 투자자의 거래 비중이 다른 나라에 비해 매우 높은 시장 구조가 복합적인 영향을 미쳤다. 그리고 이러한 흐름은 앞으로도 큰 변화가 없으리라 생각된다. 다음번 붐에서 대규모 IPO가 쏟아지고 내부자들의 주식 매도 공세가 펼쳐질 때 이 책의 내용이 도움이 되기를 바란다.

요약 및 교훈

2020년 봄, 코로나 팬데믹 발생 이후 한국 주식 시장은 격렬한 주가의 등락을 경험했다. 2020년 봄에는 KOSPI가 1,500포인트 아래로 무너졌지만, 2021년 봄에는 대망의 3,000포인트를 넘어서는 강세장을 기록했으니 말이다. 수출 경기가 부진하고 사회적 거리 두기 시행으로 내수 경기마저 침체되었음에도, 세계적인 저금리 현상으로 인한 성장주 강세 현상이 주가 상승을 견인했다. 성장주는 현재의 재무적 성과가 뛰어나지 않지만, 미래 성장 가능성이 높은 것으로 간주되는 기업으로, 정부가 적극적인 경기 부양 정책을 펼칠 때 각광받는다. 그러나 2021년 이후 상황은 정반대로 돌아가기 시작했다. 인플레이션 위험이 부각되는 가운데 금리가 상승하고 주식 시장에서의 자금 조달 규모가 늘어나며 수급 여건이 악화되었던 것이다. 2020년에 세계에서 가장 큰 폭의 주가 상승을 기록했던 한국 증시가 2022년에는 세계 최악의 성적표를 받아 든 것을 보면, 시장의 전환점마다 반복적으로 나타나는 현상을 인식하는 게 성공 투자의 핵심 요인임을 다시 한번 깨닫게 된다.

1962년의 공매도는
어떤 식으로 이뤄졌나?

1962년의 증권 파동을 이해하기 위해서는 공매도에 대한 이해가 필요하다. 공매도는 기본적으로 주식을 빌린 후 주가가 하락함으로써 이익을 보는 거래다. 그러나 1962년에는 주식을 상환함으로써 거래가 청산되는 게 아니라 거래 성립일의 주가와 결제일의 주가를 따져, 그 차액을 돈으로 주고받는 식으로 청산했다. 이렇게 하면 누군가에게 주식을 빌리고 이를 상환하는 번거로움이 없이 공매도를 손쉽게 할 수 있다.[105] 이런 식의 제도를 유지했던 것은 주식의 대여와 상환을 집행할 능력이 부족했던 데다, 거래량을 늘리고자 하는 욕구가 있었기 때문이었다.

특히 더 문제가 된 것은 1961년부터 도입된 보통 거래 제도였다. 주식 거래는 매매 계약을 체결한 다음 날에 거래소를 통하여 결제함이 원칙인데, 보통 거래에서는 이연료만 내면 2개월간 결제를 연기할 수 있고 또 반대 매매가 가능했다.[106] 특히 1962

년 4월의 대한증권거래소 주식의 평균 시세는 당일 결제 거래가 2원 3전 7리인데 비해 보통 거래에서는 2원 36전 3리로, 보통 거래가 당일 결제 거래보다 높은 가격을 형성하자 문제가 생겼다. 두 거래 가격의 차액을 노리고 당일 결제 거래에서 매수하여 보통 거래에서 매도하는 투자자가 급증하였던 것이다. 이 거래가 폭발적으로 늘어나는 가운데 거래소는 더 이상 거래를 이어갈 능력(자본과 인력)이 없어 결국 초유의 '거래 중단' 결정을 내릴 수밖에 없었다.

이익 성장과 PER의
관계는?

PER(주가 수익 배율)을 결정짓는 요인을 알아보기 위해 성장이 일절 없는 A라는 회사의 사례를 들어보자. A사의 주당 순이익EPS, Earnings per share은 매년 1천 원으로 고정이고, 이 회사가 부담하는 시장 이자율(Ke)을 10%라고 가정하면, 1년이 지난 후에 들어오는 배당금(1,000원)은 현재 가치로 909(=1,000/1.1)원이 되며, 같은 방법을 이용하면 2년 뒤의 배당금에 대한 현재 가치는 826원이 될 것이다. 만일 이 상황이 영원히 지속되면 A사 주식 1주를 보유함으로써 얻는 현금 흐름의 현재 가치 합계는 아래와 같다.

1,000/Ke = 10,000원

따라서 어느 회사의 EPS가 항상 일정하고, 이것이 모두 배당되며, 할인율이 일정하다면 아래의 식이 성립한다. 즉 PER은 금리(이자율)의 역수라는 것이다. 금리가 상승할 때 주식가격이 급락하는 이유가 여기에 있다.

$$주가 = \frac{EPS}{K_e}, \quad 적정\ PER = \frac{1}{K_e}$$

표 2.2 A사 투자에 따른 수익

	1년	2년	3년	4년	5년	…	합계
EPS(현금 흐름)	1,000	1,000	1,000	1,000	1,000	…	-
현재 가치(원)	909	826	751	683	621	…	10,000

주: 할인율(Ke)은 10%로 가정

이제 한 발 더 나아가 이익이 성장하고 또 이익을 전액 배당하는 게 아니라 일부를 내부 유보하는 경우를 살펴보자. 그리고 내부 유보를 통해 재투자 되는 부분은 기업의 자기 자본에 포함되므로 자기 자본 이익률ROE, Return on equity(=순이익/자기 자본, 10%로 가정)이 동일하다고 가정하면, 이익의 성장률(g)은 'ROE×유보율'이 될 것이다.

이 문제를 쉽게 살펴보기 위해 첫 해 EPS(1,000원)의 30%만 배당하고 나머지를 투자하는 기업 A를 생각해보자. 이전에는 전액 배당했는데, 이번에는 최고 경영자가 더 나은 사업 기회를 포착해 주주들에게 이익의 30%만 배당하기로 결정한 것이다(배당 성향 30%). 주당 700원의 추가 투자에 의해 발생하는 이익의 증가는 70원(=700원×10%)이니, 2년 차의 EPS는 1,070원으로 증가할 것이다. 이런 추세가 영원히 지속된다고 가정하면, 이 회사가

대한민국 돈의 역사

만드는 현금 흐름의 합은 10,000원이 된다. 따라서 A사의 적정 주가와 적정 PER은 다음의 식과 같다.

$$주가 = \frac{DPS_1}{(K_e - g)} = EPS_1 \times \frac{배당 \, 성향}{(K_e - g)}$$

$$PER = \frac{주가}{EPS_1} = \frac{배당 \, 성향}{(K_e - g)}$$

이 식이 의미하는 바는 기업의 주가가 이익 성장과 금리 그리고 배당 성향의 함수라는 것이다. 이익 성장률이 높아지고, 금리가 내리며, 배당 성향이 높아질수록 적정 주가는 올라간다. 그리고 당연히 PER도 올라가는 게 당연하다. 왜냐하면 PER은 주가를 EPS로 나눈 값이기 때문이다. 따라서 이익 성장의 속도가 가파른 성장 기업일수록 PER은 높아진다.

표 2.3 A사 투자에 따른 수익

	1년	2년	3년	4년	5년	…	합계
EPS	1,000	1,070	1,145	1,225	1,311	…	-
현금 배당(DPS)	300	321	343	368	393	…	-
내부 유보(원)	700	749	801	858	918	…	-
현재 가치(원)	273	265	258	251	244	…	10,000

주: 배당 성향(=DPS/EPS) 30%, 유보율 70%, ke 10%, ROE 10%, 성장률(g) 7% 가정

의무 보호 예수 제도와
IPO 기업 주가의 관계

의무 보호 예수 제도란 최대 주주를 비롯한 특수 관계인이 IPO 등 기업의 중요 이벤트가 발생할 때 일정 기간 보유 주식을 임의로 매각할 수 없게 만든 것을 뜻한다. 의무 보호 예수 제도가 도입된 것은 1998~2001년 이른바 '코스닥 버블' 당시 미공개 정보를 이용한 최대 주주의 불법 매매 등 도덕적 해이 문제가 심각하게 발생하였기 때문이다. 기존 6개월이던 의무 보호 예수 기간을 2000년 10월에 2년으로 연장했다가, 2005년 3월부터 1년으로 변경되었고, 2014년 6월부터는 6개월로 줄어들었다.

그렇다면 의무 보호 예수 기간 종료 이후에는 어떤 변화가 나타날까? '그림 2.15'는 의무 보호 예수 기간의 종료 시점(세로 선)을 중심으로 초과 성과를 보여주는데, 지속적인 마이너스를 기록하는 것을 발견할 수 있다. 초과 성과는 동일 시점 코스닥 지수의 변화에 비해 의무 보호 예수 기간이 종료된 기업의 상대적

그림 2.15 평균 초과 수익률 및 누적 평균 초과 수익률

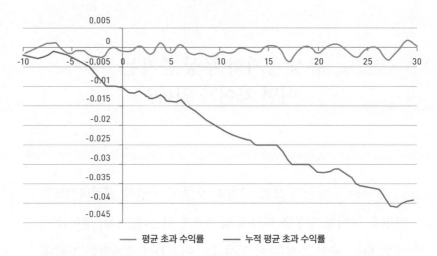

출처: 조병문·이상빈(2015)

인 성과를 뜻한다. 예를 들어 코스닥 지수가 1% 상승했는데, 이 주식이 2% 하락했다면 초과 성과는 -3%이다. 30일 거래일에 걸친 의무 보호 예수 기간 해제 주식의 상대성과가 -4.5%이니, 얼마나 대주주의 주식 매도가 주가에 부정적인 영향을 미치는지 알 수 있다.[107] 따라서 IPO 주식에 투자할 때는 항상 의무 보호 예수의 종료 시점에 주의를 기울일 필요가 있을 것이다.

유상 증자와 무상 증자는
어떤 차이가 있나?

회사를 운영하다 보면 이익을 모두 주주에게 배당하기보다 만일을 대비해 일부를 회사에 남겨두게 되는데, 이를 '잉여금'이라고 한다. 무상 증자는 이 잉여금을 이용하여 증자하는 것인데, 회사 입장이나 주주 입장에서는 실질적인 변화가 없다. 예를 들어 100% 무상 증자를 단행해 1주가 2주로 된다고 한들, 회사에 어떤 새로운 돈이 투입되는 것도 아니고 회사의 펀더멘털에도 변화가 없기 때문이다. 따라서 무상 증자나 액면 분할을 단행하는 것은 이론적으로 주가에 아무런 영향을 미치지 않아야 한다. 80년대 후반의 무상 증자가 문제가 된 것은 기업들이 자산 재평가를 통해 보유한 토지나 건물의 가격을 부풀린 후, 이를 무상 증자의 재원으로 활용한 데 있다. 즉 상장 직전에 기업의 가치를 부풀리고 대주주의 지분율을 높이기 위한 목적으로 무상 증자가 이루어졌다. 그 결과 공모 가격에 거품이 생기고 대주주들만 이익을 챙긴 게 아니냐는 의문이 제기된 것이다.

반면 유상 증자는 기업이 사업 자금을 필요로 할 때 시행된다. 회사가 돈이 필요할 때 쓰는 방법에는 대출, 채권 발행, 증자가 있는데 대출과 채권 발행은 빚이기 때문에 돈을 갚아야 한다는 부담이 있다. 하지만 증자는 갚을 필요가 없이 자기 자본을 늘리는 일이기 때문에 회사 입장에서는 매력적인 수단이 된다. 그런데 유상 증자를 하면 주식의 수가 늘어나기 때문에 기존 주주들의 '지분율'이 낮아진다. 예를 들어 어떤 이가 상장 주식 A를 100만 주 보유하고 있고, 그의 지분율이 20%라고 가정해 보자. A 기업의 최고 경영자가 상장 주식 수를 두 배로 늘리는 유상 증자를 단행한다면, A사의 상장 주식 수가 기존 500만 주에서 1,000만 주로 늘어나니, 이 사람의 지분율은 10%로 떨어질 것이다. 따라서 기존 주주들 입장에서는 유상 증자에 참여하지 않을 경우 지분율이 하락하는 결과를 맞이할 것이기에, 투자자들은 유상 증자에 대해 강한 반감을 가지는 것이 일반적이다. 특히 A 기업이 새로운 투자를 위해서가 아니라 은행에서 돈을 빌리기 어려워 유상 증자를 단행한 것이라면 충격은 더 커질 수도 있다. "얼마나 어려우면 은행에서 돈을 빌리지 못했을까?"라고 생각하는 이들이 늘어난다면, 이 회사의 주식을 사려는 사람이 줄어들 것이기 때문이다.

3부

HISTORY OF KOREAN MONEY

1968년 경부고속도로 착공 강남 개발, 한국형 신도시의 탄생

1978년 부동산 2차 사이클 실질 금리가 마이너스인데 부동산 말고 대안이 없다!

1980년대 후반의 부동산 3차 사이클 부동산 10년 사이클은 어떻게 생기는가?

1990년대의 잃어버린 10년 공급 과잉 앞에 장사 없다!

2010년 지방의 반격 행정 중심 복합 도시와 혁신 도시 그리고 중국 붐

2020년 코로나 버블 분양가 상한제와 임대차 3법의 불행한 만남

버블 붕괴 이후의 부동산 시장 인구 감소는 부동산 시장에 어떤 영향을 미칠까?

부록 I 한국의 장기 토지 가격은 어떻게 구했나?

부록 II 한국의 주택 매매 가격 지수 이야기

부록 III 한국 부동산은 어떻게 일본식 장기 불황을 피할 수 있었나?

부동산 시장의 흐름을 바꾼 7대 사건

1968년
경부고속도로 착공

강남 개발, 한국형 신도시의 탄생

60년대 초반을 고비로 한국 경제가 수출 호황에 힘입어 날아오르기 시작할 때 부각된 가장 시급한 문제가 바로 주택난이었다. 가파른 경제 성장 속에 서울이나 구미, 부산, 마산 등 전국의 일자리 중심지로 인구 유입이 폭발적으로 늘어났고, 이는 도시 곳곳에 거대한 슬럼이 형성되는 것으로 연결되었기 때문이다. 지금 서울 청계천은 산책하기 좋은 도심의 공원이지만, 60년대 초반만 해도 여름마다 범람하는 개천 주변은 판잣집으로 가득 차 있었다.[1]

　1949년에 서울 인구는 143.8만 명에 불과했지만, 1960년에는 244.5만 명으로 부풀어 오르고, 1966년에는 379.3만 명 그리고 1970년에는 552.5만 명에 도달해 전국 인구의 17.6%가 집중되었다.[2] 참고로 수도권의 인구 비중은 1949년 20.7%에서 1970년에 28.2%로 불어났고, 2020년에는 드디어 50% 선을 돌파하기에 이르렀다.[3] 급격한 도시화로 인해 만성적인 주택 공급 부족 사태가 벌어져 콜레라 등 수인성 전염병 위험이 높아지자, 정부는 60년대 중반 대규모 신도시 건설을 계획하게 되었다.

1962년 11월 21일 서울시의 행정 구역이 기존 268제곱킬로미터에서 597제곱킬로미터로 커지면서 현재의 중랑구, 도봉구, 노원구, 강서구, 양천구, 구로구, 금천구, 관악구, 강남구, 서초구, 송파구, 강동구 지역이 서울로 편입되었다. 서울에 편입된 지역 대부분은 서울 시민들에게 공급하는 각종 채소와 꽃을 키우는 근교 농업 지역이었다. 이 지역 중에 어디를 신도시로 개발할 것인가에 대해서는 많은 논란이 있었지만, 강남부터 개발이 이뤄진 이유는 한국 전쟁의 경험 때문이었다.

전쟁 때 서울을 벗어나지 못한 수많은 시민이 북한군 치하에서 큰 고통을 받았기에 강북보다는 한강 이남 지역에 신규 택지를 개발해 수도의 기능을 분산시키기로 결정되었다. 특히 인도교 폭파로 한강을 건너가지 못한 시민들이 희생된 것을 염두에 두고 제2한강교(현 양화대교)가 건설되기는 했지만, 이는 전시에 군용 도로로 사용될 예정이었기에 한강에서 민간인이 전쟁 중에 건널 수 있는 다리는 제1한강교(현 한강대교)와 광진교뿐이었다. 따라서 인구가 300만을 돌파한 60년대 중반, 한강에 시급히 다리를 건설해야 한다는 주장이 힘을 얻었다.[4]

1966년 1월 19일에 착공한 제3한강교(현 한남대교)가 강남 개발의 시초가 될 것이라고 예측한 이는 거의 없었다. 강남 개발에 대한 기대가 폭발적으로 높아진 것은 1967년 3월에 치러진 제6대 대통령 선거에서 박정희 후보가 고속도로 건설을 공약으로 발표한 것이 계기가 되었다. 특히 같은 해 11월 14일에 '정부·여당 연석회의'에서 고속도로 착공이 결정되고 한남대교가 경부고속도로의 출발점이 될 것이라는 사실이 알려진 것이 결정적인 기폭제가 되었다. 물론 고속도로 용지로 수용된 한남대교 남단 약 9.2만 평의 토지 소유자들은 큰 피해를 보았지만, 고속도로 주변이 빠르게 발전할 것이라는 기대 속에 당시 강남의 중심지 역할을 했던 말죽거리(현 양재역) 인근을 중심으로 주택 가격이 폭등했다.[5] 한남대교 건너편에 자리 잡은 신사동 일대의 땅값은 평당 200원 정도였는데, 1년 뒤에 3,000원으로 무려 15배 상승했을 정도였다.[6] 물론 주택 가격의 상승 뒤에는 소득이 늘어난 국민들을 중심으로 더 나은 주거 여건에 대한 관심이 높아진 것도 큰 영향을 미쳤다.

기본적으로 주택 가격은 소득 전망과 금리 그리고 공급의 함수다. 소득 전망이 늘면 당장 조금 부담이 되더라도 집을 사는 게 나은 선택일 수 있다. 왜냐하면 지금은 월 10만 원을 받지만 10년 뒤 50만 원으로 월급이 뛴다면, 현재 소득으로 감당하기 어려운 집이라도 사는 게 정답일 수 있기 때문이다. 특히 60년대 후반은 한국 경제가 베트남 전쟁 붐을 누리는 중이었기에, 주택 수요는 대단히 강력했다. 물가를 감안한 실질 토지 가격 기준으로 1967년 한 해 동안의 가격 상승률이 25.3%였고, 1968년에는 40.8%에 이르렀으니 얼마나 강력한 붐이 발생했는지 짐작할 수 있을 것이다.[7]

당시 강남 지역의 주택 가격이 폭등한 또 다른 이유는 이전과

그림 3.1 1966~1980년 경제 성장률과 실질 토지 가격 상승률

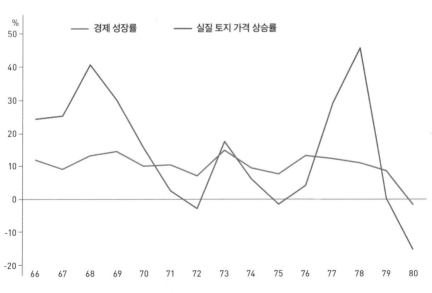

출처: 한국은행, 통계청, 프리즘 투자자문 작성

차원이 다른 신도시가 만들어졌다는 점에서 찾을 수 있다. 강남 개발 이전 서울시에서 개발했던 택지 지구, 다시 말해 집을 지을 수 있게 도로와 상하수도를 잘 정비한 땅의 공급 규모는 40만 평 전후였다. 참고로 서울대학교나 충남대학교가 120만 평 정도이니 택지 지구 크기가 대학 캠퍼스의 1/3에 불과했던 셈이다. 그러나 1966년 9월 19일에 서울시가 반포에서 삼성동에 이르는 800만 평을 '토지 구획 정리 사업 지구'로 지정해 달라고 건설부에 요청했고, 같은 해 건설부가 승인함으로써 역사상 최대 규모의 신도시 건설이 막을 올렸다.[8] 이는 1차 구역 지정에 불과하고, 이후 3차례나 구역이 확장되며 현재에 이르렀다.[9]

대규모 택지 개발이 가능해지면서 경부고속도로 건설이 촉발할 자동차 시대에 대비해 폭이 40~90미터에 이르는 간선 도로가 격자형으로 놓였고, 이로 인해 강남의 도로 비율은 20%를 상회하게 되었다. 그리고 강북의 시민을 이주시킬 목적으로 경기고와 숙명여고 등 명문 학교를 강남으로 대거 이전시킨 것도 빼놓을 수 없는 성공 요인이었다.

강남 개발이 가능했던 또 다른 이유는 '공유 수면' 매립 덕분이었다.[10] 60년대 후반 강남에서는 "남편이나 마누라 없이는 살아도 장화 없이는 못 산다."라는 말을 할 정도로 잦은 홍수에 시달렸다. 1925년 을축년 대홍수 이후 조선총독부가 쌓은 제방이 있긴 했지만, 이 제방은 강북에 만들어졌기에 강남 지역은 항상 홍수에 시달렸다.[11] 지금 서울 종합 운동장이 자리 잡은 잠실이 60년대에는 섬이었다. 잠실섬 북쪽에는 신천강이 흘렀고, 지금의 석촌호수 방향으로 흐르던 강은 송파강이라고 불렸다.[12]

한강에 이렇게 큰 섬들이 즐비했던 이유는 60년대 중반까지 한강의 강폭이 100미터에서 최대 2,000미터 안팎으로 왔다갔다 했기 때문이다. 여름에는 홍수가 발생하면서 한강의 여러 모래 섬이 물에 잠기고, 둑이 없는 곳으로 강물이 범람하는 게 일상이었다. 이렇게 물에 잠겼다 가뭄에 뭍이 되는 주인 없는 땅이 공유 수면인데, 여기에 둑을 쌓아 땅을 말리면 훌륭한 택지가 될 수 있다. 서울 강남의 대표적인 부촌인 압구정과 반포가 바로 공유 수면 매립으로 만들어졌다.[13] 압구정은 세조를 도와 쿠데타를 일으킨 한명회가 지은 정자 이름에서 비롯된 곳으로, 60년대 초반에는 현재의 압구정동과 강 건너 옥수동 사이의 저자도라는 섬에 위치해 있었다. 이 섬은 풍광이 아름다워 자산가들이 별장을 지어 놓고 즐기던 곳이었지만, 1925년 대홍수 이후 폐허가 된 채 버려진 상태였다.

현대건설은 "건설 공사용 콘크리트 제품 공장을 위한 대지 조성"을 명목으로 1968년 하반기에 압구정 일대에 매립 면허를 신청했고, 1972년 12월까지 제방 및 매립 공사를 진행한 후 해당

그림 3.2 1960년 강남 항공 사진

출처: ©임인식 / 청암아카이브 제공

지역은 곧바로 택지로 변경되어 압구정동 현대아파트가 세워졌다. 공유 수면 매립 사업은 무조건 남는 장사였기에 1970년 1월부터 시작된 반포 매립은 현대건설 외에 삼부토건과 대림건설 등 3개의 건설사가 사업을 진행해 역시 큰 수익을 남길 수 있었다.

물론 건설사들만 돈을 번 것은 아니다. 고 손정목 교수의 책 《서울 도시계획 이야기3》에는 다음과 같은 대목이 나온다.[14]

서울시에 근무하던 윤과장은 "높은 곳에서 나온 자금으로 땅을 사 모으고, 땅값이 어느 정도 상승하면 되팔아서 갖다 바친다. 이 사실은 청와대에서 근무하는 매우 높은 분 한둘과 서울시장 그리고 자기만 알고 있는 비밀 사항이다."라는 것을 인식했을 때 크게 흥분했다.

권력형 비리와 경제 발전, 여기에 차원을 달리하는 규모의 신도시 개발이 현재의 강남을 낳았음을 알 수 있다. 그러나 1967년 11월 29일에 이른바 '부동산 투기 억제 특별 조치법'이 시행되면서 부동산 경기가 꺾이기 시작했다.[15] 서울과 부산 그리고 경부고속도로 주변 4킬로미터 이내의 지역을 과세 대상으로 지정해 양도 차액의 50%를 세금으로 부과한 조치에 분위기가 싸늘하게 식었던 것이다.

특히 60년대 후반에 베트남 전쟁에서 미국이 철수를 시작하면서 경기가 꺾인 것도 큰 영향을 미친 요인이었다. 당시에 강남을 비롯한 경부고속도로 주변 주택 및 토지를 매입할 수 있는 사람들은 재력가 및 미래 소득 전망이 밝은 일부에 국한되었기에 정부의 눈치를 보지 않을 수 없었던 것도 빼놓을 수 없는 요인이다. 그러나 한번 큰 수익을 누린 투자자들이 부동산 투자를 포기할 이유가 없었기에 박정희 정부 내내 부동산 경기 과열이 사회 문제로 부각될 터였다.

요약 및 교훈

60년대 후반에 대한민국 역사상 첫 번째 부동산 붐이 발생했는데, 이는 경제 발전 및 대규모 신도시 공급이 유발했다. 통상적으로 공급이 확대될 때는 주택 가격이 하락하기 마련이지만, 60년대의 강남 개발 및 고속도로 건설은 부동산 시장의 미래에 대한 낙관을 부추기는 요인으로 작용했다. 더 나아가 신도시 착공에는 시간이 걸리기에 입주가 후행적으로 진행된다는 점도 주택 가격 급등 원인으로 작용했으리라 생각된다. 그리고 이 문제는 이후에도 지속적으로 한국 정부를 괴롭히는 요인이 된다. 공급이 주택 가격을 장기적으로는 잡을 수 있지만, 건설 초기에는 토지 보상금을 노린 매수세뿐만 아니라 밝은 미래를 꿈꾸는 전국의 실수요자들이 모두 몰려들 것이기 때문이다.

1978년
부동산 2차 사이클

실질 금리가 마이너스인데 부동산 말고 대안이 없다!

1972년 사채 동결 조치 이후 한국 경제 성장률이 반등할 때 주식 가격뿐만 아니라 부동산도 날아오르기 시작했다. 사채 동결 조치 이후 기업 실적이 개선되며 주식 가격이 오른 것은 당연한 일이지만, 주택 시장은 왜 올랐을까?

그 가장 직접적인 이유는 부동산만이 믿을 만한 투자 대상으로 부각되었기 때문이다. 이 문제를 이해하기 위해서는 1970년대 초반의 경제 상황을 살펴볼 필요가 있다. 이승만 정부 이후 한국의 물가와 금리를 비교해 보면 거의 언제나 물가보다 금리가 낮은 수준을 유지했음을 발견할 수 있다. 그러다 1963년에 박정희 정부가 들어선 다음 달러에 대한 원화 환율을 인상하는 한편, 예금 금리를 현실화함으로써 실질 이자율이 처음으로 플러스를 기록했다.[16] 당시 미국 하버드대학교의 리처드 머스그레이브Richard Musgrave 교수를 비롯한 경제 자문단은 저축 예금과 은행 대출의 최대 이자율을 획기적으로 인상하라고 권고했고, 이를 박정희 정부가 수용했던 것이다.

환율과 금리를 인상하면 어떤 일이 벌어질까?

환율 인상으로 수출 기업의 경쟁력이 살아날 것임은 금방 알 수 있지만, 금리 인상의 효과에 대해 궁금증을 느끼는 독자들이 많으리라 생각된다. 당시 한국에서 가장 부족한 것이 자본이었다. 정부가 대외 원조 및 차관으로 끌어온 돈을 기업들에 퍼부어 주고 있었지만, 이것만으로는 부족했다. 제조업을 발전시키고, 경공업에서 중화학 공업으로 진입하기 위해서는 더 많은 자본이 필요했다. 따라서 1962년에 화폐 개혁을 단행했지만, 한국 국민들이 가진 돈이 그다지 많지 않다는 것을 확인했을 뿐이었다.

이때 금리를 인상하면 시중에 잠겨 있던 돈이 은행 등 제도권 금융 기관으로 유입될 가능성이 높아진다. 집집마다 방구들 밑에 숨겨둔 돈은 마음의 평안함을 줄 수 있을지 모르지만, 경제 성장을 촉진할 수는 없다. 그런데 흩어져 있던 돈들이 은행으로 들어오면, 이 돈이 다시 대출 형태로 풀려 기업의 투자를 유발하고 신규 고용으로 연결될 것이다. 따라서 1965년부터 시작된 예금 이자율 인상은 베트남 전쟁으로 촉발된 경기 호황을 더욱 촉진하는 결과를 가져왔다.

그러나 이 선순환은 1970년을 전후해 끝나고 말았다. 미국이 베트남 파병 부대 철수에 나서면서 전쟁 경기가 식은 데다, 과잉 투자의 후유증이 발생하기 시작했기 때문이다. 그러나 박정희 정부의 선택은 1965년과 정반대였다. 달러에 대한 원화 환율을 13% 인상하는 데 그친 반면, 사채 동결 조치를 취함으로써 사채 이자를 강제로 낮추고 또 강제로 만기를 연장했다. 이 조치를 본 사람들의 마음속에는 어떤 생각이 들었을까?

필자가 그때 성년은 아니었지만, "부동산 말고는 믿을 게 없다."라는 생각을 가진 이들이 급격히 늘어나지 않았을까? 정부가 인위적으로 사채 이자를 깎아 주고 3년 동안 원금 지급을 동결하는 것을 보고, 다시는 정부를 믿지 않겠다고 다짐하는 사람들이 늘어나는 것은 당연한 일이다. 실제로 1972년 사채 동결 조치를 고비로 실질 예금 금리는 급격한 마이너스를 기록한다. 1974년에 은행 이자율은 단 12%였지만, 물가 상승률은 30.4%에 이르렀으니, 실질 금리는 -20%에 육박했다. 즉 은행에 돈을 넣는다는 것 자체가 말이 되지 않는 상황이었다.

이런 상황을 경제학계에서는 금융 억압이라고 부른다. 예금 금리를 인플레이션 수준보다 낮춰 가계에 손실을 강요하고, 이 돈을 기업들에 제공하는 것을 뜻한다. 이 상황에 처한 가계의 선택은 둘 중에 하나다. 하나는 주식에 투자하는 것인데, 1962년 증권 파동 이후 주식 시장에 아예 관심을 끊은 사람들이 많았기에 유력한 대안이 되기 어려웠다. 결국 가계에 남은 유일한 자산 증식 수단은 부동산밖에 없었다. 그리고 이 선택은 정확하게 들어맞았다.

1974년을 고비로 부동산 시장에 강력한 상승 에너지가 공급되기 시작했다. 특히 1967년과 마찬가지로, 정부 주도의 강력한 주택 공급 정책이 단기적으로 주택 가격에 상승 압력을 가했다. 1976년 8월에 아파트 지구('택지 개발 지구'의 전신)로 371.9만 평이 지정되었는데, 현재 부촌으로 손꼽히는 반포와 잠실, 여의도, 이촌동 등 총 11곳이었다.[17] 이 가운데 가장 면적이 큰 것은 166.7만 평의 반포 지구였고, 그다음이 77.4만 평의 잠실 지구 순서였다.

대규모 주택 공급이 단기적으로 가격 상승을 유발하는 이유는 두 가지 때문이다. 첫 번째는 정부가 강력한 주택 공급 정책을 펼치는 이유가 결국 주택 부족에 대한 우려에서 비롯되었기 때문이라는 점이다. 자칫하면 인플레이션을 유발할 수 있는 대규모 아파트 공급의 위험을 무릅써야 할 정도로 가격 상승 가능성이 높아지니, 공급을 확대하는 것 이외에 다른 대안이 없었던 것으로 볼 수 있다. 주택 공급 확대가 가격 상승을 유발하는 두 번째 이유는 대규모 택지 개발 정책 시행에 따른 기대 효과가 발생하기 때문이다. 택지를 공급할 때 기존 지주들에 대한 보상이

그림 3.3 1966~1982년 실질 예금 금리와 실질 토지 가격 상승률

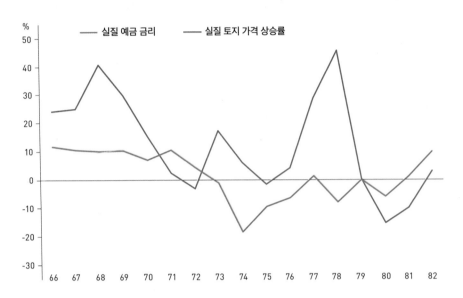

출처: 김낙년(2012), 한국은행, 통계청, 프리즘 투자자문 작성

이뤄지는 과정에서 큰돈이 풀리는 데다, 반포나 여의도 같은 미래 전망이 밝은 지역 주변의 부동산 가격도 상승하게 된다. 따라서 역대 정부는 주택 공급 확대가 장기적으로 주택 가격 하락을 불러올 것임을 잘 알면서도, 미리 주택 공급을 확대하기가 힘들었다. 주택 공급을 확대했다가 오히려 주택 시장에 대한 투기를 불러올 수 있기 때문이다.

특히 새로 보급되기 시작한 주택 거주 유형인 아파트의 인기가 높아진 것도 주택 가격 급등 요인으로 작용했다. 1977년에 분양된 화곡동 주공아파트의 경쟁률이 178대 1, 여의도 화랑아파트가 70대 1, 진주아파트는 30대 1에 이르렀다.[18] 소주병이 얼어 깨질 정도의 혹한이 덮쳐도 난방이 잘 갖춰진 아파트에서는 내복을 안 입고 지낼 수 있다는 것, 더 나아가 아파트에 엘리베이터가 설치되면서 고층으로 지어진 것 등이 인기를 부추긴 요인으로 작용했다.

1977년에 부가 가치세가 도입된 것도 주택 가격 급등의 원인으로 작용했다. 부가 가치세가 도입되기 이전인 1975년의 조세 부담률은 18.43%였지만, 1977년에는 20.31%로 뛰어올랐다.[19] 국민 소득에서 차지하는 조세의 부담이 2년 만에 2%포인트 상승한 것은 경제에 큰 부담을 주는 요인이었으며, 특히 물가 불안을 촉발했다. 대규모 택지 개발로 건자재 가격이 급등하는 가운데 새로운 세금의 도입으로 제품 가격이 10%나 인상되니 인플레이션 압력은 더 이상 억누를 수 없는 수준으로 높아졌다.

인플레이션 압력이 높아지면 시장 금리가 상승할 가능성이 커지지만, 70년대 후반에는 금리가 인상된다고 해도 주택 가격에는 큰 영향이 없었다. 왜냐하면 어차피 실질적인 예금 금리는 마이너스 상태였고, 시중 자금은 부동산 이외의 다른 자산에 눈을 돌리지 않았기 때문이다. 오히려 건자재 가격 상승으로 분양가 상승 압박이 높아지니, 하루빨리 아파트를 청약해 프리미엄을 받고 파는 게 더 낫다는 판단이 드는 게 당연했다.

실제로 1972년에 동부 이촌동 민영아파트의 평당 분양가는 27만 원이었지만, 1977년 도곡동 개나리아파트 1차 분양 당시에는 35만 원으로 뛰었고, 3차 분양에는 42.8만 원까지 상승했다.[20] 영광의 절정은 1978년에 압구정 현대아파트 80평형의 분양가가 평당 62만 원을 기록한 것이었다. 정부가 분양가를 강력하게 통제하고 있었음에도 6년 만에 서울지역 아파트 분양가가 2배 이상 급등하니 청약 시장에서 시작된 매수 열기가 전국으로 확산될 수밖에 없었다.[21]

결국 1978년 8월 8일에 '부동산 투기 억제 및 지가 안정을 위한 종합 대책'이 발표되었다.[22] 정책의 기본 내용은 1967년 11월 29일에 시행된 '부동산 투기 억제 특별 조치법'과 비슷했다. 주택의 매매 차익에 붙는 양도 소득세율이 기존 30%에서 50%로 인상된 데 이어, 매입한 후 2년 이내에 매도하는 경우에는 70%의 세율이 부과되었다. 여기에 토지 거래 허가 제도가 도입되는 등 예상을 크게 뛰어넘는 강력한 억제 대책이 시행된 영향으로 부동산 시장은 이때부터 급락세로 돌아서기 시작했다. 특히 1979년 초 이란에서 이슬람 원리주의 혁명이 일어나며 2차 석유 위기가 발생한 데 이어, 박정희 대통령 시해 사건까지 겹치면서 기나긴 불황으로 빠져들고 말았다.

1967년 그리고 1978년 두 차례의 부동산 정점을 보면 크게 두 가지의 시사점을 얻을 수 있다. 첫째, 주택 공급의 확대는 단기적으로 더 강력한 가격 상승을 유발할 수 있다. 둘째, 주택 가격의 급등세를 꺾은 것은 강력한 주택 시장 안정 대책 시행과 함께 경기가 나빠졌기 때문이라는 것이다. 60~70년대 한국 부동산 시장의 사이클을 연구한 이들에게 80년대 후반의 주택 가격 급등은 또 한 번의 기회를 제공했음이 분명했으리라 생각된다.

요약 및 교훈

70년대 중반 시작된 강력한 부동산 상승 사이클은 경기 둔화 및 정부의 부동산 억제 대책으로 꺾이고 말았다. 실질 금리가 마이너스 수준까지 떨어지는 가운데 대대적인 개발 붐이 시작되며 주택 가격이 폭등하고, 이에 대응한 정부의 강력한 억제 대책 시행 그리고 경기 악화가 주택 가격의 급등세를 꺾었다. 이러한 '한국형 주택 시장 사이클'이 1978년에 더욱 확실해진 것이다. 그리고 이는 1990년의 부동산 시장 3차 사이클에도 동일하게 반복되었다.

1980년대 후반의
부동산 3차 사이클

부동산 10년 사이클은 어떻게 생기는가?

1967년과 1978년에 주택 가격이 급등한 후에 폭락한 것을 보면서 "왜 부동산은 10년 주기 사이클이 일반적인가?"라고 질문하는 독자들이 많으리라 생각된다. 실제로 80년대 중반부터 주택 가격이 상승했고, 외환 위기 직후부터 다시 강력한 상승을 기록하는 등 부동산 시장의 사이클은 주식에 비해 상당히 긴 것을 발견할 수 있다.

이런 현상이 나타나는 이유는 부동산이 지니는 두 가지 특징 때문이다. 첫 번째 특징은 이동이 어렵다는 점이다. 정부는 주택 보급률을 들어서 "주택 공급이 충분하다."라는 식으로 이야기하지만, 농촌에 아무리 빈집이 많더라도 도시의 주택 문제는 해결되지 않는다. 최근 한국토지주택공사의 임대 주택 현황 자료에 따르면, 6개월 이상 집이 비어 있는 비율이 3.5%에 이르는 것으로 나타났다.[23] 정부에서 공급하는 임대 주택은 비용이 저렴하기로 유명한 데도 공실이 발생한 이유는 위치 문제 때문이다. 인천의 옹진군이나 전남의 진도에 지어진 임대 주택의 공실 비율이 매우 높은데, 이는 수요 예측의 실패에서 비롯된 것으로 볼 수 있다. 이 사례에서 보듯이 수요가 있는 곳으로 집이 이동할 수 없기에 지역별 미스매치, 즉 수요와 공급의 불일치 문제가 오래 지속된다.

부동산 경기가 주식보다 긴 사이클을 보이는 두 번째 이유는 공급과 입주의 시차 때문이다. 가장 대표적인 사례가 노무현 정부 때 지정된 2기 신도시인 파주 운정3이나 양주의 회천, 평택의 고덕 신도시다.[24] 신도시로 지정된 지 15년이 지나도록 입주하지 못한 이들 사례가 보여주듯이 사업을 빠르게 추진하기 어려운 경우가 많다. 이런 현상이 나타나는 이유는 공급 대책이 항상 시간에 쫓겨 발표되기에 도시 기반 시설 준비가 미비한 경우가 많기 때문이다. 필자도 90년대에 지어진 신도시에 거주했는데 직장으로 연결되는 교통편이 없어 고생했던 기억이 선명하다. 여기에 80년대 이후 민주화가 이뤄지면서 예전처럼 '택지 개발 촉진법(1980년 12월 제정)'을 동원해 신속하게 신도시를 개발하는 게 힘들어진 것도 영향을 미쳤다.[25]

따라서 부동산 시장의 순환은 매우 장기에 걸쳐 진행된다. 80년대 초반의 상황을 예로 들면, 1979년에 발생한 2차 석유 위기로 경기가 급격히 나빠지자 전두환 정부는 강력한 경기 부양 정책을 펼치기 시작했다. 1980년 9월 16일에 '경제 활성화 대책'을 통해 주택 매매 차익에 붙는 양도세를 5~20%로 인하했다.[26] 그래도 경기가 살아나지 않자 같은 해 12월 13일에는 '부동산 경기 활성화 대책'을 발표해 양도세 탄력 세율을 도입하는 한편, 1981년 6월 26일에는 '주택 경기 활성화 조치'를 통해 분양가에 대한 통제마저 풀기에 이르렀다. 분양가에 대한 통제 그리고 양도세 과세가 가장 중요한 정책 수단이라는 점을 감안하면, 1978년 이후 불과 2년 만에 전면적인 부양 정책으로 돌아선 셈이다. 그러나 부동산 경기 회복은 쉽지 않았다. 실질 토지 가격 기준으로 보면 1978년의 고점 수준을 회복한 것은 1984년의 일이었으니 말이다('그림 3.4'의 붉은 박스 부분).

그러나 70년대 후반에 집중되었던 아파트 입주 물량이 서서히 해소되는 가운데 전두환 정부가 추진하던 강력한 공급 촉진 정책이 무산되며 수급의 균형추가 바뀌기 시작했다. 1980년에는 주택 건설이 21.1만 호였지만, 1981년에는 14.9만 호로 줄어들었고, 1985년에도 22.7만 호에 불과할 정도로 주택 공급 부진 현상이 장기화되었기 때문이다.[27] 특히 1982년부터 시작된 정부의 금리 인하 정책은 부동산 시장에 날개를 달아주었다.

1984년부터 주택 가격이 상승하기 시작하자 정부는 "정책

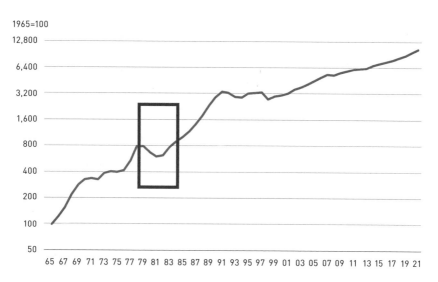

그림 3.4 1965~2021년 실질 토지 가격 지수

1965=100

출처: 한국은행, 통계청, 프리즘 투자자문 작성

의 효과가 나타났다."라고 좋아했지만, 1987년에는 심각한 상황
으로 확산되어 갔다. 특히 1982년부터 분양가 규제를 시작한 것
도 문제를 일으킨 요인이었다.[28] 1981년에 '6.16 조치'로 분양가
를 자율화한 것도 잠시, 1982년 12월에 다시 분양가의 상한제를
도입했던 것이다. 1982년에 만들어진 아파트 분양가 상한 105만
원은 1985년까지 이어져 주택 공급의 위축을 유발했다. 1979년
부터 1981년까지 연평균 22.8%의 소비자 물가 급등이 출현했는

데, 종래 90만 원이었던 분양가 상한을 겨우 105만 원으로 인상한 후 동결한 것은 너무 가혹한 처사였다.

결국 주택 공급이 부족한 가운데, 1985년부터 3저 호황으로 경기가 좋아지니 주택 가격이 급등하기 시작했다. 특히 문제가 된 것은 전세 가격의 상승이었다. 1986~1990년까지 전국 주택의 매매 가격은 47.3% 상승한 반면, 전세 가격은 82.2%나 상승한 것이다.[29] 전세 가격의 급등은 두 가지 요인 때문이었다. 첫 번째는 1980년대 중반까지의 주택 공급 부족이었다. 입주할 집이 없었으므로 전세나 월세 가격이 상승할 가능성이 높아졌다.

전세 가격 상승의 두 번째 원인은 정부가 1989년에 전세 임대차 기간을 기존 1년에서 2년으로 연장한 데 있었다.[30] 물론 의도는 좋았다. 해마다 전세나 월세를 옮겨 다니는 가구의 어려움을 덜어주기 위해 임대차 기간을 2년으로 연장한 것이다. 하지만 임대인들은 "1년 뒤에 전세 가격이 인상될 것을 미리 가격에 반영하자."라는 생각을 갖게 되었다. 2020년에 도입된 이른바 '임대차 3법' 이후의 전세 폭등 현상이 1989년에 이미 나타났던 셈이다.

이 결과 사회 전체적으로 대혼란이 빚어졌다. 급등한 전세 보증금을 마련할 길이 없는 아버지가 스스로 목숨을 끊는 사건이 벌어졌고, 필자도 서울 서부권에서 고양시로 더 임대료가 싼 집을 구해 점점 밀려났다. 쉬는 날 북한산을 올라가 서울의 전경을 보며 "이렇게 집이 많은데, 내 살 곳은 없다."라고 슬퍼했던 일이 어제 일처럼 생생하다.

이때부터 한국 주택 시장에 또 하나의 특징이 나타났다. 바로 주택의 매매 가격보다 전세 가격의 상승이 먼저 출현하는 것이다. 즉 전세 가격이 급등하면서 이른바 '갭 투자'를 촉발해 매매 가격의 상승으로 연결되는 것이다. 갭 투자는 주택을 구입할 때 전세를 끼고 사는 것을 뜻한다. 가령 아파트 매매 가격이 3억 원인데 전세가 2억 원이라면, 주택 매수자는 1억 원만 있어도 이 집을 구입할 수 있다. 물론 주택 경기가 나빠지면 집값이 기존 전세 가격 밑으로 내려가는, 이른바 역전세가 발생할 위험이 높다. 하지만 주택 가격 상승에 대한 기대가 높을 때는 이에 대해 걱정하는 이들이 없었다.

저금리에 공급 부족 그리고 강력한 주택 매수 열기가 가세해 주택 가격이 급등할 때는 어떻게 대응해야 할까? 이 질문에 대한 답은 1967년과 1978년에 이미 얻은 바 있다. 대규모 주택 공급을 추진하고, 강력한 부동산 규제를 단행하는 것이다. 1988년 8월 10일에 발표된 '부동산 종합 대책'에서는 주택 매매를 통해 발생하는 차익에 대한 양도세를 누진 과세하는 한편, 종합 토지세를 1990년에 도입하는 내용을 담고 있었다.[31] 특히 1989년 2

월 4일에 발표된 '긴급 부동산 투기 억제 대책'을 통해 노태우 정부는 대도시 주택 공급을 확대하고 분당과 일산 등 5개의 신도시를 건설할 것이라고 밝혔다. 이어서 1990년 4월 13일에 발표한 '부동산 투기 억제 대책'에는 부동산 등기를 의무화하는 한편, 다가구 주택 개발을 촉진하는 내용이 담겨 있었다.

1988년부터 1990년까지 숨 가쁘게 부동산 시장 안정 대책이 발표된 끝에, 1991년부터 주택 시장이 안정세로 돌아섰다. 주택 시장 안정 대책 발표 이외에 경기 여건이 악화된 깃도 주택 가격의 급등을 억제하는 요인으로 작용했다. 1989년 이후 3저 호황이 저문 데다, 국민 주택 200만 호 건설 과정에서 강력한 인플레이션이 발생한 것도 주택 가격의 급등을 억제했다. 건설 부문에서 촉발된 인플레이션은 결국 시장 금리의 상승으로 이어져, 경제 성장률을 낮추고 미래 소득 전망을 악화시키기 때문이다.

요약 및 교훈

1978년 이후 12년이 지난 1990년에 한국 부동산 가격은 또 한 번의 큰 봉우리를 만들었다. 80년대 초중반의 주택 공급 부족과 3저 호황으로 촉발된 강력한 주택 수요가 거침없는 가격의 상승을 이끌었다. 특히 전세 가격 상승이 주택 매매 가격을 끌어올리는 한국 주택 시장 특유의 현상도 이때 시작되었다. 주택 공급과 경기(실질 금리 등) 그리고 전세 가격의 변화가 주택 시장의 흐름을 좌우하는 일은 1997년 외환 위기 이후에도 지속적으로 관철되는 한국 부동산 시장의 법칙이니 꼭 기억해 두면 좋을 것 같다.

1990년대의
잃어버린 10년

공급 과잉 앞에 장사 없다!

1991년부터 2000년까지 10년 동안 한국 부동산 시장에는 역사상 유례를 찾기 힘든 약세 국면이 이어졌다. 한국을 대표하는 주택 통계 작성 기관인 KB부동산에서 발표한 아파트 매매 가격 지수를 보면 1991년 평균이 33.2포인트인데, 2000년에도 30.3포인트에 불과하다.[32] 반면 같은 기간 소비자 물가는 70.8% 상승했으니 실질적인 전국 아파트 매매 가격은 거의 반토막 난 셈이다. 긴 시간에 걸쳐 부동산 가격이 꼼짝하지 못하면서 가계의 고통은 날로 심해졌고, 미분양 주택이 급격히 늘어나는 가운데 한양부터 우성, 신동아 등 한국을 주름잡던 건설사들이 차례대로 파산하고 말았다. 1997년 외환 위기는 반도체 불황과 종금사의 해외 대출 연장 실패가 주된 원인이기는 하지만, 건설 경기의 장기 불황도 큰 영향을 미쳤음을 알 수 있다.

1978년 7월에 평당 62만 원으로 분양된 압구정 현대아파트

80평형의 가격은 1989년에 평당 1,000만 원의 벽을 돌파했고, 외환 위기 직전이었던 1996년에는 평당 2,000만 원 전후에서 거래되고 있었다.[33] 그러나 외환 위기 직후 1,000만 원 수준으로 떨어지고 말았다. 시장 금리가 25%까지 상승하는 가운데 최고 부촌에 거주하던 이들마저도 사업상의 어려움 등으로 인해 급매로 처분하는 경우가 늘어났기 때문이다. 한국을 대표하는 최고의 아파트마저 고점 대비 하락률이 거의 50%에 근접하는 형편이니 단독 주택이나 빌라를 소유한 이들의 고통은 이루 말할 수 없는 수준이었다.

이런 과거를 알기에 필자는 "집 한 채는 무조건 있어야 한다."라는 식의 조언을 매우 싫어한다. 예를 들어 1990년에 광역시의 단독 주택을 한 채 사두었다면, 그 실질 가격은 수십 년 동안 지속적으로 줄어들었을 것이기 때문이다. 필자의 고향 대구의 단독 주택 가격은 1991년 이후 2022년까지 단 11.3% 오르는 데 그쳤다. 같은 기간 소비자 물가가 250% 이상 상승했다는 것을 감안하면, 대구의 단독 주택을 소유한 이의 실질적인 재산 가치는 1/3 수준으로 떨어졌다고 볼 수 있다.

이미 눈치챈 독자들도 있겠지만, 이는 필자가 직접 겪은 이야기다. 필자의 고향 집은 지하철역에서 5분 거리의 조그마한 초등학교 인근에 자리했는데, 마당에 아주 큰 나무가 있어 동네 주민

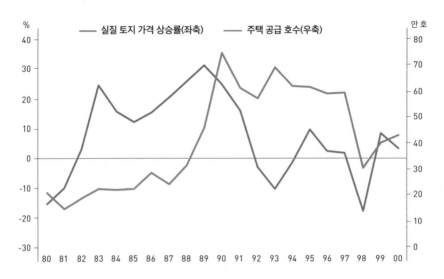

그림 3.5 **1980~2000년 실질 토지 가격 상승률과 주택 공급 호수**

출처: 최명철(2001), 한국은행, 통계청, 프리즘 투자자문 작성

들에게 일종의 이정표 역할을 할 정도로 멋진 집이었다. 그러나 집을 지은 지 30년 이상 지나면서 여러 문제가 생기기 시작했다. 작은 방부터 시작해 차례대로 비가 새기 시작한 데다, 겨울에는 찬바람이 문틈으로 들어오는 통에 난방비만 들 뿐 가족의 건강을 해칠 위험까지 높아졌기 때문이었다. 아파트는 재건축을 통해 새로운 집으로 탈바꿈할 수 있지만, 단독 주택은 집주인이 모두 해결해야 한다. 서울에서 일하고 있는 필자가 일일이 손보기

어려워 동네에서 평판 좋은 목수를 고용했지만, 수년이 지난 후 장마철에 다시 비가 새기 시작하자 결국 손을 들고 말았다. 물론 마당을 가진 자기 집을 소유한 데 따르는 기쁨이 재산상의 손실을 넘어선다고 판단하면 아무 문제도 되지 않는다. 다만 주택 구입 전에 지역마다 다양한 유형의 주택이 역사적으로 어떤 흐름을 보였는지도 살펴보자는 이야기다.

서울 압구정부터 대구의 단독 주택까지 전국 집값이 폭락한 가장 직접적인 이유는 IMF가 요구한 고금리 정책뿐만 아니라 90년대에 이뤄진 과도한 주택 공급에서 찾을 수 있다. 주택 시장도 수요와 공급에 영향을 받는 것은 다른 시장과 마찬가지다. 공급이 신속하게 조정되지 않아 사이클이 10년 혹은 그 이상 이어질 뿐, 공급 물량이 계속 늘어나면 결국은 주택 가격의 하락 요인으로 작용하게 된다. 특히 1990~1997년처럼 연간 50만 호 이상의 주택 공급이 지속되면 아무리 수요 기반이 강해도 버티기 어렵다.[34] 3부 마지막의 〈부록 Ⅲ〉에서 자세히 이야기하겠지만, 사실 일본 부동산 시장의 '잃어버린 10년'도 주택 공급의 과도한 증가가 유발한 참사였다.

그러나 10년에 걸친 불황이 우리 경제에 아무 쓸모가 없었던 것은 아니었다. 2000년대부터 한국 부동산 시장에 크게 두 가지 구조적인 변화가 나타났기 때문이다.

첫 번째 변화는 한국의 금융 구조가 바닥에서부터 바뀐 것이다. 이승만, 박정희 그리고 전두환으로 이어지는 역대 정부는 국내의 저축 부족 문제를 해결하기 위해 동분서주했다. 1950년의 농지 개혁, 1965년의 한일 국교 정상화 그리고 1972년의 사채 동결 조치 등 현대사의 핵심 쟁점이 되는 사건들이 벌어진 배경도 결국은 경제 개발을 위한 자본을 마련하느라 벌어진 일이라고 볼 수 있다. 따라서 역대 정부는 각 재벌 그룹에 은행을 할당한 후 '주거래 은행'이라는 딱지를 붙여줄 정도였다. 각 시중 은행이 책임지고 자금을 대주고, 기업들은 주거래 은행과 잘 상의해서 사업하라는 뜻이었다.[35]

그러나 1997년 외환 위기 이후에 한국 경제는 정반대의 상황으로 변신하게 된다. 저축은 넘쳐흐르는데, 기업들의 투자 자금 수요는 줄어든 것이다. 기업들은 불황을 버텨내기 위해 핵심 사업까지도 과감하게 정리했고 최대한 현금을 확보하기 위해 노력했다. 그리고 이를 추진하는 데 실패한 기업들은 대부분 사라졌다. 반면 가계는 불황과 고금리 여건에 맞서 저축을 늘렸다. 은행은 예금이 넘치자 남은 돈을 가계에 대출해 주기 시작했다. 1999~2002년에는 카드사들이 가계 대출을 주도했고, 2002년 카드 대란 이후에는 시중 은행들이 그 자리를 물려받았다. 즉 대한민국 역사상 처음으로 은행이 집을 살 때 돈을 흔쾌히 빌려주기 시작한 것이다. 90년대 말까지는 주택을 구입할 때 국책 은행 (주택은행)에서 2,000만 원 한도로 대출받는 게 고작이었는데, 이제는 시중 은행들이 서로 돈을 빌려주기 위해 경쟁하는 시대가 도래한 것이다.

부동산 시장에 나타난 두 번째 변화는 정부 주도의 주택 공급이 어려워진 것을 들 수 있다. 택지 개발 촉진법을 활용해 일산이나 분당 평촌 등 '1기 신도시' 건설을 신속하게 추진할 수 있었지만, 이 과정에서 많은 문제를 낳은 데 따른 반작용이 생긴 것이다. 필자의 외갓집 어르신들은 한국토지주택공사를 대단히 혐오하는데, 그 이유는 신도시 건설 과정에서 도로변에 자리 잡은 알짜배기 땅 대신 골짜기에 있는 햇볕조차 제대로 들지 않는 지역의 땅을 받았기 때문이었다. 더 나아가 빼앗긴 땅에 아파트가 들어서고 백화점과 지하철이 들어오며 주택 가격이 급등했지만, 이와 달리 골짜기 땅은 어르신들이 돌아가신 후 상속받은 자녀들이 팔기도 힘들 정도로 가치가 떨어졌다.

전국 곳곳에서 이 비슷한 일이 벌어지는 가운데 민주화가 자리 잡으면서 과거처럼 군사 작전 하듯 택지를 개발하는 일이 힘들어졌다. 물론 이명박 정부는 그린벨트(개발 제한 구역)를 일부 해제함으로써 신속하게 주택을 공급하기도 했지만, 수도권 그린벨트의 79.3%가 이미 개발된 상황이기에 추가적인 해제는 어렵다고 봐야 한다.[36] 결국 죽이 되든 밥이 되든 민간이 보유한 토지를 재개발하고 재건축하는 게 거의 유일한 신축 주택의 공급처가 되었다고 볼 수 있다.

이 두 가지의 변화로 인해 2000년대 주택 시장은 강력한 차별화가 발생했다. 90년대까지 전국 부동산 시장은 한 몸처럼 움직였다. 오를 때 같이 오르고 내릴 때 같이 내렸다. 그러나 2000년대부터는 단독 주택부터 아파트 그리고 빌라에 이르기까지 다양한 주택들이 서로 다른 흐름을 보이기 시작했다. 이런 현상이 나타난 이유는 결국 한국 사람들이 신도시 건설 이후 아파트 라이프에 적응한 데다, 은행에서 주택 담보 대출을 받을 때 아파트가 더 쉽게 대출받을 수 있다는 면이 작용했다. 1990년 이후 2007년까지 전국 주택의 실질 매매 가격은 28.8%가 빠졌지만, 아파트의 경우는 단 2.4% 하락에 그친 게 시대의 변화를 상징적으로 보여준다. 즉 17년이라는 긴 세월 동안 물가 상승률을 따라잡은 주택은 아파트가 유일했던 셈이다. 참고로 단독 주택과 빌라의 실질 매매 가격은 같은 기간 각각 53.0%와 40.8% 하락했고, 2022년까지도 1990년 수준을 회복하지 못하고 있다.

주택 시장의 차별화는 주거 형태에만 국한되지 않는다. 더 강력한 차별화는 서울 등 수도권과 지방 사이에서 벌어졌다. 전국의 아파트 실질 매매 가격은 1990년부터 2007년까지 2.4% 하락한 반면, 서울 아파트 가격은 28.0% 상승했다. 참고로 광역시의 아파트 실질 매매 가격은 22.6% 떨어져, 어떤 지역에 사느냐가 아파트 가격의 상승을 좌우하는 요인으로 부각되기 시작했다. 이런 현상이 나타난 이유는 수도권으로의 인구 집중화 때문이기도 하지만, 1997년 외환 위기 이후 한국의 산업 구조가 중화학 공업 중심에서 정보 통신 산업으로 이동하기 시작한 것도 영향을 미쳤다.

그림 3.6 1986~2022년 전국 주택 매매 가격과 아파트 매매 가격 추이

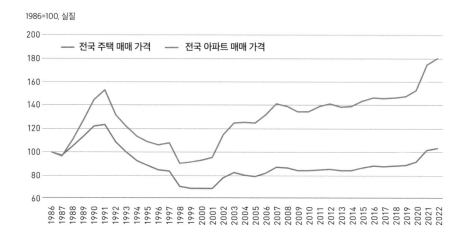

출처: KB부동산, 프리즘 투자자문 작성

요약 및 교훈

1990년대 한국 부동산 시장은 '한국판 잃어버린 10년'을 경험했다. 외환 위기와 공급 과잉의 파도 속에 삼호나 우성 그리고 한양 같은 거대 주택 건설 기업이 차례대로 무너지고 미분양 아파트가 넘쳐나는 악순환이 발생했기 때문이다. 그러나 주택 공급이 줄어드는 가운데 저축 과잉의 시대가 출현하면서 주택 시장의 10년 불황도 끝이 났다. 다만 2000년부터 시작된 주택 시장의 호황은 모든 상황에 적용되는 것이 아니라 특정 지역과 유형의 주택 가격만 상승하는 모습을 띠었다. 그리고 이 문제는 2010년대 한국 부동산 시장의 가장 중요한 이슈로 부각된다.

2010년
지방의 반격

행정 중심 복합 도시와 혁신 도시
그리고 중국 붐

2000년대 초반부터 시작된 서울 등 수도권 아파트의 독주 현상은 거의 10년간 이어졌다. 물론 서울이라고 해서 아파트값이 함께 상승한 것은 아니다. 서울 내에서도 강북과 강남 아파트 사이의 가격 차이가 끝없이 벌어졌다. 2000년을 기준점(100포인트)으로 삼으면, 2008년에 강남 아파트의 실질 매매 가격은 212.2포인트로 뛰어오른 반면, 강북 지역 아파트의 실질 매매 가격은 160.4포인트에 불과하다. 물론 전국 아파트의 실질 매매 가격이 148.7포인트에 불과하니 서울 강북의 12개 구가 전국 평균보다 높은 상승률을 기록한 것은 맞다. 그러나 강남 13개 구의 독주는 너무나 놀라운 것이었고, 이에 대해 다양한 대책이 노무현 정부 때부터 수립되기 시작했다.

　　첫 번째 대책은 2001년에 발표된 판교 신도시 건설 계획이었고, 2004년에는 광교를 비롯한 2기 신도시가, 2006년에는 위례 신도시의 건설 계획이 발표되었다. 이 시기는 강남 지역을 중심으로 주택 가격이 급등했기에 강남 접근성이 좋은 지역에 집중적으로 신도시의 건설이 이뤄졌다.[37] 특히 이명박 정부가 2009년부터 이른바 '보금자리 주택'을 집중적으로 건설한 것이 서울 강남 아파트의 독주를 끝내는 결과를 가져왔다.[38]

보금자리 주택은 서울시와 정부가 주변 시세의 50~70% 수준으로 공급한 아파트를 뜻한다. 2000년대 후반 강남 아파트의 평당 가격이 3,500만 원인데, 내곡동과 세곡동에 입주한 보금자리 주택의 분양가는 평당 1,000만 원 내외였다. 1989년에 압구정 현대아파트가 평당 1,000만 원이었던 것을 감안하면, 20년 전 가격으로 돌아간 셈이다. 한 해만 이런 식으로 저렴한 주택을 공급한 게 아니라 2009년부터 2011년까지 매년 20만 가구의 공급이 이어지니 주택 시장이 버틸 방법이 없었다. 특히 2009년부터 판교 신도시 입주가 시작된 것도 주택 시장의 수급 불균형을 유발하는 요인으로 작용했다.

보금자리 주택이 신속하게 공급될 수 있었던 이유는 서울 주변의 그린벨트를 대거 해제했기 때문이다. 이명박 정부는 2008년 출범 직후 최대 308.5제곱킬로미터에 이르는 그린벨트를 해제했는데, 이때 해제된 그린벨트의 대부분이 평지였기에 주택용지로 개발하기에 용이했다.[39] 문재인 정부가 주택 공급 촉진을

그림 3.7 1986~2022년 지역별 주택 매매 가격 추이

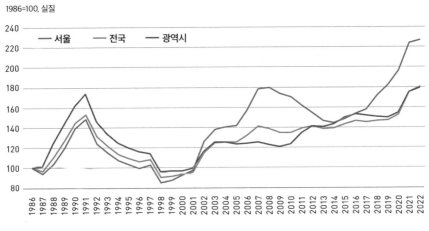

1986=100, 실질

출처: KB부동산, 프리즘 투자자문 작성

위해 그린벨트 추가 해제를 검토했지만, 대부분의 평지는 이명박 정부 때 개발되어 실효성이 없다는 판단을 내리며 포기할 정도였다.[40]

그런데 '그림 3.7'을 보면 살짝 이해하기 어려운 부분이 있다. 2008년을 고비로 서울의 아파트 실질 매매 가격이 급락세로 돌아선 것이 공급 때문이라면, 왜 지방 광역시 아파트 가격은 2008년부터 지속적인 상승세를 보였을까?

가장 직접적인 이유는 수도권을 중심으로 보금자리 주택이 공급되었기 때문이지만, 다른 한편으로 중국 붐과 혁신 도시 건

설도 큰 영향을 미쳤다.

중국의 원자재 수요가 급격하게 늘어나며 조선과 화학 제품 수출이 폭발적으로 늘어났고, 중국에 건설과 마이카 붐이 불면서 철강과 자동차 수요가 증가했다. 2010년에 필자가 모 은행 이코노미스트로 일할 때, 한 달에 한 번은 목포나 통영 그리고 거제 등 이른바 '동남벨트'로 출장 갔던 기억이 선명하다. 특히 통영에서 거제로 이어지는 아름다운 해안 곳곳에 조선소가 끝도 없이 들어선 풍경을 보면서 얼마나 중공업계가 호황을 누리고 있는지 실감했고, 이들 조선소는 경쟁하듯 시중 은행 외환 데스크에 주문을 넣었다.

조선소의 제조 프로세스를 짧게 소개하면, 해외에서 받아온 주문을 들고 은행을 방문해 '선물환' 매도 거래를 체결한다. 선물환은 3년(혹은 1년) 뒤에 거래될 환율을 미리 거래하는 것을 뜻한다.[41] 조선소가 3년 뒤에 해운사로부터 30억 달러의 돈을 받기로 하고 벌크선이나 컨테이너 혹은 LNG 운반선 수주를 따오면, 3년 뒤에 받을 달러를 미리 은행에 가서 파는 셈이다. 달러에 대한 원화 환율이 1,000원이라면 30억 달러 수주로 3조 원의 원화 자금을 분할해 받을 수 있다. 그리고 이 돈을 가지고 배를 만들 기술자를 고용하고 강철 등 다양한 원재료를 구입하는 것이다.

즉 조선소들은 30억 달러 규모의 선박 주문을 이용해 은행에서 3조 원 대출을 받은 셈이다. 따라서 조선소들은 은행과의 관계가 중요했고, 은행들은 조선소가 받아온 주문의 채산성이 좋은지 검토할 필요가 있었다. 물론 2010년에는 조선업이 사상 초유의 호황을 누리고 있었기에, 은행들은 경쟁적으로 외환 거래를 체결하기 위해 노력했고, 필자 역시 거래 실무자의 한 사람으로서 동남벨트를 방문했던 것이다.

여기에 지방 부동산 시장의 상승을 더욱 촉발한 것은 혁신 도시 건설이었다. 부산과 대구, 광주 등 총 10개의 혁신 도시를 개발하여 각 지역 특색에 맞는 공공 기관을 이전한다는 야심 찬 계획이 집행되면서 지방 광역시 부동산 시장은 때아닌 호황을 맞이했다.[42] 혁신 도시 건설 계획은 2004년 노무현 대통령 때 수립되었고, 수도권 346개 공공 기관 중 176곳의 지방 배치안이 확정되었다.[43] 2021년 상반기까지 혁신 도시에는 약 23만 명이 거주하고 있으며, 행정 중심 복합 도시(세종시)의 인구는 27만 명에 이른다.[44] 물론 혁신 도시의 가족 동반 이주율이 53.7%에 불과할 정도로 낮은 데다, 교통망 같은 도시 기반 시설이 제대로 확충되지 않은 점이 문제로 제기되는 것은 사실이다. 당장 필자의 전 직장인 국민연금 기금운용본부만 해도 전북의 혁신 도시로 이주한 후 수많은 운용역이 퇴사하고 있으니 말이다.[45] 그러나 혁신 도시와 행정 중심 복합 도시 건설이 지방 광역 도시의 주택 가격 상승으로 이어진 것만은 분명한 사실이다.

그러나 2010년대 중반을 지나면서 추세가 반전되기 시작했다. 가장 큰 변화의 징후는 정부의 정책 기조 변화였다. 2014년 박근혜 정부는 총 150만 가구에 달하는 보금자리 주택 공급을 전면 재검토하기로 결정했다.[46] 대대적인 정책 전환에 나선 이유는 서울을 비롯한 수도권 아파트 가격이 급락하면서 이른바 '하우스 푸어 사태'가 발생했기 때문이다. 주택 가격의 급등세가 지속될 것을 확신한 투자자들이 전세를 끼고 주택을 구입했지만, 2008년 리먼브라더스 사태 이후 경기가 급격히 악화되며 연쇄적인 가계 부채 문제가 심각하게 부각되었다. 특히 2010년 말부터 시작된 저축 은행 사태까지 겹쳐, 대출 이자에 대한 가산 금리까지 상승하며 부채를 짊어진 가계의 부담이 커진 것도 문제를 키웠다.[47]

박근혜 정부는 수도권 부동산 시장을 부양하기 위해 보금자리 주택 공급을 축소한 데 이어, 2014년 9월 1일에 발표한 부동산 대책을 통해 재건축 규제를 완화하고, 담보 인정 비율LTV, Loan-to-value ratio 등 대출 규제를 완화했다.[48] 특히 공공 부문의 택지 개발을 사실상 전면 중단한 것이 이후 수도권 부동산 시장에 강력한 상승 에너지를 불어넣었다.[49] 박근혜 정부 시기 공공 택지로 지정한 면적은 단 167만 평에 불과했으며, 수도권은 105만 평에 그쳤다. 이때 필자는 국민연금 기금운용본부에 근무하고 있었는데, 각 증권사의 건설 담당 애널리스트들이 한목소리로 "지금이 건설주를 매수할 때!"라고 소리 높여 외친 기억이 선명하다.

재건축·재개발 관련 규제를 완화한 것이 왜 주택 경기를 부양하는 정책인지 의문을 가질 수도 있을 것이다. 그 이유는 수도권 등 대도시 지역에 개발 가능한 그린벨트가 감소하고 국민들의 재산권 보호가 강화되면서 대규모 택지 개발이 어려워졌기 때문이다. 이로 인해 노후 주택을 재건축·재개발하는 것 이외에는 다른 대안이 없어졌다. 더 나아가 노후 주택에 대한 규제를 완화함으로써 주택 시장에 매수세를 유입시키는 데다, 새로 집을 짓는 과정에서 이주 수요가 발생하는 것도 무시 못할 힘을 발휘한다. 반대로 새로 지어진 집이 입주를 시작할 때는 주변 전세 및 월세 시세를 떨어뜨리고 갭 투자를 어렵게 만들기에 주택 가격에 하락 압력을 가한다.

부동산 시장의 흐름을 바꾼 두 번째 사건은 중국 정부의 '그림자 금융'에 대한 대대적인 규제다. 1978년 이후 중국 정부는 저금리 정책을 활용해 적극적으로 기업의 투자를 활성화했지만, 이 과정에서 두 가지 부작용이 발생했다. 첫 번째 부작용은 부동산 시장에 버블이 발생한 것으로 저금리에 지친 중국 가계가 "부동산만이 유일하게 믿을 만한 자산"이라고 판단하고 적극적인

대한민국 돈의 역사

베팅을 시작한 것이다. 70년대 한국 국민들의 판단과 그리 다르지 않은 것이었고, 이 베팅은 크나큰 수익으로 보상받았다.

그런데 중국 정부가 걷잡을 수 없는 부동산 버블의 형성을 막을 목적으로 주택 대출을 엄격하게 규제하자, 중국 금융 기관들은 자산 관리 상품WMP, wealth management products이라는 새로운 금융 상품을 발매함으로써 규제를 회피했다.[50] 즉 정부가 정한 공식 금리(1%대)보다 훨씬 높은 금리를 제공하는 대신, 이 돈을 고금리로 대출해 주는 식으로 운용했던 것이다. 정부의 통제 범위 내에 있는 상품(예금이나 대출)과 달리 WMP를 비롯한 신종 상품은 규제 대상이 아니었기에 걷잡을 수 없는 규모로 부풀어 올랐고, 정부의 통화 긴축 노력도 거의 효과를 잃어버리게 되었다. 이런 면에서 WMP 같은 상품들을 '그림자 금융'이라고 부르는 데, 시진핑 정부는 2013년부터 강력한 규제의 칼날을 휘두르기 시작했다. 사실 마윈 회장이 몰락한 데는 앤트그룹이 가계와 중소기업을 대상으로 소액 금융을 하고 있었던 것이 영향을 미친 면도 있다.[51]

중국 정부가 그림자 금융에 대한 규제를 강화하는 가운데 내수 경기가 얼어붙기 시작했다. WMP를 비롯한 다양한 금융 상품들은 예금자에게 정부가 정한 수준보다 더 높은 금리를 지급하는 대신, 은행에서 대출받기 어려운 민간 기업이나 자영업자를 대상으로 대출해 주는 구조였다. 따라서 내수 경기가 나빠지고 정부가 그림자 금융을 규제하기 시작할 때는 연쇄적인 대출 회수 속에 부실화 위험이 높아진다. 이 결과 2010년 중국의 수입 증가율은 38.9%에 이르렀지만, 2013년에는 7.0%로 떨어지고, 2015년에는 −14.4%로 떨어지고 말았다.

고객이 어려움을 겪으면 제품을 납품하는 기업들의 입장에서도 문제가 생긴다. 차일피일 대금 지불을 미루고 심지어 바이어가 소식을 끊고 잠적하는 일이 종종 벌어질 수 있기 때문이다. 한국 기업들도 자기 돈으로 사업을 하는 것이 아니기에 매출 감소 및 미회수 채권 증가는 결국 기업 실적의 악화로 연결되고, 이는 다시 자금 융통을 어렵게 만들 것이다. 2012~2014년 대규모 회계 부정을 저지른 대우조선해양이 대표적인 사례다.[52] 실적이 2010년대 초반부터 악화되기 시작했지만, 수출 대금을 제때 못 받은 것을 감추면서 분식 회계 규모가 걷잡을 수 없이 부풀어 올랐던 것이다.

사태가 이 지경이 되었는데 동남벨트의 부동산 시장이 멀쩡하게 유지될 수 없었다. 특히 거제도의 깊은 골짜기 곳곳에 지어진 신축 아파트의 입주 시기가 도래하면서 주택 시장은 순식간에 얼어붙고 말았다. 여기에 2010년대 중반을 고비로 다시 지방 인구가 감소하기 시작한 것도 주택 시장의 흐름을 바꾼 요인으로 작용했다. 2019년 인구 주택 총조사 결과에 따르면, 우리나라의 총인구 5,178만 명 중에서 2,589만 명이 수도권에 거주하는 것으로 나타나 역사상 처음으로 수도권 인구 비중이 50%를 돌파했다.[53] 2000년까지만 해도 수도권 인구 비중이 46.3%에 그쳤던 것을 감안하면 혁신 도시 및 행정 중심 복합 도시 건설을 통한 수도권 인구의 지방 분산 노력이 한계에 달했음을 시사한다. 이 결과 거제나 창원 등 동남벨트 부동산을 주도하던 지역의 아파트 가격은 2022년 말까지도 2015년 가격을 회복하지 못하고 있다.[54]

결국 2010년대 후반부터 시작된 수도권과 지방의 양극화는 수요와 공급뿐만 아니라 2000년대 초반에 시작된 중국 붐의 몰락 그리고 혁신 도시 건설 효과 소멸에서 찾을 수 있는 것 같다. 물론 2022년에 러시아가 우크라이나를 침공한 이후 중화학 공업의 업황이 개선되는 중이니, 2020년대에는 다시 지방 부동산 시장의 부활이 나타날지도 모르겠다. 그러나 지식 경제로의 전환이 가속화되는 중인데 과연 2010년 초반처럼 강력한 상승이 나타날지는 고민이 필요할 것 같다.

요약 및 교훈

2010년을 전후해 동남벨트를 중심으로 지방 부동산 가격의 반등이 나타났다. 특히 보금자리 주택 공급 충격 속에 수도권 부동산 시장이 침체되었기에 지방 부동산 시장의 호조는 더욱 관심을 끌었다. 당시 동남벨트 부동산 시장의 호조는 혁신 도시와 행정 중심 복합 도시 건설 그리고 중국 붐에 기인한다. 중국 경제 성장으로 촉발된 조선과 철강, 자동차 등 중화학 공업 제품에 대한 수요가 지방 주택 수요를 증가시킨 데다, 혁신 도시의 건설로 촉발된 인구 이동이 심리를 개선시켰던 것이다. 그러나 이 흐름은 2010년대 중반에 중국의 수요 위축과 함께 빠르게 소멸되고 말았다. 그림자 금융에 대한 규제와 공급 과잉 우려가 부각되는 가운데 혁신 도시 건설의 효과도 서서히 약화되었기 때문이다. 일각에서는 2020년대에 다시 지방 부동산 전성시대가 찾아올 것이라고 기대하나, 필자는 이 가능성을 그리 높게 보지 않는다. 이 문제는 다음 편에서 보다 자세히 다뤄보겠다.

2020년
코로나 버블

**분양가 상한제와
임대차 3법의 불행한 만남**

2015년부터 시작된 수도권 부동산 가격의 급등은 여러 요인이 복합적으로 작용한 결과였다. 가장 직접적인 요인은 2013년의 보금자리 주택 건설 중단 및 2014년의 공공 택지 공급 중단 조치로, 이후 부동산 시장은 새로운 사이클에 진입했다.

부동산 시장 사이클의 1단계는 주택 가격이 반등하는 가운데 주택 공급이 아직 회복되지 못하는 시기다. 2013~2015년이 여기에 해당하는데, 정부의 강력한 부동산 경기 부양 정책 영향으로 주택 가격이 바닥을 치지만, 분양에 실패한 이른바 '미분양 주택'이 누적되어 있기에 신규 주택 착공은 지지부진하다. 2년여 만의 주택 가격 상승으로 주택 시장의 바닥이 확인된 다음부터는 주택 가격의 상승과 주택 착공의 증가가 동반된다. 2015~2017년이 여기에 해당하는데, 분양이 호조를 보이는 가운데 팔리지 않고 남아 있던 택지들에 건물이 들어서는 시기다. 그

대한민국 돈의 역사

그림 3.8 1998~2024년 주택 가격 상승률과 주택 착공 증가율

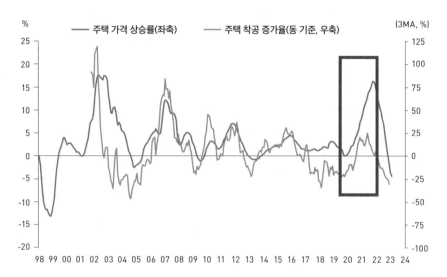

출처: KB부동산, 통계청, 프리즘 투자자문 작성

리고 이때 지어진 집들이 2~3년 뒤에 입주를 맞이하며 전세 가격이 떨어지고 주택 가격도 하락하는 게 일반적이다.

그러나 입주 물량이 늘어났음에도 2018~2021년에 수도권 주택 가격 상승세가 지속되었다('그림 3.8'의 붉은 박스 부분). 이런 현상이 나타난 이유는 정책 당국이 재건축·재개발 관련 규제를 강화하는 등 공급 축소 정책을 펼쳤기 때문이다.[55] 특히 2020년에 취한 두 가지 조치가 주택 시장의 수급 불균형을 결정적으로

흔들어 놓았다. 당시 정책 당국은 분양가 상한제를 도입해 민간 아파트 공급자들의 분양가를 시장 균형 수준보다 낮게 책정했다.[56] 주택 건설 업체 입장에서는 분양이 쉽게 될 때에 집을 서둘러 짓는 게 유리하다. 따라서 재건축이나 재개발 단지 수주 경쟁이 치열해졌고, 이 과정에서 비용이 상승하자 분양가 인상으로 연결되었다. 신규 분양가의 인상은 기존 주택의 저평가 매력을 높여 주택 시장의 불안 요인으로 작용할 수 있기에, 정부가 분양가 규제를 단행한 것이 이해할 수 없는 일은 아니다. 그러나 이 문제가 이른바 '임대차 3법'과 맞물리면서 심각한 사태를 유발했다.[57]

1989년 전세 계약 기간이 2년으로 연장되며 심각한 후유증을 겪었던 것처럼 임대료 증액에 5% 상한을 도입하고 집을 빌린 사람들이 계약 갱신을 1회 요구할 수 있게 허용됨에 따라 전세 공급이 급격히 감소했다. 집주인 입장에서는 어차피 임대료를 인상하지 못 한 채 4년간 전세 계약을 체결하느니, 월세로 전환하거나 전세 보증금을 크게 인상하기로 결정한 것이다. 여기에 분양가 상한제로 청약 경쟁률이 폭발적으로 상승하고 주택 공급이 줄어들 것이라는 예상이 부각된 점도 주택 시장에 강력한 붐을 일으킨 요인으로 작용했다.

여기에 사상 유례를 찾기 힘든 저금리 현상이 부동산 시장에 강력한 상승 압력을 가했다. 2012년부터 2020년까지 한국 소비자 물가 상승률은 연간 기준으로 단 한 번도 2% 선을 넘어서지 못할 정도로 저물가·저금리 구조가 정착되었다. 금리의 하락은 주택 시장에 두 가지 긍정적인 영향을 미친다. 무엇보다 금리 하락으로 가계의 저축 욕구가 낮아지는 대신, 주식이나 주택 등 자산에 대한 선호를 높일 것이다. 더 나아가 주택은 자기 돈만 가지고 구입하는 이가 드물기에 돈을 빌리는 비용의 감소는 곧 주택 매수세를 강화한다.

한국의 인플레이션 압력이 10년 동안 낮은 수준을 유지한 이유는 정보 통신 산업의 번성과 중국 효과 때문이었다. '무어의 법칙'이 보여주듯, 정보 통신 산업의 비중이 높아질수록 경제 전반의 인플레이션 압력이 낮아진다. 가장 대표적인 사례가 스마트폰이다. 10년 전에 발매된 제품에 비해 최신 제품의 성능이 수배, 아니 수십 배 뛰어남에도 불구하고 제품 가격은 거의 인상되지 않는다. 즉 품질 대비 가격은 나날이 떨어지는 셈이다. 여기에 값싼 중국산 제품이 물밀듯 유입되는 과정에서 한국의 물가는 지속적인 하락 압력을 받았다.

그러나 잔치란 언젠가 끝나기 마련이다. 2020~2021년에 걸쳐 30% 이상 주택 가격이 상승하면서 주택 시장에 거품이 끼고 말았다. 필자는 주택 가격이 얼마나 고평가되어 있는지 판단할 때 '주택 구입 부담 지수Housing Affordability Index'를 주로 활용한다. 주택 구입 부담 지수란 각 지역의 중위 소득 가구가 장기 분할 상환 대출을 이용해 중위 주택을 구입할 때 짊어지는 부담을 숫자로 환산한 것이다.[58] 또한 중위 가구는 각 지역 가구의 소득을 1등에서 100등으로 나눌 때 50등에 해당하는 가구의 소득을 뜻한다. 평균이 아닌 중위 소득을 활용하는 이유는 소수의 큰 부자들이 평균값을 왜곡하는 일을 막기 위함이다.

이 지수가 100이라는 뜻은 집을 구입함으로써 발생하는 부담이 소득의 25%를 차지한다는 뜻이다. 100 이상이면 소득의 25% 이상을 원리금 상환과 이자 지출에 쓰고 있다는 뜻이며, 반대로 100 이하라면 25% 미만의 자금을 주택 관련 지출로 사용한다는 뜻이다. 그러나 전국의 집값 수준이 다르고 일자리 여건에 차이가 있기에 100을 절대적인 기준으로 보기보다 각 지역의 역사적인 주택 구입 부담 지수를 기준으로 주택 가격의 버블 여부를 판단하는 게 중요하다.

2022년 9월 말을 기준으로 서울의 주택 구입 부담 지수는 214.6포인트를 기록해 2004년 이후의 평균(126.2포인트)에 비해 70.1%나 높은 수준이었다. 경기도는 120.5포인트로 역사적 평균 수준에 비해 54.6% 높았고, 부산은 60.3포인트로 평균에 비해 46.2% 높은 것으로 나타났다. 즉 2020~2021년의 가격 급등

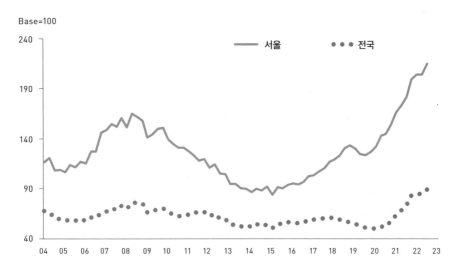

그림 3.9 **2004~2023년 지역별 주택 구입 부담 지수 추이**

Base=100

출처: 주택금융공사, 프리즘 투자자문 작성

으로 한국 주요 지역의 부동산 가격은 모두 역사상 가장 고평가
된 수준으로 올랐다고 볼 수 있다.

　물론 주택 가격에 거품이 끼었다고 해서 무조건 주택 시장
이 붕괴되지는 않는다. 그러나 주택 가격에 거품이 끼어 있을 때
는 외부 충격에 취약해진다. 몸이 건강할 때는 갑자기 날이 추워
져도 감기에 잘 걸리지 않지만, 과로나 음주로 컨디션이 안 좋을
때는 금방 앓아눕는 것을 생각하면 좋을 것이다. 2021년 하반기

에 한국 부동산 시장은 한마디로 운도 없었고 기초 체력도 엉망인 상태였다. 여기에 2022년 초 발생한 러시아의 우크라이나 침공으로 인플레이션 압력이 높아지자, 연쇄적인 악순환이 시작되었다. 한국은행이 정책 금리를 3.5%까지 인상한 데다, 수출마저 마이너스 증가율을 기록할 정도로 경기가 나빠졌기 때문이다. 절대 가격 부담과 이자율 상승, 경기 침체가 겹치며 2022년 한국 아파트 실거래 가격은 2006년 통계 작성 이후 최대 하락률을 기록하고 말았다.

요약 및 교훈

2020년 코로나 팬데믹 이후 한국 부동산 시장은 강력한 가격 상승을 경험했다. 역사상 유례를 찾기 힘든 저금리와 공급 부족 그리고 임대차 3법의 효과가 복합적으로 작용한 결과였다. 이 결과 서울을 비롯한 한국의 주요 도시 주택 가격은 소득이나 이자율에 비춰볼 때 심각한 버블 수준에 도달하게 되었다. 물론 버블이 형성된다고 해서 곧바로 붕괴되는 것은 아니지만, 부실한 기초 체력은 외부 충격에 손쉽게 무너지는 결과를 가져온다는 점을 잊어서는 안 된다.

버블 붕괴 이후의
부동산 시장

인구 감소는 부동산 시장에 어떤 영향을 미칠까?

2020년에 발생한 코로나 팬데믹은 우리 경제에 여러 영향을 미쳤지만, 가장 큰 충격은 인플레이션의 부활을 불러왔다는 것이다. 공급 사슬망의 해체, 즉 소비자와 생산자 그리고 원자재 공급 업체 사이의 긴밀한 연결이 해체된 것이 인플레이션을 유발한 가장 직접적인 원인으로 지목된다.[59] 특히 중국이 2022년 말까지도 이른바 '제로 코로나' 정책으로 끝없이 봉쇄를 지속함으로써 각종 소비재 및 부품에 대한 공급난을 초래한 것도 큰 영향을 미쳤다.

여기에 2022년 2월 시작된 러시아-우크라이나 전쟁 영향으로 곡물과 에너지 가격이 급등한 것이 저물가 국면의 관뚜껑을 닫았다. 소비자 물가가 상승하면 시장 금리는 상승할 가능성이 높다. 물가가 올라가는 데 맞춰 금리가 인상되지 않으면 아무도 채권을 사지 않을 것이기 때문이다. 연 5% 인플레이션이 발생하

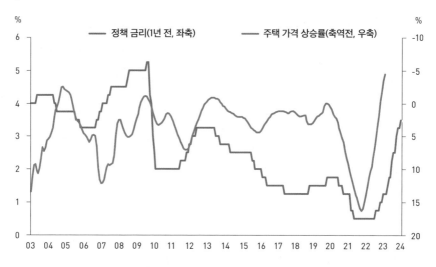

그림 3.10 **2003~2023년 한국의 정책 금리와 주택 가격 상승률 추이**

출처: 한국은행, KB부동산, 프리즘 투자자문 작성

는 데 2% 이자를 10년간 지급하는 채권이 있다면 누가 이 채권을 사겠는가? 채권 이자 빼고 모든 물가가 5% 오르니 채권 투자자는 연 3%포인트의 실질 이자율 손실을 감내해야 하기 때문이다. 따라서 인플레이션이 발생하면 금리가 인상되며, 금리 인상은 약 1년의 시차를 두고 부동산 시장에 영향을 미친다.

금리 인상이 부동산에 즉각적인 영향을 미치지 않는 이유는 두 가지 때문이다. 하나는 '관성'으로 부동산 가격이 급등할 때는 "금리가 인상되어도 아무 상관 없다." 같은 주장이 힘을 얻기 때문이다. 그리고 금리 인상이 단행되기 전에 미리 대출 계약을 얻으려는 수요가 발생하는 것도 금리 인상의 충격이 뒤늦게 나타나는 원인으로 작용한다. 사실 러시아-우크라이나 전쟁이 발발하지 않았다면 부동산 가격이 이 정도로 폭락하지는 않았으리라 생각한다. 그러나 '운'만으로 부동산 가격 폭락의 원인을 돌릴 수는 없는 것이, 2021년에 주택 가격이 연간 20% 이상 상승하면서 버블 수준에 도달한 것을 빼놓을 수 없기 때문이다.

물론 주택 가격에 거품이 꼈다고 해서 반드시 가격이 붕괴되는 것은 아니다. 거품이 붕괴되기 위해서는 유동성의 공급이 축소되거나 미래 경제 성장에 대한 기대가 악화되며 버블을 주도하던 투기적 수요가 위축되는 등의 '방아쇠'가 필요하다. 그런데 2021년 말에는 이 모든 일이 한꺼번에 발생했다. 2021년 9월부터 시작된 금리 인상으로 유동성 공급이 축소되었으며, 2021년 하반기부터 수출이 어려워지며 미래 소득 전망이 악화되었고, 전세 자금 대출 중단 사태 속에 갭 투자 열기가 한 번에 꺾였기 때문이다. 특히 2020~2021년의 버블은 전세를 끼고 주택을 구입하는 갭 투자가 주도했는데, 전세 대출 및 보증이 중단되며 갭 투자의 동력이 일거에 사라진 것이 결정적이었다.[60]

여기에 인구 감소에 대한 공포가 주택 시장을 더욱 위축시켰다. 2022년 한 해 동안 태어난 신생아 수는 겨우 24.9만 명으로,

1년 전에 비해 1.1만 명이나 줄어드는 등 출산율 하락이 끝없이 이어졌다.[61] 신생아는 날이 갈수록 적게 태어나는 반면, 2022년 사망자 수는 37.3만 명으로 1년 전에 비해 5.5만 명이나 늘어나 인구 감소 흐름이 가파르게 된 것도 비관론을 키운 요인으로 작용했다. "인구가 줄어드는 데 부동산을 매입할 이유가 있는가?" 같은 주제로 인터넷 게시판이 달궈지는 것은 어쩌면 당연한 일이라 생각된다.

그러나 인구의 변동만으로 부동산 시장의 변화를 설명하는 것은 너무 단편적인 면이 있다. 가장 대표적인 사례가 일본으로 2000년대 중반부터 인구가 가파르게 줄어들기 시작했지만, 동경을 비롯한 대도시 아파트 가격은 역사상 최고치를 연일 경신하고 있다.[62] 인구 감소 시대에 대도시 아파트 가격이 상승하는 가장 직접적인 이유는 지방 소멸 속에서도 동경 등 대도시 인구는 지속적으로 늘어나기 때문이다.[63]

왜 이런 일이 벌어질까?

여러 요인이 있겠지만, 가장 중요한 요인은 '클러스터 효과' 때문인 것 같다. 클러스터는 교육 시설과 일자리, 연구소 등이 모여 있는 혁신의 중심지를 뜻한다. 참고로 서울은 세계지식재산권기구WIPO, World Intellectual Property Organization가 선정한 2022년 세계 4위의 클러스터다.[64] 세계 1위 클러스터는 도쿄-요코하마이며, 2위는 선전-홍콩-광저우, 3위는 베이징 그리고 5위는 산호세-샌프란시스코다. 이와 같은 클러스터에 위치한 기업들은 혁신을 주도하며, 세계 각국의 인재들은 넓고 깊은 노동 시장을 갖추고 있는 클러스터로 모여들기 마련이다.

넓은 노동 시장은 구직자와 구인 담당자들이 폭넓게 분포하는 곳을 뜻한다. 필자만 하더라도 증권사와 은행으로 출근할 때 여의도에 거주했던 이유 중에 구인 구직 정보를 쉽게 접하기 위한 목적도 컸다. 집 근처 카페에서 시간을 보내다 보면 증권 시장에 돌아다니는 각종 정보는 물론 모 증권사가 새로운 리서치 팀장을 뽑는다는 소식을 실시간으로 접할 수 있었으니 말이다. 물론 필자가 리서치 팀장으로 일할 때에도 이 방식을 자주 사용했다. 카페나 호프집에서 만난 지인들에게 "사람이 너무 부족하다."라고 말하면, 그다음 주에 이메일로 이력서가 쏟아져 들어왔던 기억이 선명하다.

더 나아가 깊은 노동 시장이라는 것이 있다. 깊은 노동 시장은 각 지급에 매칭되는 이력서의 숫자를 가리킨다. 예를 들어 필자가 건설 담당 애널리스트를 채용한다면 응시자가 한 명이냐 열 명이냐는 매우 중요한 문제다. 만일 응시자가 단 한 명이라면 필자는 이 고용 계약에서 갑이 아니라 을의 위치로 떨어진다. 반대로 응시자가 열 명이라면 필자는 평판과 실력 그리고 연봉을 모두 고려해 최적의 인재를 선택할 수 있다. 그리고 이게 중요한 이유는 그가 성과를 낼 때마다 연봉을 시의적절하게 인상해 줄 수 있기 때문이다. 처음에 낮은 연봉을 제시했다가 이후 연봉을 대폭 인상하면, 이 애널리스트의 만족도는 매년 상승하지 않겠는가? 그리고 능력 있는 직원이 오랜 기간 회사에 머물러 있을수록 리서치 팀장에 대한 대표 이사나 임원의 평가도 높아져 상무나 부사장으로 승진할 가능성도 높아진다. 이런 요인 때문에 일부 외국계를 제외한 대부분의 증권사들이 여의도에 사무실을 둔다. 여의도 집값이 비싼 이유가 다 있다.

그리고 미국의 대표적인 클러스터(보스턴과 실리콘 밸리 등)를 분석한 연구에 따르면, 정보 통신 산업에서 한 사람의 고용이 늘어날 때마다 다섯 개의 추가적인 일자리가 다른 분야에서 생겨난다고 한다.[65] 따라서 근로자들로서는 일자리가 끊임없이 생기는 정보 통신 클러스터에 자리를 잡기를 원하며, 집값이 다른 지역보다 비싸게 형성되는 이유가 된다. 물론 집값이 끝도 없이 올라가면, 결국 상대적으로 집값이 저렴한 경쟁 클러스터(텍사스의 휴스턴?)로 이동하는 일이 벌어지겠지만, 한국이나 일본에서는 이게 힘들다. 그 이유는 도쿄-요코하마나 서울을 대체할 만한 클러스터를 찾기 힘들기 때문이다. 세계 1~4위를 다투는 거대 클러스터를 대체하기 위해서는 그에 못지않은 대기업과 명문 대학

연구소를 유치해야 하는데, 이는 절대 쉬운 일이 아니다.

일본이 2000년대 중반을 고비로 아파트 가격 상승을 경험하는 또 다른 이유는 '공급 감소' 때문이었다. 1994년의 경우만 보더라도 아파트 공급량이 연간 19만 호에 이르렀지만, 2022년에는 7.3만 호에 불과했다. 28년 만에 거의 60%나 감소한 셈이다. 이처럼 공급 물량이 줄어든 이유는 부동산 시장의 장기 불황 속에서 많은 건설사가 도산하고 신규 택지 공급이 줄어들며 재개발 말고는 집 지을 토지를 구하지 못했기 때문이라고 한다.

한국과 비슷한 이야기 아닌가? 한국도 마찬가지로 2010년대 후반 이후 대규모 택지 개발이 어려워졌고, 재건축이나 재개발 말고는 새로운 집을 짓기가 힘들어졌다. 세상 어디나 주택 가격은 수요와 공급에 의해 움직이기에, 절대 인구가 줄어들더라도 주택 공급이 줄어들고 일자리가 풍부한 곳, 특히 거대 클러스터로 인구가 집중될 때는 얼마든지 집값이 오를 수 있다. 물론 일본의 전국 토지 가격이 2022년에 간신히 하락 흐름에서 벗어난 데에서 확인되듯, 전국 평균 토지 가격은 얼마든지 하락할 수 있다.[66] 따라서 일자리가 어느 지역에서 많이 생기는지 항상 관심을 가져야 할 것이다.

참고로 세계 100대 클러스터 중 서울이 4위를 차지한 것은 잘 알려져 있지만, 대전-세종이 세계 20위라는 것은 모르는 이들이 많다. 박정희 정부 때부터 대덕연구단지를 건설하고, 카이스트와 충남대학교 등 뛰어난 대학들이 위치한 데다, 노무현 대통령이 세종시에 행정 중심 복합 도시를 건설한 덕분이다. 그러나 대전-세종을 제외하고는 이렇다 할 세계적인 클러스터가 없는 게 한국의 문제다. 부산이 세계 74위, 대구가 88위에 그치며 창원-마산 클러스터는 아예 100위 권 밖으로 밀려나고 말았다. 대구와 부산 그리고 창원-마산 클러스터의 부진은 결국 중국 붐의 퇴조와 혁신 도시 건설 효과가 소멸된 데 따른 것으로 보인다.

물론 클러스터 효과로 수도권과 대전-세종 부동산 가격이 끝없이 오를 것이라고 주장하는 것은 아니다. 2021년에 반도체 등 정보 통신 부문의 수출이 급격히 감소하며 대기업 및 연구직 근로자들의 소득 전망이 나빠졌고, 2022년 초에 시작된 러시아-우크라이나 전쟁으로 고물가 국면이 출현하면서 주택 시장의 매수 열기를 떨어뜨렸기 때문이다. 특히 정부가 시행한 강력한 전세 자금 대출 규제까지 겹치면서 주택 가격은 1997년 외환 위기 이후 가장 급격한 하락세를 보이고 있다. 따라서 주택 시장의 미래를 판단할 때는 금리와 공급 그리고 경기 여건을 함께 살펴볼 필요가 있으며, 지역별로 접근할 때는 국민연금 가입자 수의 변화와 같은 핵심적인 일자리 정보를 꼭 점검해야 한다.

필자는 오랜 기간 경제 분석가로 일하면서 "이것만 보면 된다."라는 식으로 이야기하는 이들이 번번이 틀리는 것을 경험해 왔다. 자산 시장은 단 하나의 진리나 지표만으로 해석하기에는 너무나도 복잡한 곳이다. 부디 많은 독자들이 《대한민국 돈의 역사》를 통해 자본 시장이 어떤 곳이며 얼마나 중요한 지표가 존재하는 지 이해하기를 바라는 마음이다.

요약 및 교훈

인구 감소로 '잃어버린 30년'을 보내고 있다는 일본 동경의 아파트 가격이 최근 급등세를 보이는 것처럼, 주택 시장은 어떤 단일한 지표로 설명되기 어려운 복잡한 곳이다. 2022년에 한국 부동산 시장이 금리 상승과 정부의 강력한 규제 그리고 수출 부진으로 무너진 것처럼, 잘 나가던 시장도 환경이 달라질 때는 언제든지 어려움을 겪을 수 있다는 것을 기억해야 한다. 다행히 한국은 거대한 클러스터가 존재하며 공급도 축소되는 중이기에 인구 감소로 인한 역풍을 잘 이겨낼 것으로 생각한다. 다만 모든 지역의 부동산이 함께 상승할 거라 기대하기보다는 일자리의 증감 여부 그리고 공급 문제 등을 따져 가며 투자하는 것이 바람직할 것이다.

한국의 장기 토지 가격은
어떻게 구했나?

1974년부터 국토교통부가 '지가 지수'를 발표하면서 한국의 부동산 및 토지의 공식 통계가 집계되기 시작했다. 그러나 1974년 이전에도 주택 및 부동산 시장에서 활발한 거래가 있었다는 점에서 과거 통계를 확인하고 싶은 욕망은 대부분의 경제분석가들이 가지고 있었으리라 생각된다.

이 갈증을 해소해 준 것이 한국은행이 발표하는 '국민 대차 대조표' 통계다. 국민 대차 대조표란 매년 말 시점으로 국민 경제의 각 주체들이 보유하고 있는 유·무형의 비금융 자산 그리고 금융 자산의 규모를 측정한 것이다. 특히 이 가운데 토지의 전체 면적은 크게 늘어나기 어려우니, 토지 자산의 가치 변화는 곧 가격의 변화로 간주할 수 있다. 따라서 이 통계를 활용하면, 1965년 이후 한국의 토지 가격이 어떻게 변화했는지를 어느 정도는 측정할 수 있게 된다.

아래에 표시된 '토지 자산 증감'을 보면, 매년 한국의 전체 토지 자산이 얼마나 상승했는지 확인할 수 있다. 대체로 건물이나 문화·오락용 토지가 가격 상승을 주도했으며, 상대적으로 임야(숲)나 농경지의 가격은 상승 탄력이 덜하다는 것을 발견할 수 있다.

표 3.1 **2016~2019년 토지 자산 증감[1]**

(단위: 조원, %)

		2016		2017		2018[P]		증감률[2]	2019[P]		증감률[2]
토지 자산		397.2	(100.0)	492.5	(100.0)	586.6	(100.0)	7.7	541.4	(100.0)	6.6
	건물·구축물 부속 토지	293.5	(73.9)	380.1	(77.2)	449.3	(76.6)	8.4	409.1	(75.6)	7.0
	주거용 건물 부속 토지	152.6	(38.4)	206.0	(41.8)	254.3	(43.4)	8.9	232.9	(43.0)	7.5
	비주거용 건물 부속 토지	106.0	(26.7)	129.8	(26.4)	144.0	(24.5)	8.5	128.2	(23.7)	6.9
	구축물 부속 토지	34.9	(8.8)	44.3	(9.0)	51.0	(8.7)	6.3	48.0	(8.9)	5.6
	농경지	45.3	(11.4)	54.9	(11.1)	61.3	(10.5)	5.7	57.9	(10.7)	5.1
	임야	17.5	(4.4)	18.4	(3.7)	25.1	(4.3)	4.8	21.4	(4.0)	3.9
	문화·오락용 토지	15.7	(3.9)	18.9	(3.8)	25.2	(4.3)	10.5	23.3	(4.3)	8.8
	기타 토지	25.2	(6.4)	20.2	(4.1)	25.7	(4.4)	5.7	29.7	(5.5)	6.3

주: 1) 연말 자산 가액 기준 증감
    2) 연말 자산 가액 기준 전년 대비 증감률(%)
    3) ( ) 내는 토지 자산 전체 증감 대비 기여율(%)
출처 : 한국은행 (2020), 《2019년 국민 대차 대조표(잠정)》

한국의 주택
매매 가격 지수 이야기

한국의 토지 가격은 1974년부터 발표되기 시작했지만, 주택 매매 가격은 1986년에 주택은행(현 KB국민은행)이 측정하기 시작했다. 주택은행은 국민의 주택 마련을 도와주기 위해 만든 국책 기관이다 보니 전국의 주택 가격이 어떤 식으로 움직이는지 측정하기 시작했던 것이다.

그런데 KB에서 만드는 주택 매매 가격 지수는 한 가지 문제를 지니고 있다. 그것은 이 지표가 부동산 중개업자들이 밝힌 '호가' 기준 통계라는 점이다. 즉 어떤 아파트의 매수 호가와 매도 호가를 적어서 KB 기록원들에게 제출한 것을 취합한 게 주택 매매 가격 지수다. 상황이 이러하다 보니, KB의 아파트 매매 가격 지수는 실제 거래 가격(=실거래가)에 비해 변동성이 적은 대신 후행하는 특성을 지닌다.

2022년이 대표적인 예로 서울의 아파트 실거래가는 2021년

9월을 고비로 떨어지기 시작했지만, KB의 아파트 매매 가격 지수는 2022년 하반기부터 하락한 것을 발견할 수 있다. 가격이 급격히 하락할 때는 주택 매도자들이 가격을 쉽게 내리지 못하는 경향을 그대로 반영한 것으로 볼 수 있다. 따라서 부동산 시장의 흐름을 파악할 때는 KB의 주택 매매 가격 지수와 실거래 가격을 함께 볼 필요가 있으며, 특히 주택 가격이 급락할 때는 실거래가 지수의 동향이 상대적으로 더 정확할 수 있다는 것을 명심해야 한다.

그림 3.11 **2006~2023년 서울의 아파트 가격 지수 추이**

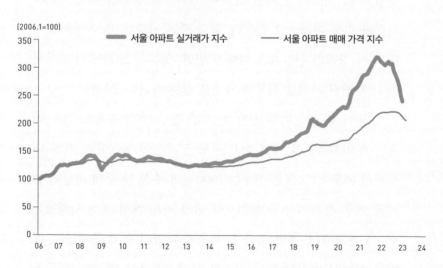

출처: 통계청, KB부동산, 프리즘 투자자문 작성

한국 부동산은 어떻게
일본식 장기 불황을 피할 수 있었나?

1991년 이후 2000년까지 한국 주택 시장이 기나긴 침체의 늪에 빠졌을 때 일본도 사정이 비슷했다. 금리 인상과 주택 가격의 거품, 여기에 1990년에 걸프전으로 촉발된 인플레이션까지 겹쳐 주택 시장이 기나긴 불황에 접어들었으니 말이다. 그러나 비슷한 점은 이것으로 끝이다. 한국 주택 시장은 2000년을 고비로 다시 강력한 상승세를 이어간 반면, 일본은 2021년이 되어서야 1990년의 가격을 회복할 정도로 힘든 시간을 보냈다.

일본이 한국에 비해 훨씬 긴 시간 동안 주택 불황을 겪은 이유는 무엇일까? 첫 번째 이유는 공급 과잉이 한국보다 훨씬 더 심했기 때문이다. 일본 정부는 1990년에 주식 및 주택 시장이 붕괴된 이후 경기 부양을 목적으로 여러 차례 재정 정책 시행했는데, 이 과정에서 '주택 공급'을 빼놓지 않았던 것이 문제였다. 집값이 끝없이 빠지는 중에 경기를 부양하겠다고 대규모 공공 주

그림 3.12 **일본 신규 주택 공급과 수도권 아파트 가격 추이**

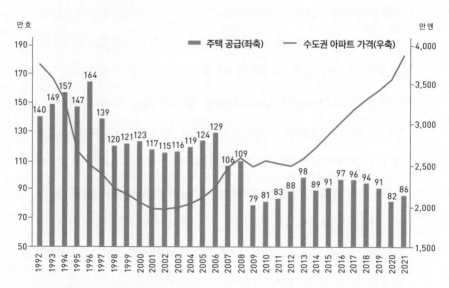

출처: 세인트루이스 연은, CEIC, 프리즘 투자자문 작성

택을 지은 결과, 공급 과잉이 날이 갈수록 더욱 심화되는 상황이 빚어졌던 것이다. 다행히 2000년대 중반부터 대규모 주택 공급 이 중단되기는 했지만, 십수 년에 걸친 공급 과잉을 해소하는 데 많은 시간이 걸렸고, 2020년이 넘어서야 수도권 아파트 가격이 역사적인 고점을 넘어설 수 있었다.[67]

한국 부동산 시장이 일본식 장기 불황에 빠져들지 않은 두 번째 이유는 도시화율의 차이 때문이다. 1990년에 한국은 아직 도

시화가 '현재 진행형'이었지만, 일본은 이미 1980년을 전후해 도시화율이 80% 선을 넘어서며 도시로의 인구 이동이 중단된 상태였다. 따라서 두 나라 모두 주택 공급 과잉이 출현했지만, 일본에 비해 한국이 훨씬 수월하게 이 문제를 해결할 수 있었다.

이상의 요인에 못지않게 중요한 차이가 바로 '인플레이션'이었다. 일본은 1990년 이후 지속적으로 물가가 정체되는, 이른바 디플레이션이 고착화되어 있었다. 이런 현상이 나타난 이유는 두 가지인데, 무엇보다 1990년 자산 가격 하락으로 인한 충격이 1년 GDP의 3배 이상에 이를 정도로 큰 게 결정적이었다. 사람들이 보유한 자산의 가치가 허공으로 날아가는 가운데 소비와 투자가 크게 줄어들면서 심각한 경기 침체가 발생한 것이다.

더 나아가 일본이 약 200조 엔 규모에 이르는 대규모 대외 자산을 가지고 있었던 것도 문제를 일으켰다.[68] 1998년 금융 빅뱅이나 2011년 동일본 대지진처럼 일본 경제에 문제가 일어나 자금 수요가 발생할 때는 해외에 투자해 놓은 돈을 일본으로 가져와야 하는데, 이 과정에서 '달러 매도/엔 매수'가 발생하며 강력한 엔화 강세가 출현했던 것이다. 그 결과 경기 불황으로 소비와 투자가 위축된 상태에 엔화 강세가 출현하며 수출 기업들의 경쟁력 약화와 수입 물가의 연쇄적인 하락까지 가세하는 디플레이션 악순환이 발생하게 되었다.

그림 3.13 한국의 소득 대비 주택 가격 배율(PIR)

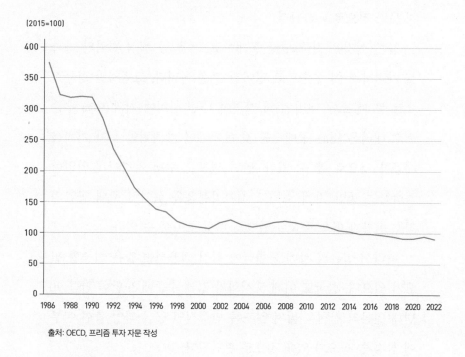

출처: OECD, 프리즘 투자 자문 작성

반면 한국은 전혀 달랐다. 외환 위기로 환율이 급등하면서 강력한 인플레이션이 발생해 실질적인 주택 가격이 가파르게 하락했다. 예를 들어 근로자들의 명목 임금이 2배 오르는데, 어떤 주택의 가격이 10년 동안 제자리걸음을 했다면? 이 집의 실질적인 가격은 절반으로 떨어졌다고 볼 수 있다. 이를 측정하는 지표가 바로 소득 대비 주택 가격 배율PIR, Price to income ratio인데, OECD

통계에 따르면 2000년 초 한국의 PIR은 1986년의 1/3에도 미치지 못한 것으로 나타난다.

물론 이것은 전국 평균 통계이고, 서울 등 핵심 지역의 아파트 가격까지 이 수준으로 떨어진 것은 아니다. 그렇지만 평균적으로 볼 때 소득 대비 주택 가격이 15년 사이에 거의 30% 수준으로 내려온 것은 구매력을 갖춘 가계에 매력적인 투자 기회를 제공한 것으로 볼 수 있다. 반면 일본은 주택 가격이 끊임없이 하락하는 동안 가계 소득도 제자리걸음을 했기에 주택 공급의 감소 여부가 더욱 중요한 영향을 미쳤다고 볼 수 있다.

따라서 일본의 사례를 한국에 직접 적용하는 것은 신중할 필요가 있으며, 한국도 이제 도시화가 정체 수준에 도달한 만큼 90년대 일본의 전철을 밟지 않도록 만성적인 공급 과잉 출현 여부에 신경 쓸 필요가 있을 것으로 판단된다.

결론

투자에 성공하기 위한
필수 지식을 정리해 보자

한국 주식 시장과 부동산 시장을 다룬 2부와 3부를 보며 착잡한 마음을 가진 독자들이 적지 않으리라 생각한다. 한국 자산 시장은 매우 변동성이 큰 곳이었으며, 내재 가치(혹은 적정 가격)에서 안정되는 일 따위는 없는 격렬한 사이클을 지니고 있었기 때문이다.

가장 대표적인 사례가 2020년 코로나 팬데믹 이후의 경기 및 자산 시장 흐름이다. 코로나 팬데믹의 충격이 제일 먼저 시작된 곳은 외환 시장으로, 전 세계 투자자들이 불황에 강세를 보이는 거의 유일한 자산인 달러 매수에 나섰기 때문이다. 특히 한국 유가 증권 시장 주식의 약 33.7%(2020년 2월 기준)를 외국인이 보유하고 있었기에 달러 강세의 충격은 바로 주식 시장에 확산되었다. 2020년 1월에는 외국인 투자자들이 4,000억 원의 주식 순매수를 기록했지만, 2월과 3월에는 각각 3.2조 원과 13조 원에 이르는 대규모 주식 순매도로 대응했다.

한 달 만에 매매의 방향이 정반대로 돌아선 것은 물론이고, 수십조 원 규모의 대규모 매도 공세가 출현하는 데 안정적인 주가 흐름을 기대할 수 있을까? 그래서 필자는 "안정적인 성과를 보장한다." 같은 식으로 이야기하는 이를 신뢰하지 않는다. 한국의 금융 환경에서 안정적인 성과를 보장하는 곳은 은행 예금뿐이며, 그것도 예금자 보험 한도 이내로 한정된다. 그러나 저금리 상황에서도 충분히 미래를 설계할 능력을 지닌 자산가를 제외하면, 은행 예금에만 의지하는 것으로는 대다수의 사람들이 불행해진다. 왜냐하면 1%의 위험도 기피하며 안전 자산에 올인하는 만큼, 그의 투자 성과는 부진할 것이기 때문이다.

최근 IMF가 발표한 흥미로운 자료가 있다. 그들은 "왜 부자는 더욱 부자가 되나?"라는 문제를 깊게 다루었다.[1] 연구자들은 2004~2015년에 걸친 자산 가격의 변동 과정에서 극히 일부의 사람들만 높은 성과를 거두었다는 사실에 주목해 전 세계 가계의 자산 보유 내역을 조사하기 시작했다. 연구 결과 밝혀진 원인은 바로 포트폴리오의 차이에 있었다. 소득 수준이 낮은 사람일수록 은행 예금 같은 무위험 자산에 올인한 반면, 부유한 이들은 주식이나 부동산 그리고 비상장 기업에 대한 지분 등 이른바 위험 자산에 적극적으로 투자했던 것이다. 물론 위험 자산에 투자하면 손실을 기록할 수도 있지만, 대신 높은 수익으로 보상받는다.

'그림 4.1'은 이 관계를 실감 나게 보여준다. 파란 선은 실제 수익률을 나타내며, 붉은 점선은 변동성을 나타낸다. 변동성이란 자산 가격의 위아래 등락을 뜻하며 변동성이 높은 자산일수록 위험하다고 간주된다. 그러나 무조건 위험을 피해서 안전 자산에 투자하면 연평균 1~2% 전후의 아주 낮은 수익에 만족해야 한다. 반면 위험 자산에 투자하면 4~5년에 한 번꼴로 마이너스 성과를 내는 대신 연평균 7~8% 전후의 수익을 기대할 수 있다. 따라서 무조건 위험을 피하기보다 자신의 성향에 맞춰 '위험을 적당히 감수하는' 자세가 투자에 필수적이라 할 수 있다.

그럼 '위험을 적당히 감수하며' 투자하는 방법에는 어떤 것이 있을까?

필자는 크게 두 가지 해법을 제시하고자 한다. 첫 번째 해법은 《대한민국 돈의 역사》에서 얻은 지식을 기반으로 사이클을 활용한 투자 기법을 갈고 닦아 실천하는 것이다. 예를 들어 부동산 투자자라면 정부가 침체된 부동산 경기를 살리기 위해 양도세율을 인하하고 분양가 규제를 완화할 때 주택 매입에 나서는 것이다. 물론 어떤 주택을 구입할 것인가에 대한 준비 작업이 필요하다. 관심 지역 현장을 자주 다니는 한편, 정부의 정책 변화에

그림 4.1 1995~2015년 위험 자산과 안전 자산의 성과와 투자 위험

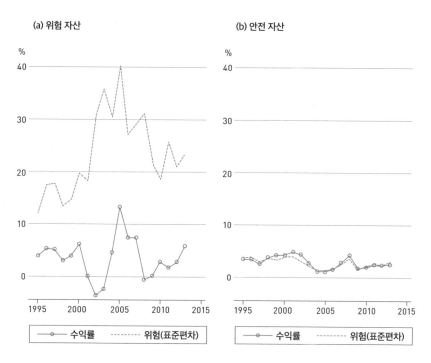

(a) 위험 자산

(b) 안전 자산

출처: IMF(2020)

따라 구매력 있는 인구의 유입이 나타날 후보 지역을 살펴보고, 지하철을 비롯한 다양한 인프라의 변화 가능성 등에 대해 공부하는 게 필요할 것이다.

　주식 투자자라면 대중들이 주식에 대한 관심을 잃어버린 채 이른바 극히 일부의 '테마주'만 시장에서 짧은 유행을 타는 시기에 관심을 가지는 것이 방법이 될 것이다. 필자라면 이런 경우에 인덱스 펀드, 즉 한국을 대표하는 우량주로 구성된 KOSPI200 지수를 추종하는 상장 지수 펀드ETF, Exchange traded fund를 구입할 것이다. 물론 주식에 대한 공부를 할 여력이 충분한 투자자라면 장기 성장 전망이 밝은 산업에 유치한 우량주가 저평가되어 있다고 판단될 때 이를 직접 매수할 수도 있다. 다만 이를 위해서는 전자공시시스템dart.fss.or.kr을 방문해 투자 기업의 사업 보고서와 잠정 실적 발표 등 핵심 정보를 찾아보고, 증권사에서 발간하는 산업 분석 보고서를 읽을 열정이 필요할 것이다.

두 번째 해법은 자산 배분 투자를 하는 것이다. 한국 주식과 미국 국채에 분산 투자함으로써 1997년이나 2008년 같은 급박한 위기 상황에서도 큰 손실을 억제하는 것이 대표적인 자산 배분 전략이다. 더 나아가 부동산 투자 비중이 높은 가계라면 미국 주식에 일정 비중을 투자하는 것이 방법이다. 왜냐하면 1997년이나 2013년처럼 한국 부동산 시장이 주기적인 부진의 늪에 빠질 때마다 달러 가치가 상승할뿐더러 상대적으로 미국 주식의 투자 성과가 높았기 때문이다.

물론 이와 같은 분산 투자 전략이 투자의 위험을 완전히 제거해 주지는 못한다. 왜냐하면 2022년처럼 주식과 채권 부동산 가격이 동시에 떨어지는 시기에는 미국 국채나 주식도 손실을 피하기 어려울 수 있기 때문이다. 따라서 자산 배분 투자를 하는 이들은 되도록 3개 이상의 자산에 분산하도록 권유받는다. 예를 들어 어떤 투자자가 한국 주식과 미국 국채 그리고 미국 주식에 1/3씩 나눠 분산 투자했다면(이하 '투자 3분법'), 그는 2022년 한 해 동안 단 1.6%의 손실만 기록했을 것으로 예상된다.

마이너스 성과를 피할 수 있었다면 좋겠지만, 자산 운용사들의 2022년 연금 저축 수익률이 -25.9%에 불과했다는 것을 감안하면 대단히 선방한 것으로 볼 수 있다.[2] 특히 투자 3분법은 2001년부터 2022년까지 연 환산 복리 수익률이 6.18%를 기록해, 지난 10년간 한국의 자산 운용사 연금 저축 수익률이 대부분 1~3% 수준에 그친 것과 대조를 이룬다. 결국 운 좋게 최고 성과를 기록한 운용사를 고른 이를 제외하고는 인플레이션에도 미치지 못하는 성과에 만족했던 셈이다.

이렇게 분산 투자 전략이 힘을 발휘하는 이유는 두 가지 때문이다. 첫 번째는 서로 반대 방향으로 움직이는 자산에 투자하면 한국 주식 시장이 힘든 시기를 보낼 때 2/3를 투자한 달러 자산의 강세를 맛볼 수 있기 때문이다. 두 번째 이유는 리밸런싱 Re-Balancing이다. 예를 들어 한국 주식 가격이 빠질 때는 미국 달러 자산 가치가 오를 수 있으니, 이때 수익이 난 달러 자산을 일

그림 4.2 2001~2023년 KOSPI와 달러에 대한 원화 환율 추이

출처: 한국은행, 프리즘 투자자문 작성

그림 4.3 2001~2022년 투자 3분법(한국 주식+미국 채권+미국 주식)의 성과

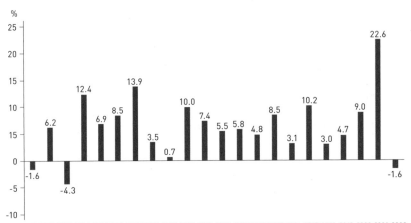

출처: Bloomberg, 프리즘 투자자문 작성

대한민국 돈의 역사

부 처분해서 저평가된 한국 주식을 매입하는 것이 바로 리밸런싱이다. 즉 투자 포트폴리오의 비율 맞추기라고 볼 수 있다. 이런 식으로 리밸런싱을 연 1회라도 꾸준히 시행하면, '매수 후 보유' 전략을 시행한 것보다 월등한 성과를 기대해 볼 수 있으니 잊지 않고 하기를 바란다.

물론 사이클 투자와 분산 투자 모두 쉽지 않다. 사이클을 이용한 투자는 '투자 실패'의 공포와 싸워야 한다. 필자의 경험을 잠깐 털어놓자면, 2016년 초 달러 자산을 처분해 서울 강북의 뉴타운 아파트를 매입할 때 밤에 잠을 자지 못할 정도로 힘들었다. 당시 박근혜 정부가 적극적인 부동산 경기 부양 정책을 펼치고 있었고, 대출 이자율 수준이 역사상 최저 수준이었음에도 불구하고 "만에 하나 주택 가격이 여기서 더 하락하면 어떻게 하나."라는 부정적인 생각이 하루에도 여러 번 떠올랐기 때문이다.

반면 자산 배분 투자는 '지루함'과 싸워야 한다. 1년에 한 번씩 주식과 채권 그리고 해외 자산 등에 투자한 성과를 점검하고, 저축한 돈을 추가로 투입해 리밸런싱하는 게 투자의 모든 것이기 때문이다. 2020년처럼 시장에 뛰어든 투자자들이 자신의 성과를 인스타그램이나 페이스북 등 소셜 미디어에서 자랑스럽게 인증할 때 속이 쓰릴 수도 있다. 물론 2022년 같은 급락장을 만나면, 자산을 배분해 투자하기를 정말 잘했다는 생각을 가질 수 있다. 그러나 사람들은 자신이 뛰어난 성과를 거두었을 때만 투자 성과를 자랑하기에 주기적으로 상대적인 열등감을 느끼는 시기가 찾아올 가능성이 높다.

결국 답은 투자 공부밖에 없다. 투자의 사이클을 탈 때 발생하는 고민을 해결하기 위해서는 투자의 역사를 면밀하게 점검하고 또 살펴보면 도움이 된다. 2016년에 필자도 인구 고령화가 가져올 자산 시장의 변화를 다룬 책《인구와 투자의 미래(2017, 에프앤미디어)》를 집필하면서 주요 선진국 부동산 가격이 장기간 상승해 온 역사를 보며 불안감을 달랬던 기억이 선명하다. 자산 배분 투자는 경제 지식을 쌓음으로써 도움을 받을 수 있다. 한국 경제가 얼마나 수출 경기에 민감한지 그리고 수출 경기를 좌우하는 요인에 어떤 것이 있는지 살펴보면, 자신의 자산 배분 전략이 얼마나 유용한지 다시 한번 확인할 수 있을 것이기 때문이다.

끝으로 추가적인 공부가 필요하다 느끼는 독자들을 위해 투자의 역사와 경제를 다룬 책 가운데 몇 권을 소개하고자 한다. 이 책들은 필자가《대한민국 돈의 역사》를 쓰며 알게 모르게 큰 도움을 받았기에, 그 신세를 갚는 마음으로 소개해 본다.

부록

1

투자의 역사에 대해 더 깊게 공부하고 싶은 이를 위한 추천 도서

존 D. 터너, 윌리엄 퀸(2021),《버블: 부의 대전환》

자산 시장의 거품을 일으키는 요인(시장성과 신용 그리고 투기)을 분류하는 한편, 이를 활용해 2008년 중국 주식 붐 등 다양한 역사적인 사건을 조망한다는 면에서 큰 도움이 된다.

피터 린치, 존 로스차일드(2011),《피터 린치의 투자 이야기》

주식 시장이 어떻게 탄생했고, 왜 주식 시장이 발전하고 쇠퇴하게 되는지 이야기를 들려준다. 시장에 존재하는 다섯 가지 주요 투자법이 무엇이며 장단점에 어떤 것이 있는지 설명하니 주식 시장에 대한 기초를 잡아주는 데도 도움이 된다.

러셀 내피어(2023),《베어마켓》

지난 100년 중에 가장 가혹했던 네 번의 약세장Bear Market을 전후

한 경제 지표와 뉴스를 정리한 책이다. 특히 전설적인 투자자 제시 리버모어Jesse Livermore가 1921년의 주가 바닥 당시 〈월스트리트 저널〉에 기고했던 글을 보는 것만으로도 이 책의 가치는 충분하다고 생각된다.

윌리엄 번스타인(2023), 《군중의 망상》

자산 시장의 순환을 일으키는 요인 중에서 어쩌면 가장 중요한 것이 사람들의 집단 심리라 생각된다. 어떤 현상이 나타날 때가 '버블의 위험'이 최고조에 도달하는지 판단하는 데 이 책이 큰 도움을 주며, 주식 시장 이외에 인민사원Peoples Temple of the Disciples of Christ 같은 사교에 빠져든 사람들의 사례도 담겨 있으니 재미있게 읽을 수 있다는 장점이 있다.

이태호(2020), 《시장의 기억》

오랜 기간 자본 시장을 분석하는 기자로 활동하면서 얻은 지식을 활용해 지난 100년에 걸친 한국 자본 시장의 역사에서 중요한 사건을 소개한 책이니 부담 없이 읽을 수 있는 장점이 있다.

윤재수(2021), 《돈이 보이는 주식의 역사》

1962년의 증권 파동, 1978년 건설주 붐, 1992년의 증시 개방 등 주식 시장의 중요한 사건을 주도 종목 중심으로 풀어 쓴 책이다. 각 사건의 뒤에 자리 잡은 배경을 충분히 설명하지 못하는 면이 있긴 하지만, 강세장의 주도주는 물론 국면별로 벌어진 일들을 흥미진진하게 다루었기에 재미있게 읽을 수 있다.

국정브리핑 특별기획팀(2007), 《대한민국 부동산 40년》

노무현 정부 당시 정부 정책 포털 〈국정브리핑〉에 연재된 글을 모은 책이다. 약간의 편향은 있지만, 70년대 이후부터 2000년대 중반까지의 부동산 시장 순환을 이해하는 데 도움이 된다. 절판되어 중고책은 비싸니 인터넷으로 읽으면 편하다. 각 페이지의 끝에서 '다음 기사' 부분을 클릭하면 책 전체를 이어 볼 수 있다.

연대별 주요 부동산 정책과 부동산 가격 변화
실록 부동산정책 40년 | 정책포커스 | 기획&특집 | 대한민국 정책브리핑 (korea.kr)

2

경제, 특히 경기 순환에 대해 더 깊게 공부하고 싶은 이를 위한 추천 도서

군터 뒤크(2017), 《호황 vs 불황》

경기의 사이클을 일으키는 요인을 잘 설명한 책이다. 책의 후반부에서 힘이 떨어지기는 하지만, 돼지 사이클과 맥주게임에 대한 설명 만으로도 이 책을 읽을 가치는 충분하다고 본다.

팀 하포드(2014), 《당신이 경제학자라면》

질문과 답변을 통해 평소 궁금하던 경제 이론을 배울 수 있는 책이다. 특히 책의 후반부에 진행되는 '구조적 실업'을 다룬 부분이 이 책의 백미이니 꼭 읽어보길 바란다.

벤 S. 버냉키(2014), 《벤 버냉키, 연방준비제도와 금융위기를 말하다》

2008년 글로벌 금융 위기 그리고 1929년 대공황 등 시장 경제는 끊임없이 대규모 금융 위기에 노출된다. 왜 금융 위기가 발생하며, 왜 1929년 대공황은 그렇게 불황이 길게 이어졌는지에 대한 의문을 해소하는 데 이 책만큼 도움 되는 책은 없다.

찰스 윌런(2020), 《돈의 정석》

금융과 경제의 연관을 이 책만큼 재미있게 풀어낸 책은 없다. 가장 흥미로웠던 것은 아프리카의 세계 최빈국인 소말리아에서 20년 전에 붕괴된 정부가 발행한 화폐가 유통된다는 것이었다. 미국이 끊임없이 돈을 푸는 데도 왜 달러는 기축 통화의 지위를 유지할 수 있는지 의문을 품은 이들에게 해답을 주는 책이다.

홍춘욱(2022), 《돈의 흐름에 올라타라》

한국 경제가 왜 그토록 강력한 경기 사이클에 노출되는지 분석한 책이다. 특히 미국의 소매 판매와 공급 관리자 협회 제조업 지수 등 다양한 경제 지표를 이용한 스위칭 트레이딩 전략을 설명한 책의 후반부는 실전 투자자들에게 도움이 되리라 생각한다.

피터 나바로(2022), 《브라질에 비가 내리면 스타벅스 주식을 사라》

거시 경제 사이클과 주식 시장의 변화를 이 책만큼 흥미롭게 전달한 책은 없다. 경기가 좋아질 때 주가가 오르는 것은 누구나 잘 알지만, 어떤 분야의 주식부터 오르고 내리는지를 체계적으로 정리한 책은 이 책이 처음이었다.

윤지호·신중호·최광혁·정다운·최진영(2023), 《한국형 탑다운 투자 전략》

"주식은 사는 것이지 파는 게 아닙니다." 식의 주장이 횡행하던 시기에 단호하게 일침을 가했던 이베스트투자증권 리서치가 내놓은 흥미로운 책이다. 난이도가 좀 있어서 순서를 뒤로했을 뿐이고, 이 책만큼 사이클 투자에 도움 되는 책을 찾기는 힘들다.

참고 문헌

서문

1 워런 버핏, 리처드 코너스(2010), 《워런 버핏 바이블》, 178쪽.

2 배항섭(2010), 「조선후기 토지소유구조 및 매매 관습에 대한 비교사적 검토」, 《한국사연구》 149호. 289~347쪽.

3 김성우(2014), 「전쟁과 번영-17세기 조선을 바라보는 또 다른 관점」, 《역사비평》 107호 142~167쪽.

4 이성우(2005), 「18~19세기 '지배양반' 되기의 다양한 조건들」, 《대동문화연구》 49집 169~115쪽.

5 〈한국 경제신문〉(2014.5.30.), "경제학자가 본 한국사 (15) 양반, 조선왕조의 특권신분".

6 김재호(2016), 《대체로 무해한 한국사》, 244~245쪽.

7 조 스터드웰(2016), 《아시아의 힘》, 67쪽.

8 KBS(1993.7.29.), "국제그룹 해체 위헌 판결".

9 〈홍춘욱의 경제강의노트〉(2020), "중국 주식, 지금 투자해도 괜찮을까?"

10 〈조선일보〉(2020.5.10.), "중국에 비춰본 토지공개념 환상".

11 New York Times(2021.9.7.), "Warning of Income Gap, Xi Tells China's Tycoons to Share Wealth".

12 〈한겨레신문〉(2020.11.13), "앤트그룹 상장 중단, 마윈에 격노한 시진핑이 직접 결정".

13 〈조선일보〉(2023.3.30.), "마윈 귀국 하루만에… 알리바바 전격 분할 – 中 테크 공룡 6개 社로 쪼개져".

14 〈조선일보〉(2018.3.6.), "볼보·벤츠 삼킨 지리차 회장, 부자 10위서 2위로…'저장성 인맥

관련'".

15 〈한겨레신문〉(2022.12.9.), "중국, 예상보다 빠른 '위드 코로나'…왜 지금 봉쇄를 풀었나".

1부 - 경제의 흐름을 바꾼 19대 사건

1945년 남북 분단

1 〈중앙일보〉(2019.5.13.), "위성사진 야간 불빛으로 본 北경제…'세계 10대 빈곤국'".

2 한국은행(2022.7), 「2021년 북한 경제성장률 추정 결과」.

3 1990년을 전후해 공산주의에서 시장 경제로 전환된 나라들의 경제 상황에 대해서는 1 부 끝의 〈부록I〉에서 자세히 다뤄진다.

4 대런 애쓰모글루, 제임스 A. 로빈슨(2014),《국가는 왜 실패하는가》, 16쪽.

5 김재호(2016),《대체로 무해한 한국사》, 239쪽.

6 김재호(2016),《대체로 무해한 한국사》, 244~245쪽.

7 〈한국 경제신문〉(2014.6.13.), "경제학자가 본 한국사 (17) 소농경영의 성장과 지주제의 발 달".

8 황상익(2015),《역사가 의학을 만났을 때》, 260쪽.

9 이영훈(2016),《한국 경제사 2: 근대의 이식과 전통의 탈바꿈》, 324쪽.

10 박기주·류상윤(2010), 「1940~50년대 광공업 생산통계의 추계와 분석」,《경제학연구》, 58-3, 73쪽.

11 그렉 브라진스키(2011),《대한민국 만들기 1945~1987》, 38쪽.

12 그렉 브라진스키(2011),《대한민국 만들기 1945~1987》, 46쪽.

1949년 농지 개혁

13 조 스터드웰(2016),《아시아의 힘》, 66쪽.

14 조 스터드웰(2016),《아시아의 힘》, 67쪽.

15 차명수(2014),《기아와 기적의 기원》, 15~17 & 232~233쪽.

16 그렉 브라진스키(2011),《대한민국 만들기 1945~1987》, 49쪽.

17 양영조(2013), 「6.25 전쟁 발발 전후 북한 게릴라의 활동과 성격」,《군사연구》 136호, 110쪽.

18 〈서울경제(2010.5.18.)〉, "[태국 유혈사태 확산] 옐로셔츠 vs 레드셔츠 계급갈등… 브레이크 없는 충돌".

19 〈연합뉴스〉(2016.5.8.), "막말·가문정치가 지배하는 필리핀…'요지경' 선거판".

20 〈경향신문〉(2001.11.9.), "논, 1마지기당 쌀 반가마 수확".

21 이영훈(2016), 《한국 경제사 2: 근대의 이식과 전통의 탈바꿈》, 324쪽.

22 윤홍식(2021), 《이상한 성공─한국은 왜 불평등한 복지국가가 되었을까》, 130쪽.

23 그렉 브라진스키(2011), 《대한민국 만들기 1945~1987》, 86쪽.

24 그렉 브라진스키(2011), 《대한민국 만들기 1945~1987》, 50쪽.

1954년 적산 매각

25 윤홍식(2021), 《이상한 성공─한국은 왜 불평등한 복지국가가 되었을까》, 127쪽.

26 그렉 브라진스키(2011), 《대한민국 만들기 1945~1987》, 70~71쪽.

27 김효신(2022), 《R의 공포가 온다》, 81쪽.

28 이영훈(2016), 《한국 경제사 2: 근대의 이식과 전통의 탈바꿈》, 322쪽.

29 최진배(1996), 《해방이후 한국의 금융정책》, 12쪽.

30 김두얼(2017), 《한국 경제사의 재해석》, 116쪽.

31 김일영(2007), 「이승만 정부의 산업정책과 렌트추구 그리고 경제발전」, 《세계정치》 8, 제 28집 2호, 177쪽.

32 이영훈(2016), 《한국 경제사 2: 근대의 이식과 전통의 탈바꿈》, 356쪽.

33 김두얼(2017), 《한국 경제사의 재해석》, 116쪽.

34 그렉 브라진스키(2011), 《대한민국 만들기 1945~1987》, 72쪽.

35 김일영(2007), 「이승만 정부의 산업정책과 렌트추구 그리고 경제발전」, 《세계정치》 8, 제 28집 2호, 178쪽.

36 그렉 브라진스키(2011), 《대한민국 만들기 1945~1987》, 180~181쪽.

1961년 환율 인상

37 그렉 브라진스키(2011), 《대한민국 만들기 1945~1987》, 71~72쪽.

38 이헌창(2021), 《한국 경제통사》, 454쪽.

39 The Economist(2023.1.26.), "Our Big Mac index shows how burger prices are changing".

40 그렉 브라진스키(2011), 《대한민국 만들기 1945~1987》, 71~72쪽.

41 이헌창(2021), 《한국 경제통사》, 538쪽.

42 조 스터드웰(2016), 《아시아의 힘》, 131쪽.

43 VOA(2021.2.19.), "[뉴스 따라잡기] 세계무역기구(WTO)",

44 이영훈(2016), 《한국 경제사 2: 근대의 이식과 전통의 탈바꿈》, 387쪽.

45 이영훈(2016), 《한국 경제사 2: 근대의 이식과 전통의 탈바꿈》, 397쪽.

46 〈동아일보〉(1961.5.16.), "오늘 미명 군부서 반공 혁명, 장도영 중장이 총지휘, 장면 정권을 불신임, 군사혁명위서 성명 발표".

1962년 화폐 개혁

47 이영훈(2016), 《한국 경제사 2: 근대의 이식과 전통의 탈바꿈》, 336쪽.

48 최진배(1996), 《해방이후 한국의 금융정책》, 21쪽.

49 김두얼(2017), 《한국 경제사의 재해석》, 127~128쪽.

50 이영훈(2016), 《한국 경제사 2: 근대의 이식과 전통의 탈바꿈》, 358쪽.

51 그렉 브라진스키(2011), 《대한민국 만들기 1945~1987》, 226쪽.

52 〈동아일보〉(1961.5.16.), "오늘 미명 군부서 반공 혁명, 장도영 중장이 총지휘, 장면 정권을 불신임, 군사혁명위서 성명 발표".

53 《한국 민족문화 대백과사전》, 「화폐개혁」.

54 대한민국 역사박물관(2016.6.13.), "한국은행 총재도 모른 1962년 6월 10일 화폐개혁".

55 그렉 브라진스키(2011), 《대한민국 만들기 1945~1987》, 222쪽.

56 그렉 브라진스키(2011), 《대한민국 만들기 1945~1987》, 242쪽.

57 기미야 다다시(2008), 《박정희 정부의 선택》, 298쪽.

1964년 베트남 파병

58 박근호(2017), 《박정희 경제신화 해부》, 327쪽.

59 그렉 브라진스키(2011), 《대한민국 만들기 1945~1987》, 234쪽.

60 그렉 브라진스키(2011), 《대한민국 만들기 1945~1987》, 235쪽.

61 박근호(2017), 《박정희 경제신화 해부》, 95쪽.

62 〈연합뉴스〉(2021.3.25.), "수에즈운하를 막아 버린 컨테이너선…뱃길 언제 복구될까".

63 마크 레빈슨(2017), 《더 박스》, 183쪽.

64 마크 레빈슨(2017), 《더 박스》, 187쪽.

65 마크 레빈슨(2017), 《더 박스》, 316쪽.

66 마크 레빈슨(2017), 《더 박스》, 338쪽.

67 World Bank DB.

68 국사편찬위원회, 《사료로 본 한국사》, 「한국군의 베트남 파병과 미국의 한국 지원 약속 - 브라운 각서(1966. 3. 4)」.

1965년 한일 기본 조약 체결

69 그렉 브라진스키(2011), 《대한민국 만들기 1945~1987》, 72쪽.

70 그렉 브라진스키(2011), 《대한민국 만들기 1945~1987》, 226쪽.

71 《한국민족문화대백과사전》, 「한일기본조약」.

72 〈한국일보〉(2016.11.12.), "김종필, 오하라 회담과 메모".

73 그렉 브라진스키(2011), 《대한민국 만들기 1945~1987》, 226쪽.

74 박근호(2017), 《박정희 경제신화 해부》, 358~359쪽.

75 대통령기록관, 「한국에 미 대통령 전용기를 보낸 린든 B. 존슨Lyndon Baines Johnson 대통령」.

76 그렉 브라진스키(2011), 《대한민국 만들기 1945~1987》, 230쪽.

77 《한국민족문화대백과사전》, 「한일기본조약」.

78 이정은(2017), 「박정희 정권기 대자본의 외자도입」, 고려대학교 한국사학과 박사학위 논문, 155쪽.

79 기미야 다다시(2008), 《박정희 정부의 선택》, 285쪽.

80 조 스터드웰(2016), 《아시아의 힘》, 188쪽.

81 국사편찬위원회, 《우리역사넷》, 「포항 제철소는 어떻게 만들어졌나」.

82 국가기록원, 《기록으로 만나는 대한민국》, 「세계에서 가장 경쟁력 있는 우리 철강사(鐵鋼社)」.

83 국가기록원 등, 《한국사연대기》, 「경부고속도로 개통 '조국 근대화'의 동맥이 뚫리다」.

84 M Ishaq Nadiri and Theofanis Mamuneas(1994), 「The Effects of Public Infrastructure and R&D Capital on the Cost Structure and Performance of U.S. Manufacturing Industries」, The Review of Economics and Statistics, 1994, vol. 76, issue 1, 22-37.

85 The Economist(2008.2.14.), "America's splurge – Was this the model?".

1972년 '8.3 조치'

86 이헌창(2021), 《한국 경제통사》, 711쪽.

87 이정은(2017), 「박정희 정권기 대자본의 외자도입」, 고려대학교 한국사학과 박사학위 논문, 156쪽.

88 이정은(2017), 「박정희 정권기 대자본의 외자도입」, 고려대학교 한국사학과 박사학위 논문, 157쪽.

89 박근호(2017), 《박정희 경제신화 해부》, 331쪽.

90 김대중(2005), 《대한민국 재테크사》, 38쪽.

91 김두얼(2017), 《한국 경제사의 재해석》, 63~64쪽.

92 그렉 브라진스키(2011), 《대한민국 만들기 1945~1987》, 251쪽.

93 윤홍식(2021), 《이상한 성공 – 한국은 왜 불평등한 복지국가가 되었을까》, 159쪽.

94 윤광원(2008), 《대한민국 금융 잔혹사》, e-book, 167쪽.

95 윤광원(2008), 《대한민국 금융 잔혹사》, e-book, 168쪽.

96 윤광원(2008), 《대한민국 금융 잔혹사》, e-book, 171쪽.

1980년 2차 석유 위기

97 EIA(2022.5.9), 《Country Analysis Executive Summary: Libya》.

98 마크레빈슨(2018), 《세계 경제의 황금기는 다시 오지 않는다》, 287쪽.

99 〈엔지니어링 데일리〉(2020.5.22.), "세상에서 가장 중요한 숫자".

100 Laura J. Hopper(2019.8.21.), "What Are Open Market Operations? Monetary Policy Tools, Explained", 〈ST.LOUIS Fed Open Vault Blog〉.

101 경제기획원(1986), 《외채백서: 경제백서 부록 1985》, 67쪽.

102 그렉 브라진스키(2011), 《대한민국 만들기 1945~1987》, 230쪽.

103 KDI(2008), 《한국 경제 60년사》, 69쪽.

104 이장규(2008), 《경제는 당신이 대통령이야》, 95쪽.

105 《한국민족문화대백과사전》, 「추곡수매제도(秋穀收買制度)」.

106 KDI(2008), 《한국 경제 60년사》, 69쪽.

107 이장규(2008), 《경제는 당신이 대통령이야》, 313쪽.

108 국가기록원, 《투자촉진을 통한 경제활성화대책: 6.28조치(1982)》.

109 이장규(2008), 《경제는 당신이 대통령이야》, 238쪽.

1984년 3저 호황

110 이영훈(2016), 《한국 경제사 2: 근대의 이식과 전통의 탈바꿈》, 419쪽.

111 국토교통부(1982.5), 《제2차 국토종합개발계획(1982~1991)》.

112 이태호(2020), 《시장의 기억》, 127~128쪽.

113 이찬우(2014), 《대한민국 신국부론》, 30~31쪽.

114 폴 볼커, 교텐 토요오(2020), 《달러의 부활》.

115 〈한국 경제신문〉(2022.1.7.), "현대차의 눈물겨운 미국 진출사".

1989년 3고 불황

116 통계청(2015), 《통계로 본 광복 70년 – 한국사회의 변화(해설편)》, 113쪽.

117 World Bank DB 기준, 2015년 달러 기준 실질 소득.

118 고영선(2019), "임금격차는 어떻게, 왜 변해 왔는가", 〈KDI 정책포럼〉 제274호(2019-03)」, 3쪽.

119 한국 노동연구원(2019), 《통계로 본 노동 20년》, 86쪽.

120 〈CBS노컷뉴스〉(2017.3.26), "환율조작국 지정 시 우리경제 충격은?".

121 〈연합인포맥스〉(2017.3.10.), "〈시사금융용어〉 슈퍼 301조".

122 〈헤럴드경제〉(2020.3.31.), "[외교문서 공개]'소탐대실 하지 마라' 美 압박에 '국내 시장 지키기' 나선 정부".

123 국가기록원, 《기록으로 만나는 대한민국》, 「더 넓은 세계를 경험하다–해외여행 자유화」.

124 〈이코노미스트〉(2014.5.26.), "창간 30년 〈이코노미스트〉로 되짚은 한국 경제 30년 ① 1989~1993년 – 민주화 열기 속 수출 1000억 달러 돌파".

125 대한민국 정책브리핑, 《실록 부동산정책 40년》, 「어중간하게 150만호가 됩니까」.

126 KDI(2010), 《한국 경제 60년사》, 289쪽.

1996년 반도체 위기

127 〈전자신문〉(2016.8.17.), "[한국 반도체 50년]⑥ 붙이고 떼어 내고… 삼성 반도체 사업체의 역사》".

128 로버트 J. 고든(2017), 《미국의 성장은 끝났는가》, 635쪽.

129 마이클 말론(2016), 《인텔 – 끝나지 않은 도전과 혁신》, 374쪽.

130 마이클 말론(2016), 《인텔 – 끝나지 않은 도전과 혁신》, 489쪽.

131 〈머니투데이〉(2021.11.6.), "미국은 왜 일본 반도체를 무너뜨렸나… 한국은?".

132 마이클 말론(2016), 《인텔 – 끝나지 않은 도전과 혁신》, 503쪽.

133 유노가미 다카시(2011), 《일본 반도체 패전》, 33쪽.

134 유노가미 다카시(2011), 《일본 반도체 패전》, 50쪽.

135 유노가미 다카시(2011), 《일본 반도체 패전》, 56쪽.

136 김수연·백유진·박영렬(2015), 「한국 반도체 산업의 성장사: 메모리 반도체를 중심으로」, 《경영사학》 제30집 제3호, 145~166쪽.

137 장영재(2010), 《경영학 콘서트》, 264쪽.

1997년 외환 위기

138 이태호(2020), 《시장의 기억》, 150쪽.

139 이종규(2000.11), 「경제위기: 원인과 발생과정」, 〈한국은행 금융경제총서〉 제2호, 187쪽.

140 차명수(2004), 《금융 공황과 외환 위기, 1870–2000》, 139~141쪽.

141 〈경향신문〉(2006.1.11.), "국민소득의 허실".

142 김효신(2022), 《R의 공포가 온다》, 174쪽.

143 〈한겨레신문〉(1992.1.10.), "정치헌금 폭로 정주영씨 인터뷰".

1999년 대우그룹 사태

144 김효신(2022), 《R의 공포가 온다》, 195쪽.

145 이 부분을 다룬 수식이 1부 끝 부분의 〈부록Ⅱ〉에 실려 있으니 참고하기 바란다.

146 매일경제(1998.11.19), 《유연해진 IMF '한국개혁 프로그램' 초강경 처방에서 '자율'로 후퇴》.

147 이창재·이철원(1998.10), 《러시아 금융 위기의 원인분석 및 전망》, 「KIEF 세계경제」 1998년 10월호.

148 미래에셋증권(2019.5), 《천재들의 실패, 롱텀캐피탈 매니지먼트(LTCM)의 실패는?》, 「쉽고 재미있는 투자의 역사」.

149 시사저널(1999.8.5), 《대우그룹, 해체의 길로 들어서다》.

150 〈한겨레신문〉(1997.12.9.), "대우, 쌍용차 올 안 인수 합의".

151 이태호(2020), 《시장의 기억》, 221쪽.

152 한국경영자총협회(2021.9.16), 《지난 10년간 주요고용지표 국제비교와 시사점 보고서》.

153 최강식·조윤애(2013.10.14), 《숙련편향적 기술진보와 고용》, 「KIET이슈페이퍼」.

2002년 카드 대란

154 유근춘·윤석명·김대철·류건식·홍세영(2006), 《노후생활보장을 위한 퇴직연금의 조기정착 방안》, 「보건사회연구원」 2006-22-3, 89쪽.

155 이태호(2020), 《시장의 기억》, 275~276쪽.

156 참여연대(2014.12.31), 《[042] 무분별한 신용카드 발급은 그만, 〈스톱 카드〉캠페인 – 신용불량자 양산하는 신용카드 발급 남발에 제동을 걸다》, 「빛나는 활동 100」.

157 이태호(2020), 《시장의 기억》, 275~276쪽.

158 한원종(2003.4.1), 《신용카드사 유동성 위기의 교훈》, 「LG주간경제」.

159 김병권(2010.2.24), 《2003 신용카드 부실 폭발의 교훈》, 「2010 가계부채 ②」, 새로운 사회를 여는 연구원.

160 한원종(2003.4.1), 《신용카드사 유동성 위기의 교훈》, 「LG주간경제」.

161 금융감독원(2004.3.19), 《2003년 카드사 경영실적》.

2003년 중국 붐

162 최아름·이준일·최종학·안혜진(2015), 《SK글로벌의 분식회계와 감사실패》, 「회계저널」 24권4호, 249~281쪽.

163 연합뉴스(2003.6.17), 《SK글로벌 사태 일지》.

164 김익수(1999), 《중국의 WTO 가입이 동아시아와 한국 경제에 미치는 영향》, 「KIEP 정책연구」 99-09.

165 조선비즈(2022.3.31), 《30조 들인 삼성 중국 시안 2공장 본격 가동… 전 세계 낸드 10% 생산》.

166 대외경제정책연구원(2015), 《'중국제조 2025' 추진 배경과 중점 분야》.

167 〈중앙일보〉(2021.8.14), 《중국 '집값 1위' 선전 부동산, 대체 누가 사고 있을까?》.

168 조철 등(2006.6.22), 《중국 산업구조 고도화에 따른 한·중 경쟁력 변화와 대응전략》, 「KIEP 연구보고서」 20-01.

169 세계일보(2023.1.5), 《조선업, 고부가·친환경 선박시장 점유율 1위》.

170 연합뉴스(2022.12.7), 《중국, 실질적 '위드 코로나' 발표··· '백지시위'에 급선회》.

2008년 글로벌 금융 위기

171 벤 버냉키(2015), 《행동하는 용기》, 291, 472~473쪽.

172 라구람 G. 라잔(2011), 《폴트 라인》, 124~126쪽.

173 New York Times(2009.9.2), 《How Did Economists Get It So Wrong?》.

174 Bloomberg(2021.2.4) 《South Korea Leads World in Innovation as U.S. Exits Top Ten》.

175 Nature, 《Country/territory research output table: 1 December 2021 – 30 November 2022》.

2010년 이후의 저물가 현상

176 IMF(2023.4.10), 《Interest Rates Likely to Return Toward Pre-Pandemic Levels When Inflation is Tamed》.

177 동아일보(2009.11.19), 《[경제 카페]아이폰 한국판매 1년이나 걸린 까닭은》.

178 〈조선일보〉(2023.4.12), 《29년 만에 새 車공장 들어선다··· 현대·기아차, 국내 부지 택한 3개 요인》.

179 통계청(2023.2.22), 《2022년 인구동향조사 - 출생·사망통계(잠정)》.

180 통계청(2022.9.29), 《2022 고령자 통계》.

181 Bloomberg(2023.3.31), 《Biden Makes Electric Vehicle Credits Elusive in Bid for US Auto Renaissance》.

2011년 저축 은행 사태

182 뉴스핌(2022.9.19), 《부산저축 은행, 파산지원금 미회수액 1위···예보, 공적자금 절반도 회수 못해》.

183 이태호(2020), 《시장의 기억》, 345~346쪽.

184 김효신(2022), 《R의 공포가 온다》, 292쪽.

185 이태호(2020), 《시장의 기억》, 347~348쪽.

186 조선비즈(2021.5.4), 《높아지는 규제 문턱, 멀어지는 동북아 금융허브의 꿈》.

187 이원식(2005.7), 《동북아 금융허브 추진 전략》, 「KDI 나라경제」 2005년 7월 호.

188 금융감독원(2010.6.25), 《저축 은행 PF대출 문제에 대한 대책 및 감독강화 방안》.

189 금융감독원(2010.9.30), 《상호저축 은행의 「PF대출 리스크관리 모범규준」 시행》.

190 신동아(2011.3.23), 《저축 은행 부실 사태》

191 금융감독원(2011.1.14), 《(서울)삼화상호저축 은행에 대한 부실금융 기관 결정 및 경영 개선명령(영업정지) 부과》.

192 금융감독원(2011.2.17), 《(부산)부산상호저축 은행 및 (대전)대전상호저축 은행에 대한 부실금융 기관 결정 및 영업정지 조치 부과》.

193 〈한국 경제신문〉(2019.11.1.), "무리한 금융사업 확장에 침몰한 '동양號'…투자자 4만명 1.6兆 피해".

부록 Ⅲ

194 미야지마 히로시(2020), 《한중일 비교 통사》, 48쪽.

195 〈중앙일보〉(2020.6.28.), "조선시대 인구 40%가 노비라는데…노비는 '노예'와 다를까".

196 《한국민족문화대백과사전》, 「노비(奴婢)」.

197 김성우(2014), 「전쟁과 변영-17세기 조선을 바라보는 또 다른 관점」, 《역사비평》 107호 142~167쪽.

198 〈한국 경제신문〉(2014.6.13.), "[경제학자가 본 한국사] (17) 소농경영의 성장과 지주제의 발달".

199 미야지마 히로시(2013), 《나의 한국사 공부》, 60~64쪽.

200 우리역사넷, 《왕토사상의 실상》.

201 권기석(2011), 《한국의 족보 연구 현황과 과제》, 「한국학논집」 44집 67~119쪽.

202 김재호(2016), 《대체로 무해한 한국사》, 239쪽.

203 김재호(2016), 《대체로 무해한 한국사》, 244~245쪽.

204 황수웅·박일혁(2020), 《 MLB 투구기록을 활용한 프로야구 심판의 'Strike' 판정오류 영향 요인 탐색현황과 과제》, 「한국체육측정평가학회지」 22권 3호 25~38쪽.

205 아시아투데이(2022.11.24), 《[카타르월드컵] 몸값으로 보면 더욱 놀라운 일본·사우디의 '업셋'》.

206 황상익(2015), 《역사가 의학을 만났을 때》, 260쪽.

207 이영훈(2016), 《한국 경제사 2: 근대의 이식과 전통의 탈바꿈》, 324쪽.

208 국사편찬위원회(2006), 《화폐와 경제 활동의 이중주》, 163쪽.

209 유재수(2013), 《세계를 뒤흔든 경제 대통령들》, 325쪽.

210 김두얼(2017), 《한국 경제사의 재해석》, 63~64쪽.

211 윤광원(2008), 《대한민국 금융 잔혹사》, e-book 178쪽.

212 이영훈 등(2005), 《한국의 유가증권 100년사》, 341쪽.

213 이영훈 외(2005), 《한국의 유가증권 100년사》, 343쪽.

2부 - 주식 시장의 흐름을 바꾼 11대 사건

1962년 증권 파동

1 Bloomberg(2022.9.30), 《China Shares Plunge to Lowest Valuation on Record in Hong Kong》.

2 New York Times(2021.9.7), 《Warning of Income Gap, Xi Tells China's Tycoons to Share Wealth》.

3 〈한겨레신문〉(2005.2.28.), "'3년 증권파동' 종필 주도 확인"

4 김경신(1994), 《이야기 증권사》, 115쪽.

5 이태호(2020), 《시장의 기억》, 55쪽.

6 윤재수(2021), 《돈이 보이는 주식의 역사》, 쪽.

7 1962년 당시 한국 주식 시장의 거래 시스템의 제도적인 맹점으로 인해 공매도가 자유로웠던 것이 윤응상 등이 주도한 작전을 실패로 몰고간 원인이 되었지만, 이 부분은 너무 전문적이기에 2부 끝 부문 〈부록 I〉에서 자세히 다루니 참고하기 바란다.

8 이태호(2020), 《시장의 기억》, 57~58쪽.

9 매일경제(1995.5.3), 《다큐멘터리 재계50년(13)증권파동 윤응상씨 거래소주 매점 주가조작》.

10 윤재수(2021), 《돈이 보이는 주식의 역사》, 100쪽.

1974년 강제 상장 조치

11 이영훈(2016), 《한국 경제사 2: 근대의 이식과 전통의 탈바꿈》, 324쪽.

12 김두얼(2017), 《한국 경제사의 재해석》, 63~64쪽.

13 윤광원(2008), 《대한민국 금융 잔혹사》, e-book 176~177쪽.

14 이태호(2020), 《시장의 기억》, 77~78쪽.

15 김두얼 등(2017), 《한국의 경제 위기와 극복》, 89쪽.

16 이 부분에 대해서는 2부 끝 부분 〈부록Ⅱ〉에서 자세히 다루니 참고하기 바란다.

17 윤광원(2008), 《대한민국 금융 잔혹사》, e-book 178쪽.

18 김승욱(2015), 《제도의 힘》, 182쪽.

19 이영훈 외(2005), 《한국의 유가증권 100년사》, 543쪽.

20 이영훈 외(2005), 《한국의 유가증권 100년사》, 339쪽.

21 김준석·강소연(2023), 《코리아 디스카운트 원인 분석》, 「자본시장연구원 이슈보고서」 23-05.

1978년 건설주 붐

22 이영훈 외(2005), 《한국의 유가증권 100년사》, 342쪽.

23 존 D. 터너, 윌리엄 퀸(2021), 《버블: 부의 대전환》, 19~20쪽.

24 이태호(2020), 《시장의 기억》, 79쪽.

25 김경신(1994), 《이야기 증권사》, 213쪽.

26 이태호(2020), 《시장의 기억》, 80쪽.

27 김진수(2008), 《의무보호예수제도》, 「상장」 2008년 4월 호.

28 이영훈 외(2005), 《한국의 유가증권 100년사》, 343쪽.

1986년 잃어버린 9년을 끝내다

29 〈국민일보〉(2021.11.23.), "정경유착, 국제그룹 해체, 재벌 문어발 확장… 전두환과 기업의 악연".

30 〈한국일보〉(2016.4.17.), "전두환, 美에 '5공헌법 수호지지' 요청했다 거절당해".

31 그렉 브라진스키(2011), 《대한민국 만들기 1945~1987》, 414쪽.

32 이영훈 외(2005), 《한국의 유가증권 100년사》, 361~362쪽.

33 이영훈 외(2005), 《한국의 유가증권 100년사》, 383쪽.

34 이순우(1995), 《증권시장의 사생아》, 138쪽.

35 〈머니투데이〉(2022.8.5.), "[투데이 窓]헬스케어업체들 무상 증자와 '과유불급'".

36 이순우(1995), 《증권시장의 사생아》, 139쪽.

37 〈한겨레신문〉(1990.6.8.), "대농 물타기 증자 논란".

38 국가기록원(1988.2.16), 《국민주개발 보급을 위한 세부추진계획》.

39 이태호(2020), 《시장의 기억》, 120쪽.

40 이순우(1995), 《증권시장의 사생아》, 133쪽.

41 연합 인포맥스(2012.12.12), 《〈증권가 이모저모〉 증권가도 '12.12 사태'는 아프다》.

1992년 증시 개방

42 국가기록원(1991.9.3), 《주식 시장 개방 추진 방안》.

43 한국은행(1998), 《외국인 주식투자 동향과 정책적 시사점》.

44 윤재수(2021), 《돈이 보이는 주식의 역사》, 205쪽.

45 이병기(2006), 《외국인 투자자가 배당 및 R&D 투자에 미치는 영향》, 「KERI 연구」 06-12.

46 윤상규(2007), 《외국인 주식투자자금 유출입 요인 분석》, 「한국은행 조사통계월보」 2007년 9월호.

1996년 신동방의 미도파 M&A 실패

47 〈한국 경제신문〉(2020.3.16.), "PBR 0.2배 종목 속출…'정말 싼 값인가'".

48 이병기(2006), 「외국인 투자자가 배당 및 R&D 투자에 미치는 영향」, 《KERI 연구》 06-12.

49 삼성전자, 《주주환원 이행결과 및 정책》.

50 《한경 경제용어사전》, 「잉여현금흐름」.

51 한국 경제연구원(2022.6.17), 《한국 상속세 부담 OECD 최고 수준, 과세체계 합리화 시급》.

52 토비아스 칼라일(2021), 《딥밸류》, 32~33쪽.

53 브라이언 버로, 존 헬리어(2020), 《문 앞의 야만인들》, 279쪽.

54 〈한국 경제신문〉(2017.1.2.), "'기업가 탐욕의 상징' RJR나비스코 존슨 전 CEO 85세로 별세》".

55 연강흠(1998), 《적대적 기업인수와 경영권 방어전략》, 「경영교육연구」, 제2권 제3호.

56 〈매일경제신문〉(1997.9.5.), "성원그룹 미도파 M&A 이후 얼마 벌었나 증권·투신 인수하고도 200억 이득".

57 〈중앙일보〉(1997.3.15), 《〈논쟁〉M&A, 전경련 관여 적절한가 - 시장경제원칙 위배〉.

58 〈중앙일보〉(1997.3.16), 《미도파 경영권 분쟁 신동방·대농 화해로 전격 타결 - 궁금증과 후유증〉.

59 조선비즈(1997.9.3), 《[미도파 M&A전쟁] 대농 해체 등 패자만 남겼다〉.

60 Weekly Biz(2011.12.10), 《미도파는 왜 롯데에 넘어갔나… 경영자 판단력 흐리는 복병들〉.

61 매일경제(2021.4.2), 《조원태, 대한항공 경영권 분쟁 이겼다…3자연합 공식 해체〉.

62 연합뉴스(2005.8.23), 《소버린, 1천770억→9천240억으로 불려 철수〉.

2000년대의 부채 비율 하락

63 IMF(2022), 《World Economic Outlook〉.

64 존 D. 터너, 윌리엄 퀸(2021), 《버블: 부의 대전환》, 280~281쪽.

65 시사저널(1999.4.1), 《현대증권 이익치 회장 "온 국민을 '주식 부자'로 만들겠다"〉.

66 장욱·전상경(2010.6), 《증권발행가격 규제의 문제점과 제도개선 연구》, 「자본시장연구원」.

67 정문호(2011), 《무액면 주식 제도에 대한 실무적 이해》, 「상장」 2011년 7월호.

68 시사저널(1999.8.5), 《대우그룹, 해체의 길로 들어서다〉.

69 이데일리(2005.6.13), 《(김우중 귀국)증시로 본 세계경영 뒤안길〉.

70 Stephen A. Ross, Randolph W. Westerfield, Jeffrey Jaffe, Bradford D. Jordan(2021), 《Ross의 기업재무관리》, 494~495쪽.

2003~2007년 대세 상승

71 워런 버핏, 리처드 코너스(2017), 《워런 버핏 바이블》, 45쪽.

72 금융위원회(2022.8.17), 《대량보유 보고의무(5%룰) 운영 개선〉.

73 〈한겨레신문〉(2006.12.5.), "아이칸, KT&G로 1500억 원 벌고 떠났다".

74 라구람 G. 라잔(2011), 《폴트 라인》, 105~106쪽.

75 존 D. 터너, 윌리엄 퀸(2021), 《버블: 부의 대전환》, 356~357쪽.

2009년 기적 같은 주가 상승

76 미래에셋증권(2019), 《2000년대 코스닥 열풍》, 「투자이야기」 2019년 4월호.

77 티모시 가이트너(2015), 《스트레스 테스트》, 22~23, 27쪽.

78 총요소 생산성 통계는 OECD(경제개발 협력기구) 데이터 베이스 기준이다.

79 〈한국 경제신문〉(2022.5.2.), "9% 인상은 성에 안 찬다는 '평균연봉 1.6억' 삼성전자 노조".

80 로버트 J. 쉴러(2003), 《이상과열》, 45쪽.

81 KDI(2010), 《기업가 정신이 무엇인가요?》, 「click.kdi.re.kr」.

2010년 이후의 테마주 장세

82 로버트 J. 쉴러(2021), 《내러티브 경제학》, e-book, 5쪽.

83 KBS(2017.7.14), 《알고 보면 '19금', 동심 파괴하는 잔혹한 '그림동화'》.

84 연합인포맥스(2021.3.30), 《[시사금융용어] 밈 주식(Meme Stock)》.

85 시사인(2021.3.9), 《게임스톱이 드러낸 '월스트리트-실리콘밸리의 가치 충돌'》.

86 〈중앙일보〉(2021.2.13), 《개미 반란 이끈 그들끼리 살해위협…'게임스톱 대첩' 그 이후》.

87 The Economist(2021.1.30), 《The frenzied rise of GameStop》.

88 국가기록원, 《저탄소 녹색성장》.

89 〈중앙일보〉(2010.7.13), 《자문사의 '7공주 사랑' … 주식 퀸 가능성에 투자》.

90 OCI, 《각 분기 경영실적 자료》.

91 강정화(2023.2.8), 《2022년 하반기 태양광산업 동향》, 「수출입은행 SEMI-ANNUAL Report」.

92 더벨(2015.6.16), 《키이스트, SD생명공학에 5억 원 투자》.

93 〈이코노믹리뷰〉(2021.3.24.), "[ER궁금증] NFT가 뭐길래 다들 난리지?》".

94 〈조선일보〉(2022.3.29.), "NFT, 거품 터지고 있다".

95 워렌 버핏, 로렌스 커닝햄 저자(2022), 《워런 버핏의 주주 서한》, 157~158쪽.

2020년 코로나 팬데믹

96 Hiroshi Ugai(2007), "Effects of the Quantitative Easing Policy: A Survey of Empirical Analyses", BoJ MONETARY AND ECONOMIC STUDIES MARCH 2007.

97 Saroj Bhattarai·Gauti B. Eggertsson·Bulat Gafarov(2015), "Time Consistency and the Duration of Government Debt: A Signalling Theory of Quantitative Easing",

NBER Working Paper 21336.

98 Bloomberg(2023.3.21.), "Tesla Exits Junk-Rated World After Moody's Upgrade".

99 CNBC(2018.9.7.), "Tesla's bonds dive amid turmoil: 'I don't even look at the stock anymore,' says Cramer".

100 〈국민일보〉(2018.4.12.), "일론 머스크, '샤워도 못하고 공장 바닥에서 잡니다'… 전기차 생산 지연으로 고충 토로".

101 〈한겨레신문〉(2021.1.29.), "금융당국 '은행 배당, 순이익의 20% 이내로 제한' 권고".

102 IMF(2016.12.8.), "Global House Prices: Time to Worry Again?".

103 〈매일경제〉(2022.3.21.), "내가 청약한 이 공모주, 따상 확률은 얼마나 될까요? [공모주 처음이지]".

104 유수정·이영주(2021), 《보호예수 해제 시점의 공매도와 주식수익률의 관계》, 「Financial Planning Review」 14권 2호 1~22쪽.

부록 I

105 김경신(1994), 《이야기 증권사》, 118쪽.
106 김경신(1994), 《이야기 증권사》, 121쪽.

부록 III

107 조병문·이상빈(2015), 「의무보호예수제도 변천에 따른 실증분석과 이에 근거한 합리적인 방안 도출: 최대주주를 중심으로」, 《한국증권학회지》 제44권 1호 247-286쪽.

3부 - 부동산 시장의 흐름을 바꾼 7대 사건

1968년 경부고속도로 착공

1 국가기록원, 《단칸방에서도 피어오르던 희망 - 판자촌》, 「기록으로 만나는 대한민국」.
2 서울연구데이터서비스, 《인구변화와 인구성장률》.
3 통계청(2022.5.26), 《장래인구추계(시도편): 2020~2050년》.
4 손정목(2022), 《서울 도시계획 이야기3》, 74쪽.
5 매일경제(2010.7.23), 《[WEEKEND 매경] 1967년 말죽거리 잔혹사? 부동산대책의 탄

생》.

6   한종수(2016), 《강남의 탄생》, e-book, 27쪽.

7   한국의 토지 가격은 1974년부터 측정되기 시작했기에, 60년대의 주택 가격 상승률은 정확한 숫자로 보기 어렵다. 이 부분에 대해서는 3부 끝 부문의 〈부록1〉에서 보다 자세히 설명한다.

8   한종수(2016), 《강남의 탄생》, e-book, 54쪽.

9   손정목(2022), 《서울 도시계획 이야기 3》, 95쪽.

10 매일경제신문, 「공유수면」, 《경제용어사전》.

11 한종수(2016), 《강남의 탄생》, e-book, 30쪽.

12 〈이코노미조선〉(2022.6.27.), "서울 핵심 아파트 잔뜩 생산한 공유수면매립법".

13 한종수(2016), 《강남의 탄생》, e-book, 47~48쪽.

14 손정목(2022), 《서울 도시계획 이야기3》, 110~111쪽.

15 최명철(2001), 《아파트값, 5차 파동》, 31쪽.

1978년 부동산 2차 사이클

16 그렉 브라진스키(2011), 《대한민국 만들기 1945~1987》, 242쪽.

17 장지웅(2010), 《주택시장 30년 파노라마》, 16쪽.

18 최명철(2001), 《아파트값, 5차 파동》, 86쪽.

19 KDI(1990), 《한국재정 40년사》, 305~306쪽.

20 최명철(2001), 《아파트값, 5차 파동》, 94쪽.

21 〈중앙일보〉(1977.10.11.), "평당 60만 원의 아파트 값".

22 〈대한민국 정책브리핑〉(2007.1.24.), "연대별 주요 부동산 정책과 부동산 가격 변화", 《실록 부동산정책 40년》.

1980년대 후반의 부동산 3차 사이클

23 〈경향신문〉(2022.9.18.), "[단독]LH는 왜 저 섬에 공공임대주택을 지었을까".

24 〈헤럴드경제〉(2021.9.1.), "'2기 양주회천은 15년 지났는데 입주도 못했다'..3차 신규택지 2기 신도시 데자뷔? [부동산360]".

25 〈대한민국 정책브리핑〉(2007.3.2), "어중간하게 150만호가 뭡니까", 《실록 부동산정책 40년》.

26 〈대한민국 정책브리핑〉(2007.1.24.), "연대별 주요 부동산 정책과 부동산 가격 변화", 《실록 부동산정책 40년》.

27 최명철(2001), 《아파트값, 5차 파동》, 155쪽.

28 〈대한민국 정책브리핑〉(2007.3.13.), "치솟는 분양가, 어찌 하오리까", 《실록 부동산정책 40년》.

29 〈대한민국 정책브리핑〉(2007.4.10.), "엄마, 우리 또 이사가", 《실록 부동산정책 40년》.

30 〈헤럴드경제〉(2020.10.19.), 《1989년 '그 땐 그랬지' 지금은?…전세대란의 끝, 정부는 모른다》.

31 〈대한민국 정책브리핑〉(2007.1.24.), "연대별 주요 부동산 정책과 부동산 가격 변화", 《실록 부동산정책 40년》.

1990년대의 잃어버린 10년

32 한국의 주택 매매 가격 지수에 대해서 3부 끝 부문의 〈부록II〉에서 보다 자세히 설명했다.

33 〈대한민국 정책브리핑〉(2007.3.13.), "치솟는 분양가, 어찌 하오리까", 《실록 부동산정책 40년》.

34 최명철(2001), 《아파트값, 5차 파동》, 280쪽.

35 최진배(1996), 《해방이후 한국의 금융정책》, 106쪽.

36 국회입법조사처(2020), "개발제한구역 해제 관련 쟁점과 개선 방안", 《이슈와 논점》 제1986호.

2010년 지방의 반격

37 〈자이 네이버 포스트〉(2020.9.28.), "신도시는 서울 부동산에 어떠한 영향을 미칠까? 신도시로 바라보는 서울 부동산의 미래".

38 〈시사인〉(2010.4.19.), "이명박 보금자리가 부동산 잡았다".

39 〈한겨레신문〉(2022.1.7.), "[뉴스AS] 그린벨트 또 해제?…개발논리로도 '글쎄요'".

40 〈한겨레신문〉(2020.7.20.), "문 대통령 '그린벨트 보존'…해제 논란 마침표".

41 〈머니투데이〉(2022.9.25.), "'수주 잘되는 조선사 돕고 환율 안정도' 정부, 선물환 매입 나선다".

42 국토해양부(2011.1.27), 《제4차 국토종합계획 수정계획, 2011~2020》.

43 장지웅(2010),《주택시장 30년 파노라마》, 315쪽.

44 국토교통부(2021.8.18),《2021년 상반기 혁신도시 정주환경 조사결과 발표》.

45 〈서울경제신문〉(2022.1.13.), "[시그널] 기금운용본부 지방 옮긴 뒤 '운용역 줄퇴사'…무경쟁력자가 땜질".

46 〈노컷뉴스〉(2013.03.13.), "이명박 정부 '보금자리주택'…4년만에 중단 위기".

47 〈시사저널〉(2012.12.31.), "'이자 폭탄'에 무너지는 '하우스푸어'의 비명".

48 〈세계일보〉(2014.9.1.), "[9.1 부동산대책] 주택정책 패러다임 대전환..공급 줄이고 규제장벽 없애고".

49 〈경향신문〉(2020.10.10.), "박근혜 정부 때 공공택지 지정 실적이 가장 낮아".

50 WSJ(2010.12.2.), "Shadow Lending Hampers Beijing".

51 〈조선비즈〉(2021.3.13.), "알리바바 창업자 마윈 이어 계열 앤트그룹 CEO도 날아갔다…中정부 표적 규제에 돌연 사임".

52 〈연합뉴스〉(2022.2.7.), "법원, '분식회계' 고재호 전 대우조선 사장에 850억 배상 판결".

53 〈연합뉴스〉(2020.8.28.), "수도권 인구 사상 첫 50% 돌파…'늙어가는 한국'".

54 KB 부동산이 발표하는 경상남도 '아파트 매매가격' 기준.

2020년 코로나 버블

55 〈연합뉴스〉(2018.9.13.), "[9·13대책] 문재인 정부 역대 부동산 대책 일지".

56 〈매일경제〉(2021.9.27.), "'분양가상한제 도입 취지가 뭔가?'…부활 1년 후 서울 분양가 되레 17% 뛰었다".

57 〈조선비즈〉(2022.5.18.), "임대차3법에 난감한 정부… 학계·시장선 '당장 폐지' 목소리".

58 주택금융공사,《주택구입부담지수》.

버블 붕괴 이후의 부동산 시장

59 IMF(2021.10.25.), "Longer Delivery Times Reflect Supply Chain Disruptions".

60 금융위원회(2021.10.26),《가계부채 관리 강화방안》.

61 통계청(2023.2.22.), "2022년 인구동향조사 출생·사망통계(잠정)".

62 Nikkei(2023.2.21),《全国マンション10年で1300万円高く 6年連続最高更新》.

63 Nikkei(2023.1.31),《東京都の1月人口1403万人 2年ぶり増加》.

64 WIPO(2022),《Global Innovation Index 2022》.

65 엔리코 모레티(2014), 《직업의 지리학》, 97쪽.

66 Reuter(2022.9.20.), "Japan's average land prices rise for the first time since pre-pandemic".

부록 Ⅲ

67 일본경제신문(2023.4.18), 『23区のマンション価格1億円迫る 22年度、発売戸数は減』.

68 가라카마 다이스케(2023), 『엔화의 미래』, 30쪽.

결론

1 IMF(2020.11.30.), "How the Rich Get Richer".

2 〈조선일보〉(2023.3.28.), "자산운용사 연금저축 작년 -26%… 원금 반토막 난 곳도".

찾아보기